ELISABETH BECK-GERNSHEIM

# Die Kinderfrage

*Frauen zwischen Kinderwunsch*
*und Unabhängigkeit*

W0227254

VERLAG C.H.BECK MÜNCHEN

Das Titelfoto haben wir mit freundlicher Genehmigung dem Fotobuch von Jürgen Roth „Gören – Berliner Kinder heute" entnommen.
Es ist zu beziehen über den Buchverlag Grimmstraße, Grimmstraße 27, 1000 Berlin 61, Tel. (030) 6933069, ISBN-Nummer 3-9801418-0-2.

CIP-Titelaufnahme der Deutschen Bibliothek

*Beck-Gernsheim, Elisabeth:*
Die Kinderfrage : Frauen zwischen Kinderwunsch u. Unabhängigkeit / Elisabeth Beck-Gernsheim. – Orig.-Ausg., 2. Aufl. – München : Beck, 1989
(Beck'sche Reihe ; 362)
ISBN 3 406 33029 0
NE: GT

Originalausgabe
ISBN 3 406 33029 0

Zweite Auflage. 1989
Einbandentwurf von Uwe Göbel, München,
Foto: Jürgen Roth (s. obiger Hinweis)
© C.H.Beck'sche Verlagsbuchhandlung (Oscar Beck), München 1988
Gesamtherstellung: C.H.Beck'sche Buchdruckerei, Nördlingen
Printed in Germany

# Inhalt

Dieses Buch ist nicht nur auf dem Boden der Wissenschaft gewachsen. Viele Gespräche im Freundeskreis haben geholfen, es mit Leben zu füllen. Für Unterstützung in den Krisen der wissenschaftlichen Produktion danke ich vor allem:
Ulrich Beck, Karl Martin Bolte, Maria S. Rerrich.

# Einleitung

In Wissenschaft, Alltag und Politik ist es längst zu einem Allgemeinplatz geworden, daß der Wandel der Frauenrolle, die zunehmende Frauenerwerbstätigkeit, der Wunsch nach Emanzipation zu den wesentlichen Ursachen des Geburtenrückgangs gehören. Auf einen Satz zusammengefaßt: Die „neue Freiheit der Frau" konkurriert mit dem Kind. Für diesen Zusammenhang gibt es zahlreiche Belege. So zeigen die Statistiken, für die Bundesrepublik wie für andere Industrieländer: Wenn die Berufstätigkeit zunimmt, nimmt die Kinderzahl ab. In ähnliche Richtung weisen auch die Äußerungen und Aktionen, die mit der Frauenbewegung aufkamen. Hier hat der Kampf gegen den „Weiblichkeitswahn", 1963 von Betty Friedan initiiert, bald auch einen Kampf ausgelöst gegen „Mutterschaftsmythos" und „Mutterschaftszwang", also gegen ein gesellschaftliches Leitbild, das Mutterschaft als Erfüllung und eigentlichen Inhalt des Frauenlebens ansieht. Dabei wurden in der ersten Auflehnung und Wut radikal-feministische Positionen formuliert, in denen die Familie einzig als Ort patriarchalischer Unterdrückung erschien, die Befreiung der Frau deshalb ineinsgesetzt wurde mit der Befreiung von der Familie und oft auch vom Kind. Provokative Formulierungen gingen um, zum Beispiel „Mutterschaft ist eine böse Falle" (De Beauvoir)[1] oder „Kinderlosigkeit als höchste Stufe der Befreiung" (Movius).[2] Vor allem aber begann der Kampf um die Freigabe der Abtreibung, der geradezu zum Schmelztiegel der Neuen Frauenbewegung wurde. Gefordert wurde das Selbstbestimmungsrecht der Frau über ihren Körper und über ihr Leben – in die gängigen Formulierungen übersetzt: „Mein Bauch gehört mir" und „Ob wir Kinder wollen oder keine/bestimmen wir alleine".

Doch schaut man genauer hin, so finden sich einige Fakten, die nicht hineinpassen wollen ins vorherrschende Bild, in den simplen Gegensatz zwischen Emanzipation und Kinderwunsch. So haben die Ärzte heute eine wachsende Klientel von Frauen, die sich aufwendigen medizinischen Behandlungen unterziehen, um ein Kind bekommen zu können – und die dafür oft erhebliche physische, psychische und finanzielle Belastungen in Kauf nehmen. Ebenso gibt es lange Wartelisten für diejenigen, die ein Kind adoptieren wollen. Ergebnisse aus wissenschaftlichen Untersuchungen liefern weitere Hinweise. So lassen repräsentative Studien erkennen, daß auch bei den jüngeren Frauen, die schon zur Generation mit den besseren Bildungschancen gehören, der Kinderwunsch nicht verschwindet. Ja, selbst für Frauen in Karriere-Berufen heißt das Ziel nicht einfach „Karriere statt Kind", vielmehr wird oft auch bei ihnen ein deutlicher Kinderwunsch sichtbar. Und aus den demographischen Statistiken deutet sich an, daß ein neuer Typus der „bewußt ledigen Mutter" entsteht: die Frau, die alleine ein Kind will, ohne Mann und den Rahmen der traditionellen Zweierbeziehung.

Und was besonders auffallend ist: In der Frauenbewegung ist seit einigen Jahren ein spürbarer Wandel festzustellen, was die Diskussion zum Kinderthema betrifft. Nach der Auflehnung beginnt eine Phase des „zweiten Schritts" – so auch der bezeichnende Titel des neuen Buchs von Betty Friedan. Da werden, auf einer neuen Grundlage freilich, Mutterschaft und die Familie wiederentdeckt. Die früher betonten Belastungen geraten keineswegs in Vergessenheit, aber nun rückt mehr auch die andere Seite ins Blickfeld, ihre Bedeutung „als eine positive, begehrte und begehrenswerte Möglichkeit der Frau".[3] Beim Selbstbestimmungsrecht über den eigenen Körper, früher vor allem gegen Kinderhaben gemeint, werden jetzt beide Seiten gesehen: die Freiheit, Kinder zu haben, ebenso wie die, keine zu haben. Und eingeleitet wird „eine ganz neue Diskussion über unser Recht auf freie Entscheidung *für* Kinder".[4] Mutterschaft wird nicht mehr nur als Zwang erfahren – als „Zustand äußersten psychischen und sozialen Niedergangs, totaler Selbstverleugnung und physischer Zerrüttung", wie es einst Firestone formulierte[5] –, sondern umgekehrt auch als Chance, dem Leben auf neue und tiefere Weise verbunden zu sein, daran „weiser" und „stärker" zu werden.[6] Nun verfassen Frauen der GRÜNEN ein „Müttermanifest", das programmatisch verkündet: „Es ist an der Zeit für eine neue Frauenbewegung, ... die die Wirklichkeit, die Wünsche und Hoffnungen von Müttern mit Kindern ... konsequent und nachdrücklich vertritt".[7] Aus all dem deutet sich an, die Parole „Kinderlosigkeit als Befreiung" gehört eher vergangenen Tagen an. Die „neue Freiheit" heißt jetzt, jedenfalls in einigen Gruppen der Frauenbewegung: „Ja zu Kindern zu sagen".[8]

So ist das Bild, das sich abzeichnet, von Gegensätzen bestimmt. All die Statistiken, die einen anhaltenden Geburtenrückgang belegen, doch daneben auch einige Fakten, die auf einen deutlichen Kinderwunsch weisen; eine Frauenbewegung, die erst gegen den Mutterschaftszwang protestiert und dann die freie Entscheidung *für* Kinder fordert. Wie ist diese paradoxe Konstellation zu erklären?

Wer weitere Überraschungen sucht, wird sie in der nächsten Buchhandlung finden. Da hat der Kinderwunsch Konjunktur – zumindest auf dem Papier. Die „neuen Frauen/neuen Mütter" schreiben und schreiben, von Tagebüchern über Erfahrungsberichte bis zu Ratgeber-Büchern. Da geht es um Kinder ja oder nein, wann und wieviele. Da werden die Phantasien beschrieben, die um den Kinderwunsch kreisen (eine neue Erfahrung/ Zärtlichkeit/Körpergefühle), die Ängste (was wird aus dem Beruf/der Partnerbeziehung/dem eigenen Leben?), die endlosen Abwägungsprozesse des Für und des Wider. Da werden die Freuden und Leiden des Mutterseins protokolliert: erst die Geburtsvorbereitung, physisch und psychisch, von der Klinikwahl bis zur Entbindungsmethode; dann das Leben danach, mit Babyschock oder ohne, mit Hinweisen für Ernährung, Betreuung, Bezugspersonen.

Der distanzierte Beobachter, von milden Irritationen geschüttelt, fragt sich bisweilen, wie die Kinder so viel geballte Aufmerksamkeit überleben. Und er fragt sich erst recht: Was eigentlich wollen die Frauen? Wenn Kinderwunsch ja, warum sind dann die Geburtenzahlen so niedrig? Warum wird Muttersein, einst selbstverständliche Vorgabe im Leben der Frau, heute abgewogen mit so viel Kopf und Papier? Und überhaupt, was macht Muttersein heute so schwierig? Warum so viel Ratschläge und Erfahrungsberichte, warum die endlosen Diskussionen über Muttermilch und Mutterliebe, über Kindertränen und Schuldgefühle?

Das Motto, um die Antwort zu finden, läßt sich in einem Satz von Elias zusammenfassen: „Oft genug läßt sich das, was heute geschieht, überhaupt nicht verstehen, wenn man nicht weiß, was gestern geschah".[9] Deshalb schlage ich vor, daß wir mit einer Entdeckungsreise in die „Sozialgeschichte der Mutterschaft" beginnen. Sie soll uns zeigen: Das Nebeneinander unterschiedlicher Entwicklungslinien, die wir in der Gegenwart sehen, ist kein bloß privater Konflikt, kein Schwanken der Frauen, deren Gefühle heute so, morgen anders sich wenden. Dahinter steht vielmehr der epochale Wandel von der vormodernen zur modernen Gesellschaft, der alte Bindungen auflöst und neue Formen des Lebenslaufs schafft, neue Erwartungen und Anforderungen, neue Freiräume und Abhängigkeiten. Pointiert zusammengefaßt: Die Paradoxien, die „Muttersein heute" kennzeichnen, sind kein Natur-, sondern ein Gesellschaftsereignis. Sie sind ein Spiegelbild, in dem wir den Aufbruch und Umbruch der Lebensformen der Moderne erkennen, ihre Verheißungen und Sehnsüchte, ihre Enttäuschungen und Ängste, und nicht zuletzt auch: ihre Konflikte und Widersprüche, die sich hineinschieben in das Leben der Frau und in das Verhältnis zwischen Mutter und Kind.

# I. Die Chancen und Zwänge des „eigenen Lebens"

Wenn wir Berichte lesen, die die Lebensformen früherer Epochen beschreiben, dann ist für unsere heutigen Augen immer wieder erstaunlich, wie stark das Leben der Menschen früher von traditionellen Bindungen bestimmt war – z.B. durch Familienverband und Dorfgemeinschaft, Heimat und Religion, Stand und Geschlechtszugehörigkeit. Solche Bindungen haben stets ein Doppelgesicht. Auf der einen Seite schränken sie die Wahlmöglichkeiten des Einzelnen rigoros ein. Auf der anderen Seite bieten sie auch Vertrautheit und Schutz, eine Grundlage der Stabilität und inneren Identität. Wo es sie gibt, ist der Mensch nie allein, sondern stets aufgehoben in einem größeren Ganzen.

Aus anderen Berichten, die den Übergang zur Moderne beschreiben, wissen wir auch, wie diese alte Welt sich allmählich verändert hat. Die beginnende Industrialisierung, das Anwachsen der Städte, die zunehmende Mobilität – mit solchen und ähnlichen Entwicklungen entstehen neue Formen des Lebenslaufs, neue Denk- und Verhaltensweisen, neue Anforderungen, Erwartungen, Ziele. Ihnen allen ist ein Grundmerkmal gemeinsam: Sie leiten eine *Herauslösung des Menschen* aus traditionell gewachsenen Bindungen, Glaubenssystemen, Sozialbeziehungen ein. Dieser Wandel reicht in viele Bereiche hinein – von Wirtschaft bis zu Familie, Bildung und Wissenschaft, Recht und Religion –, erfaßt immer weitere Gruppen und erreicht zur Gegenwart hin ein historisch einmaliges Maß. Das Ergebnis dieser vielfältigen Veränderungen ist, daß allmählich ein *Anspruch und Zwang zum „eigenen Leben"* (jenseits von Gemeinschaft und Gruppe) sich herauszubilden beginnt.

Dabei hat dieser Umbruch, der den Übergang zur Moderne kennzeichnet, wiederum ein Doppelgesicht. Auf der einen Seite ist darin eine Befreiung aus traditionellen Kontrollen enthalten: „Die Modernität hat in der Tat eine befreiende Wirkung gehabt. Sie hat die Menschen von den einengenden Kontrollen der Familie, der Sippe, des Stammes oder der kleinen Gemeinschaft befreit. Sie hat dem Individuum vorher ungekannte Wahlmöglichkeiten und Bahnen der Mobilität eröffnet".[1]

Aber damit verbunden sind auch neue Risiken, Konflikte und Brüche im Lebenslauf. Wo die Familie als Wirtschaftsgemeinschaft sich auflöst, wird der Einzelne dem Arbeitsmarkt und seinen Anforderungen unterworfen, vom Konjunkturverlauf abhängig, durch Wirtschaftskrisen bedroht. Wo Herkunft und Stand an Bedeutung verlieren, da wächst die soziale Mobilität, aber auch Konkurrenzdruck und Abstiegsgefahr. Wo die Einbindung in Nachbarschaft und Verwandtschaft verblaßt, da wird der Horizont weiter, aber oft fehlt auch ein soziales Netz, Isolation und Entwurzelung drohen. Kurz: ,,Die Befreiungen hatten ... einen hohen Preis".[2]

Die ,,Einsamkeit in der Massengesellschaft",[3] die ,,innere Heimatlosigkeit",[4] die ,,Fröste der Freiheit"[5]: solche Stichworte signalisieren, wie die Freiräume, die im Aufbruch zur Moderne entstehen, für den Einzelnen eine Herausforderung bedeuten, aber oft auch zur Überforderung werden. Verschiedene Auswege bieten sich an. Manche suchen Halt bei noch mehr Arbeit und noch mehr Konsum. Manche schließen sich religiösen oder politischen Sekten an, die Heil und Heimat versprechen. Viele wählen den Weg ins Private, die Liebe als Zuflucht, die Familie als ,,Hafen in einer herzlosen Welt".[6] Solche Formen der Suche, so unterschiedlich sie im einzelnen sind, weisen doch auf einen gemeinsamen Kern: Das Spannungsverhältnis zwischen Freiheit und Bindung wird zu einem Grundthema der Moderne. Und eine paradoxe Bewegung deutet sich an: Die Moderne, die die Menschen aus traditionellen Bindungen herauskatapultiert, erzeugt eben dadurch auch die Sehnsucht nach neuer Bindung.

## Der Lebenslauf als persönliche Aufgabe

Wo traditionelle Bindungen mit ihren rigorosen Verhaltensregeln und Vorschriften aufgelöst werden, da wird eine Erweite-

rung des Lebensradius möglich, ein Gewinn an Handlungsspielraum und Wahlmöglichkeiten. Der Lebenslauf wird an vielen Punkten offener und gestaltbarer. Jedoch: auf der Kehrseite
der neuen Gestaltbarkeit kommen auch neue Anforderungen
und Zwänge auf. So sind die Planungen und Entscheidungen
zwar in bestimmtem Sinne „frei", aber gleichzeitig strukturell
von der Logik der (Arbeits)Marktgesellschaft bestimmt, die
jetzt in den Lebenslauf eingreift. Denn mit der Auflösung der
Familie als Arbeits- und Wirtschaftsgemeinschaft entstehen
neue Formen der Existenzsicherung, die über den Arbeitsmarkt
vermittelt und auf die Einzelperson bezogen sind. Dabei wird
das Verhalten des Berufstätigen den Gesetzen des Marktes unterstellt – z. B. Mobilität und Flexibilität, Konkurrenz und Karriere –, die kaum Rücksicht nehmen auf private Bindungen.
Wer aber diesen Gesetzen nicht folgt, riskiert Arbeitsplatz, Einkommen und soziale Stellung. Idealtypisch wird das Ich hier
zum Mittelpunkt eines komplizierten Koordinatensystems, das
viele Dimensionen umfaßt, von Ausbildung und Stellenmarkt
bis zu Krankenversicherung und Altersvorsorge. Vor allem die
Anforderungen des Arbeitsmarktes werden zur wichtigen Vorgabe der persönlichen Zukunftsplanung: „Für die meisten
Menschen ist der hauptsächliche institutionelle Vektor der Lebensplanung der Arbeitsmarkt und der eigene Bezug zu ihm ...
das grundlegende Organisationsprojekt für biographische Pro-
jekte ist der eigene Beruf".[7]

Dabei umfaßt diese äußere Beschreibung nur einen Teil der
Veränderungen. Denn die Logik der (Arbeits)Marktgesell-
schaft, die die prinzipielle Gestaltbarkeit des Lebenslaufs in
Richtung bestimmter Entscheidungen und Handlungen lenkt,
hat auch innere Folgen für die beteiligten Personen. Sie führt in
einen Kampf um „eigenen Raum", im wörtlichen und im über-
tragenen Sinn, in die Suche nach dem Selbst, ins Ringen um
Selbstverwirklichung. Daß diese Stichworte heute – in Interviews, Therapie, Literatur – eine so große Rolle spielen, ist
nicht etwa Ausbruch eines kollektiven Narzißmus. Vielmehr
sind diese Themen Ausdruck eben jener gesellschaftlich-histori-
schen Entwicklung, die den Lebenslauf zur persönlichen Auf-

gabe und Anforderung macht. „Das Leben ist nicht mehr ...
eine ‚Wunderbare Gabe Gottes‘, sondern individueller Besitz,
der auf Dauer zu verteidigen ist. Mehr noch: es wird zur gestal-
tenden Aufgabe, zum individuellen Projekt".[8]

Die Frage liegt auf der Hand: Wieviel Raum bleibt in der
selbstentworfenen Biographie mit all ihren Zwängen noch für
andere Menschen mit eigenen Lebensplänen und Zwängen?
Wieviel Raum bleibt für die Sehnsucht nach neuer Bindung, die
die Moderne ja auch erzeugt? Wieviel Raum bleibt insbesondere für Frauen und ihre Bindung ans Kind, die so unmittelbar
und umfassend ist wie sonst keine mehr in unserer Gesellschaft?
Wird das Kind hier zum „Fremdkörper" im eigenen Leben, zur
dauernden Barriere und Bremse? Oder wird es zum Zielpunkt
neuer Sehnsüchte, Hoffnungen, Wünsche?

Um auf solche Fragen eine Antwort zu finden, müssen wir
die Geschichte genauer betrachten: Wie hat sich die Lebenssituation von *Frauen* im Übergang zur Moderne verändert? Wie
und wann setzt für sie die Herauslösung aus traditionellen Bindungen ein? Wie und wann erfahren sie die Freiräume und
Zwänge, die den Lebenslauf der Moderne kennzeichnen?

## II. Stationen in der Geschichte der Mutterschaft

Die Herauslösung der Frau aus der Familie hat eine lange Geschichte. In diesem Kapitel geht es darum, den Ausgangspunkt dieser Geschichte zu beschreiben: also diejenige Epoche, die noch gekennzeichnet ist durch eine starke Einbindung der Frau in die Familie. Dies führt dann zur Frage, wie sich das Verhältnis von Frau und Kind unter solchen Bedingungen gestaltet. Damit ist sogleich eine Vorwarnung nötig. Denn aus einer solchen Perspektive interessiert nicht die faszinierende Vielfalt vergangener Epochen, die Fülle der Lebensformen und Familientypen, die Historiker aufspüren. Gezeichnet wird stattdessen ein stark vereinfachendes „Durchschnittsbild", das aus den endlosen Differenzierungen der Geschichte die Grundlinie des Wandels erkennbar macht.

### 1. Die Familie in vorindustrieller Zeit

In der vorindustriellen Epoche machten Bauern und Handwerker die bei weitem größte Gruppe in der Bevölkerung aus. Dabei war die bis ins 18. Jahrhundert vorherrschende Arbeits- und Lebensform nicht die Familie im heutigen Sinn, sondern der Haushalt des „Ganzen Hauses", eine Wirtschaftsgemeinschaft. Dazu gehörte, daß alle, die im „ganzen Haus" wohnten, durch ihre Arbeit zur gemeinsamen Existenzsicherung beitrugen: nicht nur die erwachsenen Männer und das Gesinde, sondern ebenso die Frauen, die Alten, die Kinder.

Wo die Familie derart vorrangig Wirtschaftsgemeinschaft war, da war das oberste Gebot die tägliche Existenzsicherung und der Erhalt der Generationenabfolge. Unter diesen Bedingungen blieb wenig Raum für persönliche Neigungen, Gefühle, Motive. Nicht die Einzelperson zählte, sondern die gemeinsamen Zwecke und Ziele. Imhof beschreibt dies für die bäuerliche Familie folgendermaßen:

*„Nicht der jeweilige Hofbesitzer und sein individuelles Wohlbefinden waren … das entscheidend Wichtige, sondern das Wohl und Ansehen des Hofes selbst, nicht die zu diesem oder jenem Zeitpunkt gerade darauf lebende Familie, sondern die Familienabfolge, das Geschlecht. Generation um Generation kreiste um diesen Mittelpunkt, Hofbesitzer nach Hofbesitzer, aber eben weniger als Individuum denn als Rollenträger. Eine Idee, ein Wert stand im Zentrum, nicht ein Ego".*[1]

Zum Beispiel Partnerwahl und Ehe: Diese Verbindung war ein vorwiegend ökonomisches Arrangement, an dem Familie, Verwandtschaft und lokale Öffentlichkeit beteiligt waren. Dabei wurde kaum nach dem individuellen Zusammenpassen (oder Nicht-Zusammenpassen) der künftigen Eheleute gefragt. Geheiratet wurde weniger aus Gründen der Liebe, sondern eher nach Zwecken, die der Familie als Wirtschaftsgemeinschaft dienten: um für den Familienbetrieb eine Arbeitskraft zu gewinnen, den vorhandenen Besitz zu sichern, um Vermögen und Ansehen zu erweitern.

*„Das ‚persönliche Glück'… lag für den Bauern darin beschlossen, eine Frau zu heiraten, mit der er arbeitete, die ihm gesunde Kinder gebar und ihn durch ihre Mitgift vor Schulden bewahrte. Man kann wohl nicht bestreiten, daß das auch eine Art von Glück ist. Auf die Person des Partners bezogene Liebe an sich, unabhängig von diesem Fundament, hatte jedoch kaum eine Chance, sich zu entwickeln".*[2]

Wie das Verhältnis der Ehepartner, so war auch dasjenige zwischen Eltern und Kindern weitaus weniger von Gefühlen als von den Anforderungen der Familienwirtschaft bestimmt. Zum Beispiel die Mutterliebe, jenes „natürlichste" Band – manche Sozialhistoriker bezweifeln, ob es sie früher überhaupt gab oder ob sie nicht erst eine Erfindung der Neuzeit ist.[3] Tatsache ist, in der vorindustriellen Gesellschaft wurden weitaus mehr Kinder geboren als heute. Aber auch dafür gab es klare ökonomische Gründe: Kinder wurden gebraucht als Erben und Namensträger, als Arbeitskräfte und zur Alterssicherung der Eltern. Kein Wunder, daß sie im allgemeinen einigermaßen willkommen waren, manchmal – vor allem, wenn es um Erstgeborene und Söhne ging – auch sehnsüchtig erhofft wurden. Auch war damals die Kindersterblichkeit hoch, und so brauchte man viele Kinder, damit wenigstens einige das Erwachsenenalter erreichten. Doch gab es auch Situationen, wo Kinder ökonomisch gesehen unnütz, ja belastend waren: z. B. wenn das Kind schwächlich oder verkrüppelt war; oder wenn es wieder ein Mädchen war, für das die Familie später die Kosten einer Mitgift aufbringen mußte; oder wenn schon mehr Kinder da waren, als hinreichend ernährt werden konnten. Gerade sie starben oft früh durch Gewalt, Hunger, Vernachlässigung.

*Wie es um Kinderwunsch und Mutterliebe früher bestellt war, zeigt drastisch eine im Jahr 1080 verfaßte Lebensbeschreibung:*

*„Als ihn seine Mutter als Letzten geboren hatte, war sie der Söhne bereits überdrüssig, denn das Haus schien mit Erben wohlgefüllt. Dazu stimmte eines der Kinder, das schon im Jünglingsalter stand, die Wehklage an: ‚Welche Schande! Nun sind wir schon so viele, daß wir im Hause kaum Platz finden. Und wie schlecht stimmt die große Erbenschar mit dem kärglichen Erbe zusammen?‘ Auf diese Worte hin verfiel die Mutter in einen heftigen und typisch weiblichen Zornesausbruch, beklagte händeringend ihr Unglück und verkündete lauthals, nicht länger leben zu wollen. Als Folge davon wurde das Neugeborene, bevor es noch die Mutterbrust erhalten hatte, sozusagen gleich abgestillt und niemals wollte die Mutter es in ihre Arme nehmen; sie bezeichnete sich selbst als Unglückliche und verbannte daher das Kind aus ihrer Gegenwart; auf diese Weise entwöhnte sie den Sohn, bevor dieser lebensfähig war und entzog ihm sein einzig mögliches Besitztum, die Muttermilch".[4]*

Aber im Normalfall hatten die Kinder ihren Wert und wurden dementsprechend ausgetragen, geboren, genährt und aufgezogen. Dabei gab es freilich keine Kindererziehung im eigentlichen Sinn. Denn in der vorindustriellen Gesellschaft galten Kinder als unfertige, noch nicht ganz vollständige Erwachsene, die kaum eigene Bedürfnisse haben. Entsprechend wurde Kindern keine besondere Aufmerksamkeit und Zuwendung zuteil; die Grundhaltung war im allgemeinen eher eine der Gleichgültigkeit als des Interesses. Kindheit war deshalb eine unwichtige Übergangsphase, nicht Gegenstand bewußter Beeinflussung und gezielter Erziehung. Statt Erziehung im heutigen Sinn gab es moralische Anleitung, Einübung in Gottesfurcht, Gehorsam und Tugend. Ansonsten bezog sich die Versorgung auf die elementaren Bedürfnisse des Kleinkindes, Nahrung und Kleidung. Darüber hinaus gab es eine gewisse Beaufsichtigung, um das Kleinkind vor Gefahren wie Sturz und Ertrinken zu schützen, und viel körperliche Zurechtweisung, meist in Form von Prügeln.

Dies alles war nicht sonderlich aufwendig, lief meist neben dem allgemeinen Haushaltsgeschehen her. Meist waren ja auch genug Personen zur Hand, die diese Art der Kinderversorgung erledigen konnten. Denn typischerweise war die Arbeit für Kinder auf mehrere Personen verteilt: Dem Grundmuster nach war die Mutter meist zuständig für die physische Versorgung des Kindes, der Vater für die Einübung in Gehorsam und Glauben. Doch da die Mutter gleichzeitig auch eine wichtige Arbeitskraft in der Familienwirtschaft war, wurden ihre Aufgaben oft an andere Personen übertragen – an Großeltern, im Haushalt mitlebende Verwandte, ältere Geschwister oder Gesinde.

*„Die Form von Mutterschaft, die uns heute vertraut ist, ist eine erstaunlich neue Institution. Und sie ist auch einzigartig, das Produkt einer wohlhabenden Gesellschaft. Denn während des größten Teils der Menschheitsgeschichte ... sind erwachsene, gesunde Frauen so wertvolle Arbeitskräfte gewesen, daß man sie nicht freistellen konnte allein zur Versorgung der Kinder".[5]*

Wo aber die Versorgung des Kleinkindes sich nur schwer in den allgemeinen Arbeitsablauf einpassen ließ (z. B. bei den Kleinbauern, wo die Frau auf dem Feld mitarbeiten mußte, der Haushalt aber kaum weitere Verwandte oder gar Gesinde umfaßte), da blieb meist keine Zeit zum Nachdenken darüber, was dem „Wohl des Kindes" am besten entsprechen würde. Welche Wahl hätte es geben sollen? Das Handlungsmuster war vorgezeichnet, nüchtern und unsentimental, durch die Zwänge der Existenzsicherung: Wo die Zeit fehlte, mußte die Versorgung und Beaufsichtigung entsprechend eingeschränkt werden. Die Kinder wurden „ruhig gestellt", nicht selten mit gesundheitsschädigenden Mitteln wie Opiaten. Sie blieben mehr sich selbst überlassen; Unfälle waren häufiger, manche mit tödlichem Ausgang. Schließlich blieb auch die Möglichkeit, das Kind außer Haus zu geben, oft gleich nach der Geburt, zu einer entfernt wohnenden Amme, über Monate, manchmal auch Jahre. Das war bis ins 18. Jahrhundert hinein eine in vielen Gegenden verbreitete Sitte. Sie trug, wenn man die Lebensumstände jener Ammen bedenkt, sicherlich nicht zum Gedeihen der Kinder bei, eher zu ihrem Sterben. Aber dafür stellte sie die Mutter frei von der dauernden Angebundenheit an den Säugling, ermöglichte ihre ungestörte Arbeit in Haus und Hof.

Versuchen wir nun, das Fazit zu ziehen für die Frage, die hier interessiert: für das Verhältnis von Frau, Familie und Kind. Aus diesem Blickwinkel zeichnet sich folgendes Bild ab: Die Lebensform der vorindustriellen Gesellschaft ist in wesentlichen Bereichen auf die Familie als Ganzes bezogen, nicht auf Einzelpersonen. Unter diesen Bedingungen ist Mutterschaft *selbstverständliche Bestimmung des Lebens der (Ehe)Frau, eben weil es im Grunde kein „eigenes" Leben gibt, sondern primär ein von den Interessen der Familiengemeinschaft bestimmtes Leben.* Die Frage, ob die Frau Kinder will oder nicht, kann sich in diesem Rahmen meist gar nicht erst stellen, weil vorgängig eines klar ist: daß die Familienwirtschaft Kinder braucht.

## 2. Die Entstehung der bürgerlichen Familie

Im Übergang zur Moderne werden alte Beschränkungen abgebaut, neue Freiräume und Handlungschancen entstehen, ja der Anspruch auf Selbstbestimmung und Autonomie wird zu einem Leitwert der bürgerlichen Gesellschaft – so haben wir oben gesagt. Aber wenn wir die Geschichte genauer betrachten, entdecken wir: das Gesagte gilt in erster Linie für Männer. Für *Frauen* wird der Lebenslauf zunächst nicht offener, sondern im Gegenteil: enger denn je auf die Familie beschränkt.

## Die Frau wird aufs „Dasein für andere" verwiesen

*„Der Frauen Bestimmung von Jugend an ist ein einziges großes Opfer ... Sie entäußert sich ihres eigenen Selbst, sie hat keine Freuden und keine Schmerzen als die der Ihrigen"* (Henriette Feuerbach 1839).[1]

Mit der Industrialisierung bricht die früher vorherrschende „Einheit von Arbeit und Leben" auf, die Familie verliert ihre Funktion als Arbeits- und Wirtschaftsgemeinschaft. Der Mann wird immer häufiger außerhalb der Familie tätig, in der einen oder anderen Form außerhäuslicher Erwerbsarbeit. Gleichzeitig wird auch die Arbeits- und Lebenssituation der Frau einem tiefgreifenden Wandel unterworfen. In der neuen Mittelschicht eines zahlenmäßig wachsenden, an Einfluß und Selbstbewußtsein erstarkenden Bürgertums entsteht ein neues Leitbild des Frauenlebens, das allmählich auch von den unteren Schichten übernommen oder zumindest angestrebt wird. Sein hervorstechendes Merkmal ist, daß die Frauen – nein, nicht im Haus bleiben, sondern (und das ist ein wesentlicher Unterschied) *zunehmend auf das Haus beschränkt werden*. Dabei verengt sich ihr Arbeitsbereich von der Herstellung der täglich benötigten Güter zum Kauf und Verbrauch fertiger Waren. Gleichzeitig erfährt er aber eine Ausweitung in Richtung gefühlsmäßiger Aufgaben. Ihre Aufgabe liegt jetzt nicht mehr nur darin, einen unmittelbar greifbaren Beitrag zur täglichen Existenzsicherung zu leisten, sondern verlagert sich zunehmend auf eine eher unsichtbare Ebene, auf das leise und immer bereite „Dasein für die Familie".

So entsteht mit dem Aufbrechen des „ganzen Hauses" eine neue Arbeitsteilung zwischen Mann und Frau: Er wird zuständig für Außenwelt, Beruf, Öffentlichkeit; sie für Heim, Haushalt, Familie. Aber nicht nur die unmittelbaren Tätigkeitsbereiche treten auseinander, sondern auch die Vorstellungen von männlicher bzw. weiblicher „Natur".[2] Vorherrschend wird die Idee einer im Weltenplan vorgesehenen „Ergänzung" zwischen männlichem und weiblichem „Wesen": dort Aktivität, Durchsetzung, Kraft und Verstand; hier Fügsamkeit, Bescheidenheit, Herz und Gemüt.

> „*Das Glück des Mannes heißt: ich will. Das Glück des Weibes heißt: er will*" (Nietzsche).[3]
> „*... but this is fixt*
> *As are the roots of earth and base of all;*
> *Man for the field and woman for the hearth;*
> *Man for the sword and for the needle she;*
> *Man with the head and woman with the heart;*
> *Man to command and woman to obey:*
> *All else confusion ...*" (Tennyson).[4]

In Wissenschaft und Religion, Dichtung und Literatur, in philosophischen Abhandlungen und politischen Reden tauchen durchgängig ähnliche Bilder auf. Die Frau wird auf ein Podest gestellt, als Symbol des Guten und Schönen, als Wächterin über Sitte und Moral. Dies geschieht genau zu dem Zeitpunkt, wo die Wirtschaft freigesetzt wird aus Feudalbindungen und Zunftbestimmungen, aber noch nicht den Schranken und Schutzbestimmungen des Sozialstaates unterworfen ist. Entsprechend hart sind oft die Gesetze des Überlebens im Konkurrenzkampf. Genau im Kontrast dazu wird nun die Rolle der Frau entworfen, als Gegenpart zum homo oeconomicus des Marktes. Wo der Mann hinaus muß ins feindliche Leben, da wird es „der Frauen Bestimmung, ... das Leben zu verschönern, zu heilen und abzurunden, was rohe Stärke verletzt, das Dasein in sich selber zu versöhnen" (Henriette Feuerbach 1839).[5] Die Frau wird zum Sinnbild für eine bessere Welt, für ein verlorenes Paradies. Wie die Psychologin Arlene Skolnick schreibt: Sie wird „im Heim als Geisel gehalten für jene Werte, die Männer in ihrem täglichen Leben zugleich hochhielten und dauernd verletzten".[6]

*"Die liebe Frauenwelt" soll eine "glückliche stille Oase" sein, "ein Quell der Lebenspoesie, ein Rest aus dem Paradiese. Und das wollen wir uns von keiner ,Frauenfrage', von keinem unglücklichen Blaustrumpf und von keinem überstudierten Nationalökonomen nehmen lassen. Wir wollen sie ... so viel als möglich auch dem armen und ärmsten ,Arbeiter' mit Gottes Hilfe erhalten"* (Nathusius 1871).[7]

Die Frau wird jetzt auf den Mann bezogen, durch seine Interessen definiert und begrenzt, zu seiner persönlichen Gehilfin bestimmt. ,,Ihm zu gefallen" heißt das oberste Gesetz, und damit untrennbar verbunden ,,ihm dienen". Darüber bestimmen sich Charakter, Bildung, ja Lebensglück der Frau.

*Diese Grundsätze sind besonders deutlich bei* Rousseau *formuliert, in der klassisch gewordenen Erziehungsschrift "Emile". Dort steht als Rat an Sophie: "Werden Sie so stark ein Teil von ihm, daß er Sie nicht mehr entbehren kann und sich weit von sich selbst entfernt fühlt, sobald er Sie verläßt ... Denken Sie daran, daß, wenn Ihr Mann zu Hause glücklich lebt, Sie eine glückliche Frau sein werden".[8] Und an anderer Stelle: die Frau ist nicht mehr um ihrer selbst willen geschaffen, sondern dazu, "zu gefallen und sich ihm zu unterwerfen", dazu, "sich dem Manne angenehm [zu] machen", dazu "dem Mann nachzugeben und sogar seine Ungerechtigkeit zu ertragen".[9]*

In der Aneinanderreihung der Formulierungen schält sich allmählich der eigentliche Kern dessen heraus, was nach solchen Vorstellungen das Dasein für die Familie und für den Mann ausmacht. Es ist das ,,regulierende Prinzip" der weiblichen Normalbiographie, oberstes Gebot und ständige Erwartung an Frauen, und es lautet: *Selbstzurücknahme und Selbstaufgabe.* Oder anders formuliert, um die Paradoxie einzuholen, die in der neuen Bestimmung liegt: ,,Selbstlosigkeit als Selbstverwirklichung".[10]

*,,Des Weibes Ausartung ist Selbständigkeit und männliches Wesen; ihre größte Ehre ist einfältige Weiblichkeit und das heißt, sich unbeschwerten Herzens unterzuordnen, sich beschei-*

den, nichts anderes, noch etwas mehr sein zu wollen, als sie soll... Der Mann ist vor dem Weibe und zur Selbständigkeit geschaffen; das Weib ist ihm beigegeben um seinetwegen" (Löhe, 19. Jahrhundert).[11]

Im Bezugsrahmen dieser polarisierten Geschlechtsrollen soll die Frau keine Person sein, die eigene Rechte besitzt und eigene Forderungen stellt. Stattdessen wird Unsichtbarkeit und stille Demut zur Verkörperung weiblicher Tugend. Anerkennung kann die Frau nicht erwerben, indem sie sich aktiv einsetzt und abmüht, sondern bezeichnenderweise nur: indem sie selbstvergessen auf Anerkennung verzichtet, passiv bleibt, dem äußeren Glanz entsagt.

*„So stehst du da in deinem Wesen, holdes Weib, eine unbewußte Blume, eine himmlische Pflanze, ein spielender Singvogel, der da von seinem Gesange nichts weiß ... Deine Kraft und deine Würde liegen mehr im Sein, als im Tun, mehr im Stillstehn, als im Vordringen, mehr im Gehorsam, als im Befehl, mehr in Demut, als im Willen"* (Ernst Moritz Arndt 1819).[12]

*„Der Inbegriff weiblicher Tugend ist auf die ursprüngliche Ordnung der Natur zurückzuführen, nach welcher das Weib ... eine Blume sein soll, die nur im Schatten duftet. Nach einem anderen oft angeführten Worte ist diejenige die beste Frau, von der man am wenigsten spricht"* (Käthe Bandow 1897).[13]

Solche und ähnliche Zitate lassen sich endlos aneinanderreihen. Aber wenn man sie nur als Illustration eines fernen Zeitgeistes liest, verkennt man ihre eigentliche Natur. Denn die neuen Geschlechtsrollen wurden auch direkt umgesetzt in biographische Vorgaben und staatliche Regelungen. Sie wurden verankert in Bildungswesen und Recht, in Erziehungszielen und Gesetzen, definierten den Lebensradius der Frau durchgängig als „Dasein für andere". So gab es trotz des Ausbaus der öffentlichen Bildungsinstitutionen bis gegen Ende des 19. Jahrhunderts für Mädchen kaum Bildungschancen im eigentlichen Sinn.[14] Die Mädchen der Unterschicht bekamen ein dürftiges Minimalwissen in Lesen, Schreiben und Rechnen, und oft nicht einmal das. Die Töchter des gehobenen Bürgertums wurden eingeübt in Anstandsregeln, Musik und Französisch, in Handarbeit und den Tugenden der gepflegten Konversation. Nicht wie beim jungen Mann Ausbildung der individuellen Fähigkeiten, gezielte Vorbereitung der Zukunft, bewußte Planung des eigenen Lebenslaufs, sondern eher im Gegenteil: Abwarten, Schicksalsergebenheit, Verzicht auf eigene Zukunftspläne war die Aufgabe des Mädchens. Jeder Anflug eigenständiger Interessen war verdächtig, weil für Heiratserwartungen schädlich: Mädchenbildung hörte auf, wo die selbständige Erfassung eines Gebietes begann.

*„Uns reizt an den Frauen gerade die Gefühlswärme, die Naivetät und Frische, die sie vor den frühzeitig überarbeiteten und frühgereiften Männern voraushaben, und der Reiz, den sie durch diese Eigenschaften auf die Männer ausüben, würde unwiderbringlich verloren gehen, wenn dieses Anmutendste an ihnen durch die Erziehung vernichtet würde"* (Vizepräsident Appelius *im Weimarer Landtag 1891*).[15]

*„Jedes Weib lernt wirklich nur von dem Manne, den es liebt, und es lernt dasjenige, was und soviel wie der geliebte Mann durch seine Liebe als ihn erfreuend haben will. Das Regelrechte ist, daß Mädchen heiraten und ihre Bildung in der Ehe gewinnen: doch auch Schwestern, Töchter, Pflegerinnen werden durch Brüder, Väter, Kranke und Greise zu etwas gemacht werden, wenn sie diese Männer mit warmem Herzen bedienen"* (Programm für die konservative Partei Preußens, entworfen von Paul de Lagarde *1884*).[16]

Ähnliche Tendenzen wie im Bildungssystem zeigten sich auch im Rechtssystem. Es war zugeschnitten nicht auf die Frau als eigenständige Person, sondern als Teil der Familie, vorzugsweise als Ehefrau. Sie war auf vielen Ebenen dem Willen und den Weisungen des Mannes untergeordnet.[17] Die bürgerlichen Freiheitsrechte wurden teils beschränkt, teils verweigert.

*„Überfällig und nicht erledigt bleibt die Gleichberechtigung der Frauen ..., seitdem Freiheit und Gleichheit sowie ‚die Men-*

*schenrechte laut und auf den Dächern gepredigt' wurden
(Th. G. v. Hippel), d.h. mit dem Übergang zu einer bürgerlichen R[echt]sordnung. Seit dem Beginn des 19.Jhdts., als das
traditionelle Patriarchat durch die Auflösung der Feudalgesell-
schaft und eine veränderte Arbeits- und Wirtschaftsordnung
seine materielle Basis und herrschaftliche Legitimation verloren hatte, wurden Frauen einem Sonderr[echt] unterworfen,
so z.B. im Code Napoléon von 1804, der gemeinhin als Muster bürgerlicher Gesetzgebung gilt, jedoch in bezug auf Frau-
enrechte ,Züge des mittelalterlichen Patriarchalismus am rein-
sten und längsten bewahrt hat' (Marianne Weber)... Vorläu-
figer Endpunkt dieser Sonderrechtsentwicklung war das Bürgerliche Gesetzbuch (BGB) von 1900. Obgleich es in seinem
Allgemeinen Teil die allgemeine R[echt]sfähigkeit der Menschen vorsah, wurden Frauen in seinem Besonderen Teil, im
Familienrecht, wieder ,eheherrlicher Vormundschaft' unterworfen"*.[18]

Die neuen Geschlechtsrollen bleiben also nicht auf die Ebene der Ideen beschränkt, sondern erhalten auch eine sehr reale Basis. Und dies ist kein Zufall. Denn sie entstehen nicht
beliebig, sondern gehören zum Fundament der neu aufkommenden Industriegesellschaft. Die polarisierten Lebenswege
von Mann und Frau sind Teil ihres inneren Bauplans:
Mit der Auflösung des ,,ganzen Hauses" entsteht einerseits
jene neue Form des Lebenslaufs, die die Einzelperson in den
Mittelpunkt rückt. Sie löst die Existenzsicherung ab von der
Familie als Wirtschaftsgemeinschaft, verknüpft sie stattdessen
mit den Anforderungen des Arbeitsmarktes, mit den Geboten
von Konkurrenzkampf und Selbstbehauptung. Nicht mehr
die gemeinsam verrichtete Arbeit schafft jetzt die Existenz-
grundlage, sondern die individuelle Durchsetzung am Markt.
Sie verlangt neue Einstellungen, Fähigkeiten, Verhaltensweisen, z.B. Leistung und Disziplin, Zielstrebigkeit und Durchsetzungsvermögen. Sie ist ebenso verknüpft mit den bürgerlichen Rechten von Freiheit und Gleichheit wie mit dem Anspruch der Aufklärung auf Befreiung aus Unmündigkeit. Es

ist diejenige Arbeits- und Lebensform, die wir die „moderne" nennen – und diejenige, die dem Mann zugewiesen ist.

Aber keine Gesellschaft besteht nur aus gesunden, erwachsenen und durchsetzungsfähigen Personen, die kräftig genug sind, ihr Überleben nach den Gesetzen des Arbeitsmarktes zu sichern. Da sind die Kinder, Alten und Schwachen, die in der Familienwirtschaft mithelfen konnten – aber unter den anonymen Gesetzen des Marktes ins Abseits gedrängt werden. Darüber hinaus müssen auch diejenigen Personen, die am Arbeitsmarkt tätig sind, ständig Bedürfnisse unterdrücken, die nicht hineinpassen ins Diktat der industriellen Rationalität. Mit dem Aufkommen der Industriegesellschaft wird deshalb zugleich auch eine andere, komplementäre Form des Lebenslaufs notwendig, deren Aufgabe es ist, die „Härten der Modernisierung" zu mildern. Sie ist zuständig für all diejenigen menschlichen Bedürfnisse, die unter den Bedingungen des Marktes an den Rand gedrängt werden. Sie ist nicht zugeschnitten auf die Durchsetzung als Einzelperson, sondern gerade umgekehrt auf die Sorge für andere: Unterstützung und Stärkung, Zuspruch und Bestätigung. Es ist diejenige Arbeits- und Lebensform, die der Frau zugewiesen ist.

Die weibliche Normalbiographie, die so definiert wird, mag auf den ersten Blick wie ein traditionelles Relikt erscheinen. Aber dieses Bild ist unangemessen. Denn was der Frau zugewiesen wird, sind Aufgaben, die zum guten Teil *neu entstehen*, eben durch die Industrialisierung und die Abspaltung von Bedürfnissen und Tätigkeiten, die in der industriellen Rationalität keinen Platz haben. Das Funktionieren der aufkommenden Industriegesellschaft setzt also *beides* voraus, Arbeitsmarktbiographie und Sorge für andere, den „freien Markt" und die Familie als „Oase des Friedens".

Die Lösung des Dilemmas, das sich daraus ergibt, liegt in der Konstruktion polarer Geschlechtscharaktere und entsprechender „Kontrasttugenden" (Habermas) für Mann und Frau: „Es ging darum, im Falle der Frauen die postulierte Entfaltung der vernünftigen Persönlichkeit auszusöhnen mit den für wünschenswert erachteten Ehe- und Familienverhältnissen".[19] Die unteilbaren Prinzipien der Moderne – individuelle Freiheit und Gleichheit jenseits der Beschränkungen des Standes – werden derart geteilt und qua Geburt dem einen Geschlecht zugesprochen, dem anderen vorenthalten.[20] Für ihn die Selbstbehauptung, für sie die Selbstzurücknahme: Die „Gleichzeitigkeit des Ungleichzeitigen" (Pinder) wird zum bestimmenden Prinzip der Geschlechterrollen.

*Die Entdeckung des Kindes und die Entstehung der bewußten Kindererziehung*

Was lange Zeit unbeachtet blieb, ist mit der neueren sozialhistorischen Forschung direkt ins Blickfeld gerückt: Mit dem Übergang zur modernen Gesellschaft kommt, neben der Veränderung der Geschlechtsrollen, auch die entscheidende Wende in der Geschichte der Kindheit. Ab da beginnt die „Entdeckung der Kindheit" (Aries), schon bald verbunden mit Bemühungen, auf die kindliche Entwicklung Einfluß zu nehmen. Dies ist ein langwieriger Prozeß, der zunächst vom Adel eingeleitet wird, dann im Bürgertum zunehmende Verbreitung gewinnt und erst allmählich zu den unteren Schichten durchdringt.

Es beginnt damit, daß im 18. Jahrhundert eine „regelrechte pädagogische Kampagne"[21] einsetzt. Zahlreiche Abhandlungen erscheinen, deren Verfasser zunächst Philosophen, Theologen, Mediziner sind, später auch Pädagogen und Psychologen. Von nun an werden die ersten Lebensjahre nicht mehr mit Gleichgültigkeit betrachtet, sondern ernst genommen, ausführlich untersucht und erörtert. Allmählich sieht man das Kind als eigenständige menschliche Persönlichkeit mit eigenen Bedürfnissen und Rechten. Wie Aries schreibt, entsteht eine „bewußte Wahrnehmung der kindlichen Besonderheit, jener Besonderheit, die das Kind vom Erwachsenen, selbst dem jungen Erwachsenen, kategorial unterscheidet".[22]

Je größer aber das Interesse am „Individuum Kind", desto größer auch das Interesse an seiner Entwicklung. Wo früher die Versorgung des Kindes eingeschoben wurde in die stets drängenden Arbeiten in Haus und Hof, wird jetzt eine *eigene und zentral wichtige Aufgabe* daraus: Die Leitsätze einer bewußten Kindererziehung entstehen. Denn das Credo der neuen Einstellung zum Kind heißt, daß angemessene Pflege und Erziehung zum gesunden Gedeihen des Kindes wesentlich beitragen können, ja den Grundstock legen für das gesamte spätere Schicksal.

Ein Blick auf die Sozialgeschichte des 18. und 19. Jahrhunderts deutet darauf hin, daß es vor allem zwei Bedingungen sind, die dies neue Interesse an der Erziehung fördern. Zum einen ist dies die Epoche, in der ein schubweiser Übergang stattfindet von der ständisch bestimmten Gesellschaft zur industriellen Gesellschaft, die von den Gesetzen des Marktes reguliert wird. Dadurch gewinnt Ausbildung eine immer größere Bedeutung, denn wo Positionen nicht mehr einfach vererbt werden, da wird zunehmend nach Fähigkeiten und Kenntnissen gefragt. Deshalb konzentrieren sich jetzt Erziehungsbemühungen auf das Kind, die Bildung und Ausbildung in den Vordergrund rücken: um damit die soziale Stellung zu behaupten, gegen Abstieg zu sichern und möglichst noch zu verbessern.[23]

In ähnlicher Richtung wirkt zweitens, daß mit dem Übergang zur modernen Gesellschaft immer mehr ein Fortschrittsglaube sich durchsetzt, der auf Beherrschbarkeit der Welt ausgerichtet ist. Auf vielen Gebieten treiben Experten mit theoretischen und praktischen Kenntnissen die Eroberung der Natur voran. Durch die Fortschritte, die Medizin und später auch Psychologie erzielen, erscheint auch die Natur des Menschen zunehmend „machbar", beeinflußbar, verbesserungsfähig. Eine naheliegende Konsequenz ist, daß damit auch ein starkes Interesse am Kind erwacht: Es steht noch am Anfang des Lebens, ist offen und formbar. Es gibt ein ideales „Betätigungsfeld" ab, um – wie die neue Weltsicht es will – Einfluß zu nehmen, um gewünschte Entwicklungen zu fördern und anderen entgegenzuwirken.

Vor diesem Hintergrund beginnt, wo früher nur elementare Versorgung war, im 18. und 19. Jahrhundert das Stadium der *gezielten Einflußnahme*. Dazu gehören zunächst einmal Bemühungen, das Kind gegen gesundheitliche Risiken und schädliche Umweltbedingungen zu schützen. Ärztliche Ratschläge mahnen zu angemessener Ernährung und Kleidung des Kleinkindes, zu medizinischer Vorsorge und verbesserter Hygiene. Die Befolgung dieser Ratschläge trägt offensichtlich dazu bei, die Überlebenschancen für Kinder zu verbessern.[24] Doch Maßnahmen dieser Art haben auch eine andere Folge, die in den Geschichtsbüchern kaum verzeichnet wird: Sie erhöhen den kulturell vorgeschriebenen Arbeitsaufwand, der mit Kindern verbunden ist. Das wiederum hat Auswirkungen auf die personelle Besetzung der Arbeit. Denn je mehr Sorgfalt erforderlich ist, desto weniger kann die Pflege beliebigen Personen übertragen werden; desto mehr konzentriert sie sich auf diejenige, die quasi natürlich dem Kind am nächsten scheint, die jetzt immer mehr als verantwortlich definiert wird: die Mutter.

*Als typisches Beispiel für die neue Richtung kann ein ärztlicher Ratgeber für die körperliche und seelische Gesundheit der Kinder gelten, der 1794 erschienen ist. Darin heißt es: „Was ist dem kleinen, hülflosen Kinde das größte Bedürfniß? Die Liebe und Sorgfalt der Mutter. – Kann diese Liebe und Sorgfalt der Mutter durch andere Personen ersetzt werden? Nein, nichts kommt der mütterlichen Liebe gleich. – Warum bedarf es mütterlicher Liebe und Sorgfalt? Weil das Kind einer so mühsamen Wartung und Pflege, und einer so liebreichen Behandlung bedarf, daß nur die Mutter sie willig und gern erfüllt".[25]*

Zur gezielten Einflußnahme gehören darüber hinaus die Versuche, die geistige und moralische Entwicklung des Kindes zu lenken. Eine wichtige Rolle spielt hier der Bildungsanspruch, der von der Philosophie der Aufklärung ausgeht: „Der Mensch kann nur werden durch die Erziehung. Er ist nichts, als was die Erziehung aus ihm macht" (Kant). Je mehr diese Maxime den Charakter eines kulturellen Leitbildes gewinnt, desto mehr wachsen die pädagogischen Aufgaben an. Das gesellschaftliche Lernen, die Sprache und Bildung des Kindes, seine Moral und sein Seelenheil – all das werden jetzt Pflichten, die die Arbeit für Kinder vermehren. „Der ganze Anspruch der Aufklärungsphilosophie, mit ihrem Respekt vor dem Menschen als einen Subjekt unveräußerlicher Rechte, und mit ihrem Willen, in jedem Menschen ein Individuum, ein selbständig denkendes und entscheidungsfähiges Wesen zu sehen, wird nun auch dem Kind schon zuteil, zumindest prospektiv: als eine *Aufgabe der Eltern, das Kind in solche Rechte einzusetzen*".[26] *Eine neue Ära beginnt, die der bewußten Erziehungsarbeit.*

Diese neuen Erziehungsleitbilder haben freilich von Anfang an eine doppelte Wurzel. Sie sind sowohl verankert in dem Bildungsanspruch, der das Ideal der Aufklärung ausmacht, wie auch in dem Zwang der sozial mobilen Gesellschaft, über Bildung und Ausbildung die soziale Stellung zu sichern. So gewinnt Erziehung hier immer ein Doppelgesicht: nicht bloß Förderung, sondern auch frühen Leistungsdruck.[27]

*Zur Illustration Anweisungen aus einem 1783 erschienenen Erziehungsberater: „Man spielt gern mit Säuglingen. Aber man könnte diesen Scherz nützlicher machen, als er ist... Warum wird des Kindes Aufmerksamkeit auf alles, was den Müttern zu zeigen einfällt, gerichtet und nicht nach und nach auf dieses und jenes mit Ordnung? Warum lehrt man das Kind durch Führung der Hand nicht ordentlich nacheinander etwas zu betasten, von sich schieben, zu sich schieben, greifen, halten, loslassen? usw. Nämlich mit den kurzen Worten: Fühle, schiebe von dir, zu dir, greife, halte, laß los! Ist dies nicht die natürliche Art, sie früh zu einiger Geschicklichkeit des Körpers zu bringen?... Kurz, jedes Spiel, jeder Scherz mit Säuglingen oder mit Kindern, die nicht viel älter sind, muß mit Absicht auf Kenntnis der Gegenstände und ihrer Namen und auf Vorübungen der Sprachglieder und anderer Teile des Leibes eingerichtet sein"* (Basedow 1783).[28]

Deshalb haben die pädagogischen Texte jener Zeit, neben dem zunehmenden Verständnis für Kinder, immer auch eine andere Seite. Es ist, was die neuere sozialhistorische Forschung als „Schwarze Pädagogik" (Rutschky 1977) bezeichnet: ein Lernen, das frühzeitige Disziplinierung beinhaltet; das Einüben des Kindes in die Tugenden der Industriegesellschaft, auf Schlüsselbegriffe wie „Leistung", „Arbeitsmoral", „Regelmäßigkeit". Versuche dieser Art kommen schon im späten 18. Jahrhundert auf. Sie leiten eine lange Tradition von pädagogischen Anweisungen ein, die bereits das Kleinkind zum Gegenstand von Leistungsförderung aller Art machen und Lernziele vorgeben, bis hin zur bewußten Steuerung und schnellstmöglichen Perfektionierung der ersten Laute, Blicke und Griffe. All dies geschieht aber nicht von allein, nur dem „Lauf der Natur" folgend, sondern verlangt gezieltes menschliches Handeln. So gesehen wirken beide Seiten – Bildung im aufklärenden Sinn, frühkindliche Leistungsdressur – in ähnliche Richtung: Beide verlangen Eingriff und Einsatz einer Erziehungsperson. Beide vermehren die Arbeit für das Kind.

### Der Aufstieg der Mutterrolle

„O lege den Gedanken wie einen diamantenen Schild um Deine Brust: ich bin zu einer Mutter geboren! *Jeder andere Gedanke, jeder andere Wunsch fahre zurück von diesem undurchdringlichen Harnisch… Dahin richte Dein heiligstes Bestreben! Das ist das einzige, was Dir die Erde einst verdanken kann"* (Kleist an seine Verlobte).[29]

Mit der Auflösung des „ganzen Hauses" wird eine Entwicklung eingeleitet, die im täglichen Leben auf eine zunehmende Entfernung des Mannes vom Kinde hinausläuft. Denn während die Pflege und Ernährung des Kindes immer schon Frauenarbeit war, lag die Verantwortung für die Erziehung zu Gottesfurcht und Gehorsam früher beim Vater – solange er „Hausvater" im umfassenden Sinn war. Nun aber, da der Mann täglich für viele Stunden von der Familie entfernt ist, rückt die Mutter in den Mittelpunkt aller Bemühungen, die auf das Kind sich richten.[30] Unzählige Handbücher entstehen, die sich – ganz anders als früher – direkt an die Mutter wenden und sie in allen Details der Erziehung beraten. Auch die neu aufkommenden Geschlechtsrollen-Stereotype definieren die Frau als besonders geeignet zur Kindererziehung – meist weil sie als fürsorglich und opferbereit gilt ihrer „Natur" nach, manchmal weil sie als unreif erscheint und damit dem Kinde näher.

*„Dienen lerne beizeiten das Weib nach ihrer Bestimmung ...*
*Wohl ihr, wenn sie sich daran gewöhnt, daß kein Weg ihr zu*
*sauer ...*
*Daß sie sich ganz vergißt und leben mag nur in andern!*
*Denn als Mutter, fürwahr, bedarf sie der Tugenden alle,*
*Wenn der Säugling die Krankende weckt und Nahrung begeh-*
*ret*
*Von der Schwachen, und so zu Schmerzen Sorgen sich häufen.*
*Zwanzig Männer verbunden ertrügen nicht diese Beschwer-*
*de ...“*
(Goethe, *Hermann und Dorothea*).[31]

*„Zu Pflegerinnen und Erzieherinnen unserer ersten Kindheit*
*eignen die Weiber sich gerade dadurch, daß sie selbst kindisch,*
*läppisch und kurzsichtig,* mit einem Worte: *zeitlebens große*
*Kinder sind – eine Art Mittelstufe zwischen dem Kinde und dem*
*Manne, als welcher der eigentliche Mensch ist“* (Arthur Scho-
penhauer 1851).[32]

Immer mehr wird Mütterlichkeit als das „Eigenste im Weibe"
gesehen[33] – so eine Formulierung im Handbuch der Frauenbewegung, und sie ist im Kern charakteristisch für viele ähnliche
Äußerungen in Philosophie und Pädagogik, Dichtung und Politik. Die neue Entwicklung läuft der Tendenz nach darauf hinaus: *Von nun an wird die Frau wesentlich* (und manchmal geradezu ausschließlich) *über Mutterschaft definiert.* Ihre Wünsche
und Hoffnungen, Freuden und Leiden, Gedanken und Taten,
alle sollen sich richten auf das eine: das Kind.

*Dazu einige Sätze aus Balzacs „Zwei Frauen": „Da fühlte*
*ich, daß ich geboren wurde, um Mutter zu sein". „Nichts ande-*
*res in der Welt kümmert uns mehr ... Wir allein sind die Welt*
*für das Kind, wie das Kind allein unsere Welt ist". „ ... ist kein*
*Raum mehr in meiner Seele als nur für die Kinder". „Eine Frau,*
*die nicht Mutter ist, bleibt in ihrer Natur unvollständig und*
*verfehlt". „Eine kinderlose Frau ist eine Ungeheuerlichkeit; wir*
*sind einzig dazu geschaffen, Mutter zu sein". Und schließlich:*
*die Kinder „sind doch mein ganzes Leben".*[34]

Auch viele medizinische Theorien des 19. Jahrhunderts kann man als Dokumente der neuen Entwicklung lesen. Sie geben dem Glauben an die Polarität der Geschlechter die zeittypisch-moderne, die naturwissenschaftliche Form. Ihre Aussage heißt, der Urgrund von männlichem/weiblichem Wesen liegt unmittelbar in den Geschlechtsorganen. Manchmal geht man noch einen Schritt weiter, dann werden Eierstöcke und Uterus zum alles beherrschenden Zentrum der Frau. Aus ihnen leiten sich ab Gesundheit und Krankheit, ja die gesamte Persönlichkeit, alle „weiblichen" Fähigkeiten und Eigenschaften – je nach Blickwinkel mehr die Begabungen und Vorzüge oder die Fehler und Mängel. Auf einen Satz zusammengefaßt: „Die Frau ist, was sie ist... wegen ihrer Gebärmutter allein".[35]

*Die Eierstöcke „sind die stärksten Kräfte bei allen Bewegungen ihres Systems;... auf ihnen beruht ihre intellektuelle Position in der Gesellschaft, ihre physische Perfektion und alles, was diesen feinen und delikaten Konturen Schönheit verleiht..., alles, was groß, edel und schön ist, alles was sinnlich, zärtlich und liebenswert ist;... ihre Treue, ihre Hingabe, ihre unablässige Wachsamkeit und Voraussicht, all diese Eigenschaften von Geist und Veranlagung, die Respekt und Liebe erwecken... Dies alles hat seinen Ursprung in den Eierstöcken" (Dr. Bliss 1870).[36]*

Bei solchen Anschauungen ist es nur folgerichtig, wenn manche Schriften die Erziehung des jungen Mädchens allein aus der Perspektive der „Gebärfunktion" betrachten. Eindringlich warnen sie vor allem, was ihnen in dieser Hinsicht gefährlich und schädlich erscheint. Und das ist nicht wenig: jedes „Übermaß" an Vergnügung und körperlicher Betätigung, erst recht langjährige Schulbildung, Bücherlesen und geistige Anregung.[37]

*„Wollen wir ein Weib, das ganz seinen Mutterberuf erfüllt, so kann es nicht ein männliches Gehirn haben... Jemand hat gesagt, man solle vom Weibe nichts verlangen, als daß es ‚gesund und dumm' sei. Das ist grob ausgedrückt, aber es liegt in dem Paradoxon eine Wahrheit. Übermäßige Gehirntätigkeit macht das Weib nicht nur verkehrt, sondern auch krank... Die mo-*

*dernen Närrinnen sind schlechte Gebärerinnen und schlechte Mütter. In dem Grade, in dem die ,Zivilisation' wächst, sinkt die Fruchtbarkeit, je besser die Schulen werden, um so geringer wird die Milchabsonderung, kurz, um so untauglicher werden die Weiber ... Aber, was soll man tun? Zuerst alles unterlassen, was dem Weibe als Mutter nachteilig ist. Da ist vor allem die Erziehung der Mädchen ... Das Beste wäre, die ,höheren Schulen' samt und sonders niederzureißen. Ihr Erfolg ist ohnedies gering, das Üble aber ist, daß in ihnen die Mädchen nervös und schwächlich werden ... Schützt das Weib gegen den Intellektualismus" (Der Leipziger Nervenarzt* Paul Möbius 1901).[38]

Aus der stärkeren Beachtung der Mutter entsteht bald auch ein neuer Kult, Mutterschaftsmythos bis hin zur Mutterschaftsideologie. Er setzt im 18. Jahrhundert ein, schwillt im 19. an und setzt auch im nächsten sich fort, durchzieht die Erziehungsschriften, die schöngeistige Literatur, ja auch die sonstigen Künste. Mutterschaft wird besungen, in Reime gefaßt, in vielen Bildern gemalt, je nach Stimmung des Künstlers einmal tragisch und erhaben, einmal romantisch und sentimental. Mutterschaft wird gepriesen, verklärt, pathetisch überhöht. Vielstimmig und einfallsreich werden vor allem die Freuden der Mutterschaft in Szene gesetzt. Doch gleichzeitig kommt auch eine Art Leidensmythos auf. Mater dolorosa, die Schmerzensreiche, wird zum Beispiel gesetzt. In dieser eigentümlichen Vermischung von Freuden und Leiden entsteht das charakteristische Mutter(wunsch)bild der Zeit: *mütterliche Selbstentsagung als höchstes Glück der Frau.*

*"Sie wiegt den Knaben ein an ihrem Herzen,*
*Er schläft gewärmt von reiner Liebe Glut,*
*Genähret von dem Brote ihrer Schmerzen,*
*Getränket von ihrer Tränen heilger Flut"*
(Clemens Brentano 1841).[39]

*" ... Die Frauen [atmen] nur, um für den Ruhm, Mütter sein zu können oder für die Ehre, es gewesen zu sein, mit Schmerzen zu büßen ... Unter unsäglichen, langen Qualen geben sie, was die Natur ihnen anvertraute, zurück und bringen neue Wesen*

*zur Welt; und von Krankheiten begleitet vollenden sie einen Weg, auf dem sie Blumen nur streuen, indem sie auf Dornen wandeln. Im Leiden großgezogen... erwerben sie... unerschütterliche Geduld...*" (Roland 1777).[40]

Aber jenseits des Pathos, der Appelle, der Handbücher: Wie verändert sich wirklich die Beziehung der Mutter zum Kind? Wie lange bleiben die früheren Gewohnheiten und Bräuche erhalten, wann wird die so vielbeschriebene „ideale Mutter" zum Leitbild, das den Erziehungsalltag prägt? Die Frage ist naheliegend – und schwierig. Denn viel stärker als heute sind „die" Frauen nach Lebensumständen getrennt, vor allem nach Ständen: hier die Frau des Bürgers oder des Bauern, da die des Arbeiters, dort die des Adels. Je nach Lebenssituation haben sie andere Möglichkeiten, Bedürfnisse, Beschränkungen, die sich auswirken auf die Beziehung zum Kind:

Da sind zunächst die Frauen des gehobenen Bürgertums, über ein paar Dienstboten verfügend, über einen Haushalt gebietend, der in wachsendem Maß über den Markt sich versorgt. Sie sind frei von den Sorgen und Plagen, die nie aufhörten bei der Arbeit in Hof und Handwerksbetrieb. Aber sie haben auch nicht mehr die Erfahrungen, die diese Arbeit gab: ein Messen der eigenen Kräfte, ein Erfahren der eigenen Leistung, ein elementares Gefühl des „Gebrauchtwerdens" im tätigen Umgang mit Menschen, Vieh und Natur. Durch die Auflösung des „ganzen Hauses" entsteht eine Art Freiraum, vielleicht auch ein Leerraum. Was könnte ihn besser füllen, wo doch der Radius der bürgerlichen Frauenrolle so eng ist; was dem Alltag mehr Sinn und Verankerung, Beschäftigung und Befriedigung geben – was anderes als „Mutterschaft", jetzt als anspruchsvolle, zukunftsweisende, alles fordernde Aufgabe definiert. So nimmt es nicht wunder: Die Appelle an „Mutterschaft" (im neuen, umfassenden Sinn) finden zuerst bei den Frauen des Bürgertums Verbreitung.[41]

Aber es gibt auch genug Frauen, im 18. wie im 19. Jahrhundert, die noch anderes zu tun haben – oder tun wollen –, als ihr Leben in den Dienst der Erziehungsaufgabe zu stellen. Da sind die Frauen des Adels und der großbürgerlichen Oberschicht, mit geselligen Verpflichtungen und Vergnügungen beschäftigt; dann die Bauersfrauen, weiterhin eingespannt in die harte Arbeit des Familienbetriebs; schließlich die vielen Arbeiterfrauen, für das tägliche Brot zur Arbeit in Fabrik, Heimindustrie oder fremdem Haushalt gezwungen. Bei all diesen Gruppen – so unterschiedlich ihre Lebensumstände und Motive auch sind – verläuft die Entwicklung deutlich anders als bei den Frauen der bürgerlichen Mittelschicht.[42] Hier trifft die neue Mutterrolle, die die Experten so glühend verkünden, die dem bürgerlichen Zeitgeist so ,,natürlich" erscheint, erst auf erhebliche Widerstände. Hier wird sie nur zögernd und spät – und wohl nie ausschließlich und ganz – zum weiblichen Lebensmodell.

## Mutterschaft als Lebensziel und Lebensaufgabe der Frau

Wenn aber, zumindest im mittleren und gehobenen Bürgertum, und teilweise auch in den anderen Schichten, die Mutter-Kind-Beziehung ein immer stärkeres Gewicht erhält: Was heißt das dann für die Lebenschancen der Frau? Welche biographischen Konsequenzen, welche Persönlichkeitsvorgaben sind in dieser neuen Definition der Mutterrolle enthalten?

Die Antwort ist komplizierter, als man zunächst vielleicht ahnt. Der Aufstieg der Mutterrolle, der mit der Auslagerung produktiver Tätigkeiten einhergeht, hat nämlich ambivalente Folgen für das Leben der Frau: *Er schafft neue Belastungen und ebenso neue Belohnungen.* Welche Seite größeres Gewicht erhält, hängt ab von den Lebensumständen der Frau, aber auch vom Blickwinkel des jeweiligen Betrachters, von seiner wissenschaftlichen Position und seinen politischen Interessen. Diese spannungsreiche, vieldeutig interpretierbare Konstellation, die genau hier ihren Anfang nimmt, enthält in sich schon die Ursache, warum in der Folgezeit sich leidenschaftliche Diskussionen um die Mutterrolle entzünden – in Öffentlichkeit, Wissenschaft, Politik, zwischen Männern und Frauen, nicht zuletzt auch unter den Frauen selbst. Betrachten wir also die beiden Seiten, die zum Konflikt beitragen werden:

In früheren Jahrhunderten hatte man, wie oben gesagt, wenig danach gefragt, was der Natur des Kindes zuträglich sei. Da galt die erste Sorge den unaufschiebbaren Arbeiten in Haus und Hof. Die Folge war nur: Viele Kinder blieben nicht lange am Leben. Jetzt aber, da das Kind in den Mittelpunkt rückt, bedeutende Männer um seine Erziehung sich sorgen, Medizin, Pädagogik, später auch Psychologie seine Entwicklung erforschen – jetzt wird aus dem, was einst elementare Versorgung war, eine aufwendige Arbeit. Sie kommt offensichtlich den Überlebenschancen des Kindes zugute. Aber sie verlangt dafür auch von der fürs Kind zuständigen Person viel größeren Einsatz als früher, Zeit und Aufmerksamkeit, Sorgfalt und Ernst. Und zuständig – das wird jetzt die Mutter. Sie wird den Anforderungen der kindlichen Entwicklung unterworfen (oder dem, was wechselnde Experten als Anforderungen definieren). Pointiert formuliert: Was das Kind an Überlebenschancen gewinnt, geht auf Kosten der Mutter.

*Zur Illustration wiederum einige Sätze aus* Balzacs „Zwei Frauen": „Meine Kinder sollen meine Götter ... sein". „Ich bin Sklavin, ... Sklavin Tag und Nacht! ... ich habe keine Zeit mehr, mich selbst zu pflegen!" „Eine rechte Mutter ist nie frei". „Wenn ein Baby schreit, ein Kind sich beschmutzt, muß alles andere zurücktreten, die Mutter denkt nicht mehr an sich, sie ist völlig in Anspruch genommen ... Inmitten dieser beständigen Pflege ... wird nur einer im Haus völlig vergessen, und das bin ich".[43]

So wird das Leben der Frau nun in den Dienst der Erziehung gestellt. Die Unterordnung, die ihr in der neu entstehenden bürgerlichen Gesellschaft abverlangt wird und die doch den bürgerlichen Prinzipien von Freiheit und Gleichheit widerspricht, wird legitimiert qua „Natur" und qua Mutterrolle. Mutterschaft *zementiert also die Diskrepanz zwischen den Lebenschancen von Mann und Frau:* für ihn die Selbständigkeit, die der Markt verlangt; für sie die Selbstzurücknahme, die die Erziehung verlangt. So gesehen hat der Leidenskult um die „schmerzensreiche Mutter" durchaus reale Wurzeln. Denn wo alles Interesse dem Kind gilt, bleibt umgekehrt nichts Eigenes mehr für die Frau. Mutterschaft wird hier zur Lebensaufgabe der Frau in doppeltem Sinne: auf der einen Seite Vollendung ihres „naturgegebenen" Wesens – auf der anderen Seite Aufgabe des Anspruchs auf ein Stück eigenes Leben.

Doch damit ist erst die eine Seite der neuen Entwicklung skizziert. Schaut man genauer hin, so sieht man, daß neben den neuen Belastungen auch neue Belohnungen entstehen, *neue Chancen zumindest innerhalb des häuslichen Rahmens.* Mit dem Aufstieg der Mutterrolle beginnt auch eine Aufwertung der Autorität der Mutterrolle.[44]

*So schreibt im Jahr 1785 die Berliner Akademie Preisfragen aus, die sich mit den Grundlagen und Grenzen der väterlichen Autorität, mit den Rechten der Mutter und denen des Vaters befassen. Zu den prämierten Antworten gehört die von* Peuchet, *dem Autor der „Encyclopédie méthodique", die sich deutlich für eine Aufwertung der mütterlichen Gewalt einsetzt: „Wenn die Gründe für die Gewalt, welche die Eltern über ihre Kinder ausüben, ... im wesentlichen auf der Pflicht beruhen, über das Glück und die Erhaltung dieser zarten Wesen zu wachen, so steht es außer Zweifel, daß das Maß dieser Gewalt zunimmt mit dem der Pflichten, die man ihnen gegenüber erfüllt. Da die Frau als Mutter, Amme und Hüterin des Kindes Pflichten nachkommt, welche die Männer nicht kennen, hat die Frau ein bestimmtes Recht auf Gehorsam. Der beste Grund dafür, daß die Frau ein wahreres Recht auf den Gehorsam ihrer Kinder hat als der Vater, ist, daß sie dieses Recht nötiger braucht".*[45]

Darüber hinaus werden mit der pädagogischen Aufgabe der Frau auch neue Handlungskompetenzen zugesprochen und erste Möglichkeiten der Bildungsteilhabe eröffnet. Während jeder als Selbstzweck definierte Bildungsanspruch noch abgelehnt wird, kommt allmählich schon die Vorstellung auf, eine gewisse Allgemeinbildung für Frauen sei wünschenswert, um eine angemessene Erziehung der Kinder zu gewährleisten.

„... *in einer Welt, die sich so intensiv mit Pädagogik und Wissenschaft zu befassen begann, [bedeutete es] auch einen Schritt zur Individuierung der Frauen und zur Demokratisierung der Ehe, wenn den Frauen, zumindest moralisch, das Recht und die Fähigkeit zugesprochen wurde, eine neuerdings so hochbewertete Aufgabe wie die Erziehung der Kinder zu übernehmen ... Die Definition des weiblichen Geschlechtscharakters sah die Fähigkeit zu methodisch-rationalem Handeln nicht vor. Der nunmehr aber von den Ärzten anempfohlene Umgang mit dem Kind erfordert im Prinzip Kompetenzen, wie sie angeblich nur dem Mann eigneten. Und außerdem bot die Lektüre pädagogischer und ärztlicher Schriften eine, wenn auch bescheidene, aber sozial-legitimierte Teilnahme an Bildungsgütern, von denen die Frauen ansonsten ausgeschlossen waren".*[46]

Deshalb kann man nicht annehmen, daß die Frauen jener Zeit sich als Opfer des neuen Mutterschaftsideals erfuhren. Solch eine Deutung wäre naiv, weil sie nach bestimmten Maßnahmen der Gegenwart urteilt, statt die Bedingungen – und Beschränkungen – der damaligen Zeit zu erkennen. Nein, zuerst muß man sehen, daß der weibliche Lebenskreis damals kaum andere, „eigene" Möglichkeiten bot; und daß schon dem jungen Mädchen kaum die Entwicklung eigener Gedanken, Wünsche, Ansprüche zugestanden war. Vor dem Hintergrund dieser von vornherein beschnittenen Erwartungen wird verständlich, warum zahlreiche Frauen in der neuen Erziehungsaufgabe zumindest Zufriedenheit, vielleicht auch Erfüllung fanden.

# III. Frauen und Mütter im ausgehenden 19. Jahrhundert

Helmer: *„Vor allem bist du Gattin und Mutter".*
Nora: *„Das glaube ich nicht mehr. Ich glaube, daß ich vor allen Dingen ein Mensch bin, so gut wie du ... oder vielmehr, ich will versuchen, es zu werden"* (Ibsen, „Nora").[1]

## 1. Veränderungen im Leben der Frau

Gegen Ende des 19. Jahrhunderts ist das Dasein für die Familie immer noch Leitbild und Lebensziel für Frauen. Aber die Risse zwischen Leitbild und Wirklichkeit werden zunehmend größer. In den Unterschichten ist das bürgerliche Rollenmodell von vornherein unerreichbar, weil der Lohn des Mannes kaum zum Familienunterhalt ausreicht. So müssen auch Frau und Kinder mitverdienen. Erst recht können die heranwachsenden Töchter nicht für die Pflege der Privatsphäre freigestellt werden, sondern müssen in den verschiedensten Formen zum Broterwerb beitragen. Neu ist hier also nicht, daß Frauen durch eigene Arbeit Geld verdienen – wohl aber, *wie* sie es verdienen. Je weiter der Industrialisierungsprozeß fortschreitet, je mehr sich die grundlegenden Produktionsformen der Gesellschaft verändern, desto mehr werden Frauen einbezogen in *außerhäusliche* Formen der Erwerbsarbeit, grob zusammengefaßt: von Heimarbeit, häuslichen Diensten und Landwirtschaft in Fabrik, Büro und Verkauf.[2]

Aber auch im mittleren und gehobenen Bürgertum zeichnen Veränderungen sich ab. Hier wird der Haushalt immer mehr von einem Ort der Eigenproduktion zu einem Ort des Konsums: Bedarfsgüter, die vorher selbst hergestellt wurden, werden nun in wachsendem Maß am Markt gekauft. Die Folge ist, daß die Arbeit in der Familie den unverheirateten Frauen immer weniger Beschäftigung bieten kann. Langsam bilden sich hier erste Berufsmöglichkeiten für Frauen heraus: zunächst noch im Rahmen des Privathaushalts (als Hausdame, Erzieherin, Gouvernante); später über den Markt vermittelt, doch immer noch in familiennaher Form, vorwiegend auf das Feld der Sozialberufe beschränkt (z. B. Kindergärtnerin, Lehrerin, Krankenschwester). Dabei sind es keineswegs nur materielle Zwänge, die diese Entwicklung vorantreiben. Bei vielen Frauen aus bemittelter Familie ist es die „seelische Not",[3] die Unausgefülltheit eines Daseins ohne eigene Aufgabe, die zur Berufsarbeit treibt:

„... wie man nicht den Mann, der ohne Lebensgefährtin bleibt, der keine Familie gründet, deshalb als unnützes Mitglied der menschlichen Gesellschaft betrachtet ... – so muß auch für Mädchen das gleiche Recht in Anspruch genommen werden. Auch für die Mädchen, welche ledig bleiben wollen oder müssen, ist die gleiche Achtung zu beanspruchen. Auch sie müssen sich einen Wirkungskreis suchen können, der ihrem Leben einen Inhalt gibt, ihre Existenz sichert und sie zu nützlichen Mitgliedern der menschlichen Gesellschaft macht ... man muß ihnen zeigen, daß auch sie sich Selbständigkeit und einen nützlichen Wirkungskreis erringen können, daß auch sie nicht nöthig haben, über ein verlorenes Leben zu klagen, wenn ihnen das Glück der Ehe nicht zu Theil wird" (Louise Otto-Peters, Das Recht der Frauen auf Erwerb, 1866).[4]

„Junge Mädchen ‚aus guter Familie', die aus einem Schmetterlingsdasein in ein unwürdiges und leeres Altjungferndasein hinüberaltern, Witwen und Frauen ohne Kinder im Erziehungsalter, alle diese haben, da in der Familie nicht mehr Arbeit genug für sie ist, wenn nicht zur leiblichen, so zur seelischen Selbsterhaltung eine Berufsarbeit nötig" (Wilbrandt, Handbuch der Frauenbewegung, 1902).[5]

Mit diesen neuen Formen der außerhäuslichen Erwerbstätigkeit wird eine Entwicklung in Gang gesetzt, die die Konturen des Frauenlebens verändert. Die alte Familienbindung wird ein Stück weit aufgebrochen, und es entstehen neue Lebensmöglichkeiten für Frauen. Darin sind zweifellos neue *Freiräume* enthalten:

Beginnen wir bei den Frauen der Unterschicht, die immer schon Geld für den Lebensunterhalt verdienen müssen. Doch noch bis weit ins 19. Jahrhundert hinein unterstehen sie dabei einer weitreichenden Kontrolle, weil sie entweder bei den Eltern leben oder in Gemeinschaftsunterkünften mit strengen Regeln oder direkt im Haushalt des Arbeitgebers. Dies beginnt anders zu werden gegen Ende des 19. Jahrhunderts, als das Verkehrs- und Nachrichtenwesen ausgebaut wird, die geographische Mobilität zunimmt, neue Berufsfelder entstehen. Jetzt versuchen viele der jungen Frauen, den Zwang zum Geldverdienen so einzusetzen, daß sie mehr Unabhängigkeit gewinnen. Dieser Wunsch zeigt sich bei unterschiedlichen Gruppen in unterschiedlicher Form. Die Mädchen aus den Städten ziehen sich immer mehr aus dem Dienstbotenberuf zurück und wechseln zur Fabrikarbeit über oder zu den neuen Arbeitsmöglichkeiten in Geschäften, Wäschereien, Büros. Wie ein zeitgenössischer Beobachter schreibt: Ihr Motiv ist die Abneigung gegen die enge persönliche Abhängigkeit, die mit der Arbeit im Haushalt verknüpft ist, ihre Sehnsucht ist das, „was in all den verschiedenen Schattierungen des Wortes Freiheit enthalten ist".[6] Anders und doch der Richtung nach ähnlich ist die Situation der jungen Frauen, die auf dem Land und in den kleinen Städten aufwachsen. Sie wollen der dortigen Enge und Kontrolle entkommen. Sie wandern in die Großstadt ab, angelockt von der Sehnsucht nach mehr Weite und Vielfalt.

*Ein anschauliches Beispiel dafür findet sich in den Lebenserinnerungen der Josefine Joksch, die 1885 nach Wien ging: „Es war an einem trüben Wintertag, als ich meine erste Reise unternahm, um in Wien als Kindermädchen Stellung zu nehmen. Ich war gern vom Hause weggegangen ... Wien [war] seit langem das Ziel meiner Sehnsucht.*

*'s gibt nur a Kaiserstadt,*
*'s gibt nur a Wien!*
*Dort muß es prächtig sein,*
*dort muß ich hin!*

*So hatte ich schon als ganz kleines Mädchen, später mit immer steigender Sehnsucht und glühenderem Verlangen gesungen. Und wie ich nun fröstelnd in der Coupé-Ecke saß und in den dämmerigen Wintermorgen hinausblickte, da dachte ich daran, wie öde und langweilig ein solcher Wintertag in meinem Heimatort war, und wie hübsch es sei, diesem ewigen Einerlei entronnen zu sein".*[7]

Die außerhäusliche Erwerbsarbeit eröffnet also eigene Wahlmöglichkeiten gegenüber der Außenwelt. Darüber hinaus wirkt sie auch auf das Verhältnis zwischen Eltern und Tochter zurück. Hier kann die ökonomische Selbständigkeit auch mehr Freiraum im Bereich der Familie einbringen, mehr Unabhängigkeit von Kontrollen, mehr eigenes Mitspracherecht.

*„Sobald ein Mädchen zu arbeiten begann, veränderten sich die Familienbeziehungen. Töchter konnten gegenüber den Familienkontrollen unabhängiger als früher werden. Die Arbeit an einem anderen Ort und die Tatsache, eigenes Geld zu verdienen und in der Stadt statt in einer kleinen Gemeinde zu leben, all dies vergrößerte die Autonomie der Töchter der Unterschicht. Sogar wenn ein Mädchen weiterhin bei den Eltern lebte, konnten die Beziehungen zur Familie sich ändern. Als eine Person, die selbst Geld verdiente, verstand sie etwas von Geld und was man damit kaufen konnte. Sie konnte mit ihrem Verdienst und ihrem Wissen zu den Familienentscheidungen beitragen und möglicherweise ein Mitspracherecht bei der Verwendung der Familieneinkünfte gewinnen, weil diese Einkünfte zum Teil aus ihrem Verdienst bestanden".*[8]

In teils ähnlicher, teils anderer Form eröffnet die Berufstätigkeit auch den Frauen der Mittelschicht neue Freiräume und Wahlmöglichkeiten. Auch hier wirkt das selbstverdiente Geld der Abhängigkeit von der Familie entgegen, gibt mehr Möglichkeit zum Durchsetzen von Ansprüchen und Rechten. In dieser Schicht ist Geld, „diese Macht in substantieller Form" (Horkheimer), lange Zeit das Privileg des Familienernährers gewesen, ist von daher den Männern selbstverständlich und vertraut. Für Frauen aber bringt es eine neue Erfahrung: noch nicht zur abgenutzten Gewohnheit geworden, deshalb besonders verheißungsvoll. Die Schriftstellerin Charlotte Perkins Gilman hat das in ein paar knappen Sätzen beschrieben, in einer Kurzgeschichte, die bezeichnenderweise heißt: „Wenn ich ein Mann wäre":

„ ... auf einmal, mit einem tiefen und plötzlichen Gefühl von Macht und Stolz, spürte sie, was sie noch nie in ihrem Leben gespürt hatte: die Verfügung über Geld, ihr eigenes selbstverdientes Geld. Geld, das sie ausgeben oder sparen konnte; Geld, um das sie nicht betteln, schwatzen oder schmeicheln mußte – ihres".[9]

Aber mit der außerhäuslichen Erwerbsarbeit sind nicht nur neue Freiräume verbunden, sondern ebenso auch neue *Risiken, Abhängigkeiten und Zwänge.* Denn die Existenzsicherung wird jetzt mit den Gesetzen des Marktes verknüpft, die oft erbarmungslos sind: miserable Arbeitsbedingungen, und bei Verlust des Arbeitsplatzes keine soziale Absicherung.

*So heißt es z. B. in einer Studie zur Situation der Bauernmägde im ausgehenden 19. Jahrhundert: „Eine arbeitslose Dienstmagd lebte ... nicht unter gesicherten Formen der sozialen Kontrolle und Verantwortlichkeit, wie sie ein Dorf bis zu einem gewissen Grade bot, sie fiel in die Kategorie des Fremdseins. Die Gesindezeit und die Wanderschaft von einem Haushalt zum nächsten bedeuteten ein Leben auf der Grenze zwischen Dazugehören und Fremdsein. Wurden die Regeln des Dienstein- und -austrittes nicht eingehalten, gerieten die Dienstmägde sehr schnell in die Zone der Fremden, der Außenseiterin und Asozialen. Straflisten von Dienstmägden verzeichnen Strafen wegen Bettel, Vagabondage, Diebstahl, und sie zeigen, in welche Bedrängnisse Mägde kamen ... ".[10]*

Auch die Großstadt, deren Weite zunächst so verheißungs- voll schien, kann viele Enttäuschungen bringen: Einsamkeit und Entwurzelung, Anonymität und Verunsicherung. Der Traum vom sozialen Aufstieg erfüllt sich nur wenigen. Stattdessen geht der Schutz verloren, den früher Familie, Dorfgemein- schaft und Kirchen geboten hatten, und so wächst die ökono- mische und sexuelle Ausbeutbarkeit. Zum Beispiel sind die Dienstmädchen nicht selten sexuellen Übergriffen des Haus- herrn ausgesetzt, gegen die sie sich aufgrund ihrer abhängigen Position nur schwer wehren können. Oder sie sind den Prakti- ken der Gesindevermittler ausgeliefert, die ihre Unerfahrenheit ausnutzen:

*Die Vermittlerinnen unterhielten „für Stellungsuchende, vor allem für Ammen Unterkünfte, in denen die Mädchen über- nachten konnten und verpflegt wurden. Häufig dienten sie den Vermittlerinnen nur als Vorwand, um die Mädchen zur Prosti- tution anzuhalten. Dabei verstanden es die Frauen, die Uner- fahrenheit und Gutgläubigkeit vieler Landmädchen auszunut- zen, indem sie die Vermittlung einer Stelle im Haushalt so lange hinauszögerten, bis diese Übernachtung und Verpflegung nicht mehr bezahlen konnten, Schulden bei der Vermieterin machen mußten und so völlig in deren Abhängigkeit gerieten. Oder sie machten sich die Stellungssuchenden dadurch gefügig, daß sie das Dienstbuch und andere Legitimationspapiere einbehielten und die Mädchen damit erpreßten".[11]*

Insgesamt sind die Erwerbsmöglichkeiten eng begrenzt, die Frauen gegen Ende des 19. Jahrhunderts offenstehen, und sie sind mit enormen Belastungen verknüpft: durchgängig lange Arbeitszeit und niedriger Lohn, dazu oft gesundheitsschädliche Arbeitsbedingungen und früher physischer Verschleiß, schlech- te Wohnung und ungenügende Kost. Damit entsteht eine eigen- tümlich zwiespältige Situation. Auf der einen Seite ist es die außerhäusliche Erwerbstätigkeit, die Unabhängigkeit von der Familie und ihren Kontrollen eröffnet und damit auch dem Wunsch nach einem Stück „eigenen Leben" Auftrieb gibt. Auf der anderen Seite sind die realen Bedingungen der Erwerbsarbeit kaum dazu angetan, den Lebensunterhalt auf Dauer zu sichern. Aus beidem entsteht eine historisch neue Diskrepanz: Am Horizont deutet zum ersten Mal die Ahnung von einem Stück „eigenen Leben" sich an – aber im täglichen Leben wird sie kaum eingelöst, eher unterdrückt und verweigert.

Und damit kommen wir zu der Frage, die hier am meisten interessiert: Wenn die alte Familienbindung ein Stück weit brüchiger wird, was wird dann aus Mutterschaft? Welche Bedeutung gewinnt die Beziehung zum Kind unter den neuen Bedingungen?

## 2. Mutterschaft kann materielle Sicherung bieten

*„Eine Frau ist nichts. Eine Ehefrau ist alles ... und eine Mutter hat die größte Macht nach Gott" (Amerikanische Zeitung um die Mitte des 19. Jahrhunderts).*[1]

Im ausgehenden 19. Jahrhundert gibt es für Frauen noch wenig eigene Lebensmöglichkeiten außerhalb der Familie. Und die, die es gibt, bringen viel Arbeit und wenig Geld. Daran wird sichtbar, daß da, wo die Familienbindung brüchig wird, für Frauen oft neue Nachteile und Belastungen entstehen. Sie werden dann konfrontiert mit den Schattenseiten des eigenen Lebens, seinen Bedrohungen und Unsicherheiten. Das genau sind die Bedingungen, aus denen heraus Mutterschaft neue Bedeutung gewinnt – oder genauer, eine Bedeutung, die nicht eigentlich neu ist, sondern schon in früheren Jahrzehnten des 19. Jahrhunderts begann, jetzt aber in weitaus stärkerem Maße sich durchsetzt. Um diese Entwicklungslinie geht es im folgenden Abschnitt, und der Grundgedanke heißt: Mutterschaft gibt den Frauen des Bürgertums soziale Sicherheit und ökonomische Versorgung. Betrachten wir dazu einschlägige Materialien aus der historischen Familien- und Frauenforschung. Sie zeigen etwa folgendes Bild:

Im mittleren und gehobenen Bürgertum leben die verheirateten Frauen weiterhin im Privatraum Familie. Sie erfahren die Veränderungen, die innerhalb des Hauses sich durchzusetzen beginnen – und die gehen zunehmend in Richtung dessen, was Soziologen den „Funktionsverlust der Familie" nennen, was in der Frauenforschung die „Große Häusliche Leere" heißt.[2] Im Verlauf dieser Entwicklung werden viele Aufgaben abgegeben, die früher zum Arbeitsalltag der Frau gehörten. Spürbar wird dies zunächst als innere Unausgefülltheit der Frau. Aber was sich dahinter drohend schon ankündigt, ist die objektive Nutzlosigkeit ihrer Existenz. Die Familie braucht sie nicht mehr: Die Frau kann gehen. Aber wohin? Was dann, wenn die Familienbindung sich auflöst, wenn der Zwang zum eigenen Leben kommt, mit vielen sozialen und ökonomischen Risiken verbunden? Das sind die Fragen, die gegen Ende des 19. Jahrhunderts sich aufdrängen. Doch eine Sicherung gibt es dagegen. Denn was bleibt, nein: was neue Bedeutung gewinnt, ist das Kind. Die Kindererziehung, von den pädagogischen Experten jetzt so sehr in den Blickpunkt gerückt, ist der letzte beständige Kern im Dasein der Frau, wie eine neuere Studie es nennt: das „letzte Refugium für ihre Fähigkeiten und Würde".[3] Wo derart im Innern des Hauses eine Leere entsteht, und wo Frauen gleichzeitig noch kaum eigene Lebensmöglichkeiten und Ziele haben, da eben beginnen sie, dem Leitbild der bewußten Kindererziehung zu folgen.

*Es sind dies nach* Badinter *die „Frauen des wohlhabenden Bürgertums, die weder gesellschaftliche Ambitionen noch intellektuellen Ehrgeiz hatten und die es nicht nötig hatten, mit ihrem Mann zu arbeiten … Die Frau des Amtsrichters war ebenso darunter wie die des Präfekturangestellten oder des reichen Kaufmanns. Beweglicher als andere und unbewußt auf der Suche nach einem Ideal und Daseinsgrund, wurden sie vor allen anderen empfänglich für die Argumente der örtlichen Behörden und der ärztlichen Autoritäten. Sie waren die ersten, die das Kind als ihre persönliche Angelegenheit auffaßten als etwas, wodurch ihr Frauendasein einen Sinn bekommt".[4]*

Dabei ist freilich das ausgehende 19. Jahrhundert schon eine schwierige Übergangszeit. Denn auf der einen Seite gewinnt die Berufsarbeit immer größere Bedeutung; aber gleichzeitig sind

Frauen von allen „besseren" Berufen weitgehend ausgeschlossen. Also schaffen sie sich ihren eigenen Beruf – eben das Kind. Für diese Deutung spricht, daß genau in dieser Zeit eine „Bewegung der Mütter" entsteht, die die Bedeutung von Mutterschaft bewußt ausbaut und weiter verkündet.[5] Mutterschaft ist hier nicht mehr nur ein biologischer Akt, oder eine Arbeit neben anderen, sondern wird zum Beruf, ja zur „höchsten Berufung". Zur Illustration zwei typische Aussagen:

„Welcher Beruf der Welt erfordert denn so weiten Blick und so vollkommene Ausgeglichenheit, solche Persönlichkeit, solchen Atem und Gesichtskreis, solch tiefes Verständnis, so viel Philosophie wie dieser, der so leicht eingeschätzte Beruf der Mutter?" (Helen Gardener 1897)[6]

„Die Vertretung von Frauen im Parlament und im Journalismus, in der Regierung von Städten und Ländern, bei Friedenskongressen und Arbeitertreffen, in Wissenschaft und Literatur, all dies wird wenig Erfolge erzielen, solange Frauen nicht erkennen, daß die Veränderung der Gesellschaft beim ungeborenen Kind beginnt ... Diese Veränderung verlangt eine ganz neue Vorstellung vom Beruf der Mutter, ungeheure Willensanstrengung, fortwährende Eingebung" (Ellen Key 1909).[7]

„Die gesellschaftliche Bedeutung der Mutterschaft war ... das wichtigste Machtpotential der bürgerlichen Frauen":[8] Vor diesem Hintergrund ist auch die Haltung der frühen Frauenbewegung zu begreifen. Beginnen wir in Amerika. Da bildet sich gegen Ende des 19. Jahrhunderts eine Bewegung für „Freiwillige Mutterschaft" (Voluntary Motherhood). Deren Vertreterinnen plädieren zwar für Zeiten sexueller Enthaltsamkeit in der Ehe als Mittel der Geburtenkontrolle, um die Frau vom Zwangskreislauf rasch aufeinander folgender Schwangerschaften und Geburten zu befreien. Doch lehnen sie Mutterschaft nicht etwa ab, nein ganz im Gegenteil: sie übernehmen weitgehend das idealisierte Mutterbild ihrer Zeit. Auch hier gilt Mutterschaft als hoher und heiliger Beruf, und wenn eine Frau ihn vermeidet und sich dagegen entscheidet, so wählt sie den geringeren, den weniger erhabenen Weg. Kurz, die damalige

Frauenbewegung will zwar den gesellschaftlichen Rahmen des Frauenlebens erweitern, aber nur in dem Sinne, daß Mutterschaft nicht die eine und einzige Perspektive bleibt, vielmehr auch andere Aktivitäten denkbar werden. Nie geht sie so weit, Mutterschaft selbst in Frage zu stellen.[9]

*So kann als durchaus typisch gelten, was die Feministinnen* Victoria Woodhull *und* Tennessee Claflin *1870 schreiben:*

*„Es ist wahr, daß das besondere und eigentümliche Wesensmerkmal der Frau darin liegt, Kinder zu gebären ... Und es ist ebenfalls wahr, daß man sagen muß: Diejenigen, die durchs Leben gehen, ohne diesen besonderen Grundzug ihrer Bestimmung zu erfüllen, haben das schönste Ziel des Frauenlebens nicht erreicht. Aber auch wenn man Mutterschaft stets als die heiligste Aufgabe betrachten soll, zu der die Frau fähig ist, so soll in Anerkennung dieser Tatsache doch nicht übersehen werden, daß es daneben verschiedene andere Bereiche gibt, wo die Frau ihre Fähigkeiten nutzbringend einbringen kann".[10]*

Ähnlich ist auch die Haltung der bürgerlichen deutschen Frauenbewegung zu Beginn des 20. Jahrhunderts. Auch hier wird, ähnlich wie in Amerika, Mütterlichkeit aufgewertet und ausgebaut zum weiblichen Lebensprogramm: Die verheiratete Frau soll die Idee der Mütterlichkeit in ihrer Familie verwirklichen, die unverheiratete soll „seelische Mütterlichkeit" in ihren Beruf einbringen.[11]

*Dazu eine typische Formulierung aus der Frauenbewegung: „Ausschlaggebend für den Anteil der Frau an der menschlichen Kultur ... wird stets ihre Bestimmung zur Mutterschaft sein ... Die Bestimmtheit zur Mutterschaft ist ... die Summe aller der mit der physischen Bestimmung der Frau verknüpften psychischen Merkmale, ‚der Zug zum Persönlichen, Konkreten, jene schnellere und tiefere Fühlung mit menschlicher Eigenart, die der Urgrund ist des psychischen Altruismus, des Mitleids, der Liebe, die auch in ihren geistigen Formen die Züge des Weibes trägt'".[12]*

Auf der Grundlage solcher Vorstellungen entstehen innerhalb der bürgerlichen Frauenbewegung dann Versuche einer „Organisierten Mütterlichkeit". Ihr Ziel ist es, der Zurückdrängung der Frau aufs Private entgegenzuwirken und ihr Zugang zur Politik und Öffentlichkeit zu erschließen. Die Strategie, die gewählt wird, entspricht den Voraussetzungen der Zeit. Nicht die direkte Konkurrenz zum Mann wird gesucht, unter Berufung auf Gleichheitspostulate, denn dies müßte in einen Wettbewerb münden, auf den Frauen durch ihre Erziehung und Ausbildung keineswegs vorbereitet sind. So wird der umgekehrte Weg eingeschlagen: Die Verschiedenheit der Geschlechter wird betont und die Besonderheit der Frau – eben das „Mütterliche" im weitesten Sinn –, um ihr so eigene Handlungs- und Einflußfelder zu öffnen, vor allem in Berufen des Sozial-, Pflege- und Erziehungsbereiches.[13]

Doch auffallend ist, daß der sich anbahnende Konflikt zwischen Mutterschaft und eigener Lebensgeschichte der Frau in der damaligen Frauenbewegung nicht zum Thema gemacht wird. Oder genauer und typischer noch, er taucht vielleicht kurz einmal auf, aber dann nur im negativ abgrenzenden Sinn, als Verirrung und Mißverständnis; wird dann sofort beiseite geschoben, wird zu lösen versucht durch Übernahme der vorherrschenden Ideen vom Wesen der Frau und von Mutterschaft als höchster Erfüllung.

*So heißt es z. B. 1902 im „Handbuch der Frauenbewegung":
„Der Beruf der Frau sind ihre Kinder ... Daß ist der heiligste Beruf der Frau, der unter keinem anderen leiden soll". Und weiter: „Endlich aber fragt sich, ... wie die ‚Befreiung' von den Kindern auf das weibliche Geschlecht selber wirken würde. Gewinnen würde es weniger ... Verlieren aber würde es vielleicht um so mehr. Die Mütter würden entweder immer darunter leiden, ihre Kinder verlassen zu müssen. Oder sie würden sich im Lauf der Jahrhunderte daran gewöhnen. Auch das ist denkbar; aber noch weniger wünschenswert. Wie die Mutterbrust verkümmert, wenn Generationen hindurch nicht gestillt wird, so könnte es auch im Seelischen sein; ... so könnte das*

*Eigenste im Weibe, die Mütterlichkeit, geringer und geringer werden, bis die Frau schließlich ein Wesen wäre, das durch die physische Mutterschaft gehemmt und geschwächt ist, aber nicht mehr die Größe hat, die ihr das Seelische der Mutterschaft gegeben hatte".*[14]

Ja, man muß es wohl noch gezielter sagen: Die unsicher werdende wirtschaftliche Versorgung der Frau bestimmt hier wesentlich die Einstellung zur Mutterschaft mit. Der Mutterschaftskult jener Zeit entsteht nicht nur deshalb, weil die Männer bemüht sind, die Frau an ihrem Platz zu halten. Er entsteht *auch* deshalb, weil die Frauen noch kaum einen anderen Platz haben – und deswegen diesen einen ausbauen und absichern müssen. Die Versorgung über den Familienverband beginnt brüchig zu werden, aber eigenständige Lebensmöglichkeiten sind noch wenig real für die Mehrheit der Frauen. Für sie, die keine Alternative zum „Dasein für andere" haben, wird das Kind zur existentiellen Sicherheit: Solange Mutterschaft mit Ehe verknüpft ist, gewinnt die Frau über das Kind materielle Versorgung durch den Mann.

Von daher erklärt sich auch, was nach heutigen Maßstäben eigenartig erscheint: warum die Vertreterinnen der frühen Frauenbewegung gleichzeitig für Geburtenkontrolle eintreten und für Mutterschaft als höchsten Beruf. Mit dieser „Doppelstrategie" nehmen sie die unterschiedlichen Interessenlagen auf, die damals im weiblichen Lebenszusammenhang angelegt sind. Auf der einen Seite brauchen Frauen Freiheit von den Anstrengungen ständiger Schwangerschaften, aber auf der anderen Seite brauchen sie auch die Anerkennung und das Selbstbewußtsein, das Mutterschaft ihnen bringt. Im großen und ganzen ist Mutterschaft damals die einzige herausfordernde, angesehene und befriedigende Arbeit, die Frauen bekommen können. In diesem Kontext ist es eine durchaus rationale Verhaltensstrategie, wenn Frauen an ihrer Arbeit als Mütter festhalten, weil hier die einzige Basis ist für sozialen Status und die erhoffte politische Macht.

*„Das ‚Selbstbestimmungsrecht der Frau über ihren Körper'*
*konnte nur dann dazu führen, Mutterschaft als eigentliche Be-*
*stimmung und Maßstab ihres sozialen Wertes zurückzuweisen,*
*wenn es andere Aufgaben und Quellen der Wertschätzung gab.*
*Die Frauenrechtlerinnen der 70er und 80er Jahre des 19. Jahr-*
*hunderts kämpften für diese anderen Möglichkeiten, aber einen*
*spürbaren Wandel gab es erst für einige wenige privilegierte*
*Frauen... So blieb die Bewegung für ‚Freiwillige Mutterschaft'*
*in jener Epoche fast ausschließlich ein Instrument der Frauen,*
*um ihre Position innerhalb der traditionellen Ehe zu stärken,*
*nicht um sie zurückzuweisen".*[15]

Die „Entdeckung des Kindes", die im Bürgertum des
19. Jahrhunderts immer weiter sich ausbreitet, ist demnach auch
eine Antwort auf die neue Frage, die zur selben Zeit in dersel-
ben Schicht sich entwickelt: die Frauenfrage. „She was intelli-
gent and generous", schreibt Henry James über die Heldin
seines Romans „Portrait of a Lady", „it was a fine free nature;
but what was she going to do with herself"?[16] Das Kind, oder
genauer: die bewußte Beschäftigung mit dem Kind ist die naheliegende Lösung.


### 3. Mutterschaft wird auch zur Belastung

*„Man wird den Frauen das Kindergebären noch ganz verleiden*
*mit der Sucht, sie dafür für alle anderen Lebensansprüche abfin-*
*den zu wollen"* (Hedwig Dohm 1903).[1]

Bisher wurde gezeigt, wie durch den Funktionsverlust des bürgerlichen Haushalts und die weiterhin bestehende ökonomische
Abhängigkeit der Frau Mutterschaft eine neue positive Bedeutung gewinnt. Damit ist erst ein Teil der Entwicklung beschrieben. Denn in der Herauslösung aus traditionellen Bindungen
sind auch Verheißungen und Hoffnungen erhalten, die Möglichkeit von Freiräumen, von Unabhängigkeit und Selbständigkeit. Betrachten wir nun also diese Seite. Dabei wird von folgendem Gedanken ausgegangen:

Wo die Verheißungen des Freisetzungsprozesses spürbar werden, wo der Anspruch auf eigenes Leben entsteht, da verändern sich – in zunächst sehr leisen und vorsichtigen Formen – die Einstellungen und Verhaltensweisen von Frauen. Sie beginnen, sich nicht mehr nur im Bezugsrahmen der Familie zu begreifen, als deren Dienerin, Versorgerin, Hüterin oder „Engel des Hauses". Sie sehen eher als früher auch die eigene Person, spüren eigene Wünsche, Erwartungen, Ansprüche. Das sind nicht Signale, sondern viel bescheidener: erste Ahnungen eines möglichen Aufbruchs. Aber wie zögernd auch immer sie sind, *dadurch werden die Belastungen spürbar, die in Mutterschaft angelegt sind.* Denn Mutterschaft beschränkt jetzt nicht mehr nur den Handlungsspielraum der Frau, wie es immer schon war, durch die biologischen Abläufe von Schwangerschaft und Geburt, und auch nicht durch den schnellen Anstieg der Anforderungen, was die Kindererziehung angeht. Nein, Mutterschaft steht jetzt auch dem entgegen, was im weiblichen Lebenszusammenhang soeben sich abzuzeichnen beginnt: den ersten Ahnungen und Ansprüchen einer eigenen Person. *Auf manchen Ebenen geraten die Anforderungen, die mit dem Kind sich verbinden, in Konkurrenz und Konflikt zu den Erwartungen, Hoffnungen, Plänen, die die Frau selber hat.*
Was hier idealtypisch auf wenige Sätze zusammengefaßt ist, ist in der Realität eine lange Entwicklung, die schichtspezifisch unterschiedlich verläuft, weil Frauen den Anspruch und Zwang zum eigenen Leben in anderen Ausschnitten erfahren je nach Herkunft und sozialer Lage. Auch setzt diese Entwicklung zunächst sehr allmählich ein, bleibt auf ein Dasein unter der Oberfläche beschränkt und dadurch weithin verborgen. Um den Verlauf dieses Prozesses am historischen Material herauszuarbeiten, soll hier bei zwei Studien angesetzt werden, die sich auf Frauen verschiedener Schichten beziehen. Beide zusammen genommen machen anschaulich sichtbar, wie über die Unterschiede der Lebenslagen hinweg ein neues gemeinsames Thema entsteht: Mutterschaft als Belastung.
Betrachten wir zunächst die Frauen der Unterschicht. Sie müssen schon früh ihren Lebensunterhalt selbst verdienen und

kommen dadurch in Berührung mit den in der Arbeitswelt geforderten Denkweisen, Verhaltensformen, Überlebensstrategien, kurz mit der „Mentalität des Marktes".[2] Genau hier setzt eine Studie des Sozialhistorikers Shorter an, die sich auf Frauen in Westeuropa zwischen 1750 und 1900 bezieht.[3] Er nimmt zum Ausgangspunkt, daß ab der Mitte des 18. Jahrhunderts Frauen der Unterschicht zunehmend in marktvermittelte Arbeitsverhältnisse einbezogen werden, und führt dann aus, daß durch die Konfrontation mit den Marktverhältnissen die proletarischen Frauen neue Orientierungen lernen, die auf die eigene Person, auf Durchsetzung eigener Interessen und Ansprüche gerichtet sind. Ein solcher Einstellungswandel aber, so folgert Shorter, läßt sich nicht auf den Marktbereich eingrenzen, sondern greift auch über auf die Familie. Die jungen Frauen der Unterschicht entwickeln bald auch den Wunsch nach mehr Freiheit in ihren persönlichen Beziehungen, in bezug auf Sexualität, Ehe und Kinder. Die über den Markt vermittelte Erwerbstätigkeit ist also ein Schritt aus der „Unterwerfung, Machtlosigkeit, Abhängigkeit" im Haus,[4] verändert die unmittelbaren Beziehungen im Alltag, gibt Frauen ein „wachsendes Bewußtsein der Selbständigkeit ihrer Person",[5] ist mit anderen Worten: ein wichtiger Motor für Bewußtsein und Selbstbewußtsein.

Für Shorter ist es genau dieser Einstellungswandel, der bei Frauen der Unterschicht ein Interesse und eine Bereitschaft zur Geburtenkontrolle aufkommen läßt. Damit er sich in ein entsprechendes Handeln umsetzen kann, bedarf es freilich auch noch eines Wissens um die Möglichkeiten der Geburtenkontrolle, und dies erreicht die Frauen der Unterschicht erst am Ende des 19. Jahrhunderts. Das aber ist dann der Zeitpunkt, wo in Westeuropa ein deutlicher Geburtenrückgang beginnt.

*„Das vorangehende Jahrhundert weiblicher Emanzipation hatte bereits eine größere Gruppe von Frauen der Unterschicht hervorgebracht, die von ihren Einstellungen her zu kleinen Familien bereit waren und den dringenden Wunsch hatten, ihre Fruchtbarkeit zu begrenzen, denen aber, bis die zweite Phase begann, noch das nötige Wissen über die Biologie der Fortpflan-*

*zungsvorgänge fehlte. Daß sich in dieser Phase dann die Gebur-*
*tenkontrolle verbreitete, ist eher das Ergebnis zunehmenden*
*Wissens als veränderter Einstellungen. Diese Frauen hatten sich*
*dem Strukturwandel schon angepaßt, als sie in ihren Einstellun-*
*gen freier und offener wurden"*.[6]

Nun kann man sicherlich fragen, ob Marktbeziehungen wirklich ein so starker Motor für Freiheitswünsche, ja „Emanzipation" sind, wie Shorter es annimmt. Schließlich, das wissen wir
ja, bringt die Erwerbstätigkeit zwar eine Herauslösung aus der
Familienbindung, aber damit noch längst nicht den Zustand der
Freiheit. Oft genug wird dabei eine Form der Abhängigkeit
gegen eine andere vertauscht, um es mit Clara Zetkin zu sagen:
„Von dem Tage an, wo die Frau das Joch der ökonomischen
Abhängigkeit vom *Manne* abwarf, geriet sie unter die ökonomische Botmäßigkeit des *Kapitalisten*".[7] Doch dieser Einwand
trifft insofern nicht, als die neue Abhängigkeit eine *andere* ist
als die alte. Sie ist weniger unmittelbar und persönlich, läßt
deshalb eher bestimmte Freiräume zu, wie Alice Salomon es
formuliert hat: „In ihren persönlichen Bedürfnissen ist die
Frau, die ein großes Hauswesen leitet, von ihrem Mann meist
durchaus abhängig; abhängiger als die Lohnarbeiterin mit dem
geringsten Einkommen".[8] Genau das ist der hier entscheidende
Punkt, und so gesehen gibt Shorters Modell einen wichtigen
Hinweis: Es lenkt unseren Blick auf die Lebenssituation der
Frauen der Unterschicht, auf die „Mentalität des Marktes" und
die darin angelegten Impulse zu einem Einstellungswandel im
Verhältnis von Frau, Familie und Kind.
Was Shorter freilich nicht richtig sieht, ist die Lebenssituation
der Frauen des mittleren und gehobenen Bürgertums: Auch
darin sind, weit mehr als er annimmt, schon Momente enthalten, die auf eine Einschränkung der Kinderzahl hindrängen.
Dies wird deutlich, wenn man die Untersuchung des Histori-
kers Degler liest, die sich auf Frauen der gebildeten Mittelschicht bezieht, und zwar in Amerika um die Mitte des 19. Jahrhunderts.[9] Diese Frauen werden zwar noch nicht von den
Marktbeziehungen, den darin angelegten Zwängen und Orien-

tierungen erreicht. Aber sie haben eine Position, die erheblich selbständiger und angesehener ist als die der europäischen Frauen.[10] Und auch wenn sie noch wenig formelle Bildung erhalten, so gibt es doch zahlreiche indirekte Kanäle, über die Gedanken durchsickern und sich verbreiten. Deshalb können diese Frauen nicht ganz abgeschirmt bleiben von den Ideen der sie umgebenden Gesellschaft und Schicht, von den Impulsen der Aufklärung, die persönliche Entwicklung, Bewußtsein und Selbstbewußtsein betonen. Sie werden, früher wohl als Frauen in Europa, von einer neuen Botschaft berührt: vom Aufklärungsmodell der Frau als „Person und Bürgerin".[11] Genau das ist die Stelle, wo nach Deglers Studie der historische Einschnitt beginnt: Mit den neuen Bildungsidealen werden Einstellungen, Interessen, Ansprüche vorbereitet, neue Maßstäbe des inneren Lebens, die teilweise in Konkurrenz geraten zu dem, was Mutterschaft fordert. Lesen wir dazu ein paar Ausschnitte aus Tagebüchern und Briefen, die Degler zitiert:

Im Jahr 1846, nach der Geburt ihres fünften Kindes, schreibt Mary Walker in ihr Tagebuch: „Die Sorge für meine Familie nimmt mein Denken gänzlich in Anspruch ... Mir bleibt kein Raum, um an anderes zu denken. Ich habe manchmal kaum genug Mut, um versuchen zu leben. Denn die einzige Aussicht ist, daß die Arbeit in den nächsten Jahren von Jahr zu Jahr weiter zunehmen wird".

Zwei Jahre nach ihrer Heirat schreibt Mollie Sanford in ihr Tagebuch: „Jenseits meiner kleinen Hausarbeit verbringe ich die Zeit ziemlich eintönig. Ich entwickle mich kaum weiter. Wo ist nur mein Geist geblieben". Nach der Geburt ihres zweiten Kindes, das ist 1863, werden die Tagebucheintragungen immer seltener: „Ich schreibe jetzt nur noch, wenn ich dazu in Stimmung bin. Ich weiß, daß ich meine Pflichten als Frau und Mutter erfülle". Und nach der Geburt des zweiten überlebenden Kindes endet das Tagebuch ganz. „Mit meinen zwei Kindern werde ich weniger Zeit für Eintragungen haben", schreibt sie auf der letzten Seite. „Ich hoffe, meine Zeit dafür zu verwenden, sie in der ersten Zeit ihrer Hilflosigkeit zu versorgen und *pflegen, und später durchs Leben hindurch ihre jungen Gemüter zu üben und lehren".*

*An ihrem elften Hochzeitstag im Jahr 1846 schreibt* Harriet Beecher Stowe *einen Brief an ihren Mann, in dem sie eine Art Bilanz ihrer Erfahrungen mit dem Familiendasein zieht. Am Anfang „die Hoffnung, Mutter zu sein. Kein Lebewesen hatte sich jemals so sehr danach gesehnt, das Gesicht eines Kindchens zu sehen, oder hatte ein Herz so voller Liebe zu geben". Aber die Wirklichkeit sah anders aus als die Erwartungen. „In langer Reihe kamen Krankheit, Schmerzen, Verwirrung, ständige Entmutigung, Erschöpfung, Anstrengung bei Tag und Nacht... Ach, wie wenig Trost hatte ich in meinem Mutterdasein – und wie ist alles, was ich gewollt hatte, anders gekommen, durchkreuzt worden, wie ist mein Weg überall eingezäunt worden!" Ihre Schlußfolgerung lautet, es sei Gottes Wille, „daß ich die Familie nicht zu meinem Lebensziel und meiner Bestimmung mache, und wie bitter diese Lehre auch ist, ich danke Ihm von ganzer Seele dafür".[12]*

An solchen Äußerungen wird sichtbar, wie die Ideen persönlicher Entwicklung, wo sie einmal von Frauen aufgenommen und auf ihre eigene Lebenssituation angewandt werden, dort eine widerspenstige Kraft entfalten: im heiligen Tempel der Familie der erste Funken des Zweifels. Im „Dasein für andere", wo bleibt da noch Raum zur eigenen Entwicklung? Und wo Mutterschaft als Belastung spürbarer wird, ist da nicht naheliegend, die Belastung in Grenzen zu halten: die Kinderzahl zu begrenzen? Das ist das Bild, das Degler uns zeichnet. Mit den neuen Bildungsidealen wird der Einstellungswandel vorbereitet, der wesentlich beiträgt zum ersten Rückgang der Geburtenzahlen. „Als die Frauen sich ihrer selbst als Person bewußter wurden, versuchten sie auch, ihre Fruchtbarkeit zu kontrollieren".[13]

*„... Frauen haben immer einen Grund gehabt, die Kinderzahl zu begrenzen, den es für Männer in dieser Form nicht gab. Aber dieser Grund konnte auf breiterer Basis erst verhaltenswirksam werden, als Frauen sich ihrer Person bewußt wurden –*

*d. h. als sie sich als eigene Person jenseits von Mann und Familie wahrnahmen".*[14]

Wenn Deglers Interpretation der Geschichte stimmt, dann sind es also nicht – wie es heute manchmal erscheint – erst die berufsorientierten Frauen des späten 20. Jahrhunderts, die die ausschließliche Bindung ans Kind als einengend und beschränkend erleben. Dann hat es schon im gebildeten Bürgertum des mittleren und späten 19. Jahrhunderts Frauen gegeben, die Mutterschaft als Ganztagsbeschäftigung ermüdend finden, als „tägliche Runde von trivialen Tätigkeiten, Zeit beanspruchend, Energien verschleißend" (Newston 1881).[15] Aber deutlich ist auch, daß sie sich in einer schwierigen Lage befanden. Denn das 19. Jahrhundert war ja gerade die Zeit, wo Mutterschaft in breiten Kreisen idealisiert und romantisch überhöht wurde. Das heißt, die in einem solchen Milieu lebenden Frauen waren mit einem Leitbild konfrontiert, das ihre Gedanken als Verirrung und Schuld definierte.

Was konnten sie in dieser Zwangslage tun? Die wahrscheinliche Annahme heißt: meistens nicht viel. Unterordnung, nicht Rebellion hieß der zugewiesene Weg. Ein Ausweg war vielleicht auch die Flucht in die Krankheit, ein Verhalten, das damals bei Frauen der gehobenen Mittelschicht weit verbreitet war.[16] Dagegen ein Eingeständnis, daß das Kind nicht nur Glück, sondern auch Fessel sei – das konnte erst der letzte Schritt sein, und er forderte enorm viel Mut. So weit konnte es wohl nur unter Ausnahmebedingungen kommen, etwa in einem Milieu, das enge Begegnungen brachte mit Kunst und Kultur, Wissenschaft, Philosophie, Politik. Und selbst dann mußten, unter dem Druck des vorherrschenden Leitbilds, die aufrührerischen Gedanken möglichst privat bleiben, nur aufs Tagebuch oder vertrauliche Gespräche und Briefe beschränkt.

Ein anschauliches Beispiel dafür finden wir bei einer Frau, die auf den ersten Blick sehr weit entfernt scheint von der bei Degler betrachteten Gruppe. Es ist Sofja Tolstaja, die Ehefrau Tolstois – eine Frau also, die nicht in der gebildeten amerikanischen

Mittelschicht des 19. Jahrhunderts lebt, sondern zu den Adelskreisen des zaristischen Rußland gehört. Doch über die Differenz der Kontinente und Standesgrenzen hinweg läßt sich eine bestimmte Ähnlichkeit in den Lebensumständen entdecken, die für unseren Zusammenhang wichtig ist. Sowohl nämlich die bei Degler betrachteten Frauen wie Sofja Tolstaja kommen mit geistigen Impulsen in Berührung, die die Grenzen eines ganz auf private Häuslichkeit ausgerichteten Lebens überschreiten. Aber gleichzeitig können sie solche Bildungsansprüche kaum verwirklichen, weil die Sorge für den Haushalt und die wachsende Familie ihnen immer weniger persönlichen Freiraum läßt. Diese Diskrepanz zwischen Anspruch und Verwirklichungschancen – das ist das Gemeinsame, was die von Degler untersuchten Frauen mit Sofja Tolstaja verbindet.

Dabei erscheint, äußerlich betrachtet, Sofja Tolstajas Leben geradezu eine Verkörperung des Mutterschaftsideals: Sie hat nicht weniger als dreizehn Kinder geboren. Erst wenn man ihre privaten Aufzeichnungen liest, wird dahinter eine biographische Konstellation sichtbar, die sehr unausgewogen und dadurch sehr konfliktreich ist: Auf der einen Seite, über den Mann, ist sie dauernd konfrontiert mit der Welt der ,,großen Ideen''; aber sie selbst ist ganz dazu abgestellt, die unzähligen Alltagsgeschäfte in Haus und Familie und bei der Verwaltung des Gutes zu regeln. In ihren Tagebüchern spiegelt sich genau diese Kluft. Schonungslos protokolliert sie, wie über die Jahre hinweg ihre Bitterkeit wächst gegen die ,,Familiendespotie'',[17] der sie ihr ,,ganzes Leben untertan gemacht hat''[18] und die immer weiter verlangt, daß sie ,,sklavisch zu Diensten'' sein soll.[19] In Ausbrüchen von Enttäuschung, Verzweiflung und Trauer beschreibt sie ihre ,,Sehnsucht nach individueller Freude, einem Privatleben, *eigener* Arbeit, und nicht der Arbeit an fremden Arbeiten, wie es mein Leben lang war''.[20] Immer nur ,,*Sklavin* zu sein . . ., das kann ich nicht mehr''.[21]

,,*Habe kein Privatleben, kann nicht lesen, nicht spielen, nicht nachdenken – und so war das immer. Ist das überhaupt ein Leben? . . . Eigentlich lebe ich gar nicht – je dure.*

*Serjoscha [der Sohn] sagte heute: ,Mamá wird immer kindischer, ich werde ihr eine Puppe schenken, meinetwegen auch noch ein Puppengeschirr dazu'. Komisch, was er da gesagt hat, aber mein Kindischwerden ist gar nicht komisch, eher sehr tragisch. Ich hatte nie die Zeit, mich selbständig mit irgend etwas zu beschäftigen, nie die Zeit, mich mit mir zu beschäftigen. Meine Kräfte und meine Zeit mußten stets für das herhalten, was die Familie – Mann oder Kinder – jeweils gerade von mir verlangten. Und nun bin ich auf einmal alt, habe alle meine geistigen, seelischen und körperlichen Kräfte für die Familie verausgabt und bin, wie Serjoscha sagt, ein Kind geblieben. Nach all der Plackerei für die Familie kann ich nur die Hände ringen, daß ich keine bessere Bildung habe, in keiner der Künste bewandert bin, wenig Menschen kennengelernt und wenig von ihnen gelernt habe – doch zu spät...*

*Wie sehr die Kinder mir auch Vorwürfe machen mögen – ich werde nie mehr die sein, die ich einmal war. Alles nutzt sich mit der Zeit ab, und so haben sich auch meine mütterlichen, heftigen Gefühle für die Familie abgenutzt. Ich kann und will nicht mehr leiden angesichts ihrer Schwächen, Unzulänglichkeiten und ihres Unglücks... von diesen Familiengeschichten habe ich mehr als genug... Meine* Großmutter*gefühle gehen... nicht sehr tief. Mit Kindern muß man sich ganz den dinglichen, irdischen Interessen zuwenden, ich bin davon jedoch weit entfernt, mich interessiert die Welt der Kinder nicht mehr. Hatte genug davon".*[22]

Sofja Tolstaja, die vielfache Mutter: von den äußeren Daten scheint sie noch ganz dem Frauenbild ihrer Zeit zu entsprechen. Und doch ist im Innern schon die Auflehnung da, freilich noch auf Worte beschränkt, aufs Tagebuch, und für sie selbst auch „zu spät". Aber das genau sind die ersten Formen, die frühen, nach außen verborgenen, deshalb schwer zu entdeckenden Signale, wie das Verhältnis von Frau, Familie und Kind sich zu verändern beginnt.

Kehren wir wieder nach Amerika zurück und nehmen wir von dort ein weiteres Beispiel, nämlich die Schriftstellerin Kate Chopin. Sie ist eine der wenigen Frauen, die ihren Protest öffentlich artikulieren. Denn sie schreibt nicht mehr nur Brief oder Tagebuch, sondern einen Roman, 1899 erschienen und bezeichnend genannt: „Das Erwachen". Seine Heldin und Hauptgestalt heißt Edna Pontellier, und an ihrer Person wird die Geschichte einer Auflehnung gegen die Mutterrolle geschildert, ein Widerstand gegen „Selbstaufopferung" und „Versklavung der Seele".

*Zunächst sind es nur Spuren einer inneren Distanz, noch kaum festzumachen am äußeren Verhalten: „Es wäre eine schwierige Sache für Mr. Pontellier gewesen, ... zu definieren, worin seine Frau ihren Pflichten gegenüber den Kindern nicht genügte. Es war etwas, das er eher fühlte als verstand ... Wenn einer der kleinen Pontelliers beim Spielen hinfiel, war seine erste Regung meistens nicht, heulend in die Arme seiner Mutter zu stürzen, um Trost zu suchen. Eher raffte er sich wieder auf, wischte sich die Tränen aus den Augen und den Sand aus dem Mund und spielte weiter ... Kurz, Mrs. Pontellier war keine Mutter-Frau. Der mütterliche Frauentyp schien diesen Sommer auf Grand Isle vorzuherrschen. Es war leicht, diese Frauen zu erkennen, wie sie umherflatterten mit ausgebreiteten, schützenden Flügeln, wenn irgendeine Gefahr, wirklich oder eingebildet, ihre kostbare Brut bedrohte. Sie waren Frauen, die ihre Kinder vergötterten, ihre Ehemänner anbeteten und es als heiliges Recht ansahen, sich als Individuen auszulöschen und wie sorgende Engel Flügel anzusetzen".*

*Am Ende gibt es keinen Zweifel über die Gefühle mehr: „Erst jetzt verstand sie die volle Bedeutung dessen, was sie vor langer Zeit gemeint hatte, als sie ... sagte, daß sie das Unwesentliche aufgeben, sich jedoch nie für ihre Kinder opfern würde ... Die Kinder erschienen ihr als Feinde, die sie überwältigt hatten, die sich ihrer bemächtigt hatten und ihre Seele bis ans Ende ihrer Tage zu versklaven trachteten. Doch sie wußte einen Weg, ihnen zu entkommen".*

Ednas Weg ist die letzte Form des Auswegs: der Selbstmord. Und selbst darin noch spiegelt sich die damalige Zeit. Denn es mag gerade noch möglich sein, eine Romanfigur zu zeichnen, die sich innerlich immer weiter entfernt von Mutterschaft in der vorherrschenden Form. Aber eine Frau, die auch den nächsten Schritt tut, nämlich offen sich auflehnt, Forderungen stellt, sich aktiv verändert, also ihr Leben selbst in die Hand nimmt, damit sie mehr Freiraum gewinnt? Das wäre unwahrscheinlich und unglaubwürdig. Oder es müßte eine andere Frau sein, eine radikale Außenseiterin, aber nicht eine Gestalt wie Edna, eine Frau aus dem gehobenen Bürgertum, immer beschützt und behütet. In ihr ist zwar schon die Kluft unüberbrückbar geworden zu dem, was die Gesellschaft verlangt, zu Mutterschaft in der vorgeschriebenen Form. Aber gleichzeitig wagt sie noch nicht, gegen jenes andere und oberste Gebot zu verstoßen, das Frauen keine Rebellion gegen die Regeln erlaubt. Ihr Selbstmord spiegelt genau dies Zwischenstadium wider: daß sie so nicht mehr leben will, aber anders sich nicht zu helfen weiß. Er ist beides zugleich, Passivität *und* Widerstand.

Aber das Ausmaß von Ednas Bitterkeit, und erst recht ihr verzweifelter Tod, sind gewiß nicht typisch für „die" Frauen der Zeit. Die sozialgeschichtliche Bedeutung des Buches liegt deshalb sicher nicht darin, daß die Geschichte, die es erzählt, in einem einfachen Sinn repräsentativ ist. Aufschlußreich ist da eher die Geschichte des Buches selbst, seine Aufnahme in der Öffentlichkeit.[24] Wegen „sittenverderbender Passagen" wurde der Roman von der Kritik verdammt. Kate Chopins Bücher wurden aus den Bibliotheken verbannt, sie selbst aus dem Künstlerverband ihrer Heimatstadt ausgeschlossen. Ein Dreivierteljahrhundert lang fehlte ihr Name in allen Literaturgeschichten. Warum dieser Sturm der Entrüstung? Wurde hier vielleicht ein Empfinden beschrieben, das den Zeitgenossen unerträglich war, gerade weil sie darin einen Wahrheitsgehalt ahnten? Wird im Roman exemplarisch verdichtet, und damit grell ins Bewußtsein gerückt, was in der Wirklichkeit sich erst anzudeuten beginnt? So gesehen liegt die Bedeutung des Romans gerade darin, daß er ein Extrembeispiel gibt. Denn dadurch regt er zu Fragen an – vor allem zu unbequemen. Wie viele Frauen mag es gegeben haben, die ähnliche Empfindungen manchmal aufkommen spürten, nur gleich wieder zudeckten, ängstlich vor sich und den anderen? Hat es auch damals nicht allen Frauen genügt, immer nur „Mutter-Frauen" zu sein? Kurz, sollte das so verbreitete, uns auch lieb gewordene Bild vom „trauten Mutterglück" nicht die ganze Wahrheit sein?

Eine mögliche Antwort wäre, daß die bisher genannten Beispiele – die bei Degler zitierten Tagebücher und Briefe, die Aufzeichnungen der Sofja Tolstaja, der Roman Kate Chopins – nur einzelne Ausnahmen sind, weit entfernt von der Mehrheit der Frauen. Aber dagegen spricht, daß es quantitative Belege gibt, die in ähnliche Richtung weisen. Hierher gehört vor allem der deutliche Rückgang der Geburtenzahlen, der in den USA bereits in der ersten Hälfte des 19. Jahrhunderts einsetzt. Die durchschnittliche Kinderzahl einer weißen Frau verringerte sich dort von 7,4 im Jahr 1800 auf 6,14 im Jahr 1840, auf 4,24 im Jahr 1880 und schließlich auf 3,56 im Jahr 1900.[25] Dieser Geburtenrückgang hängt nach Deglers Darstellung mit dem Einstellungswandel unter Frauen zusammen. Es ist dies ein Wandel, der von vielen Vertretern der Tradition aufs heftigste attackiert wird, der in Politik und Öffentlichkeit in unzähligen Variationen als drohende Gefahr für die Nation dargestellt wird – aber in den liberalen Kreisen Amerikas allmählich auch akzeptiert wird. Dazu Degler: „Es gibt ziemlich sichere Belege dafür, daß das direkte Interesse der Frau an Begrenzung der Kinderzahl spätestens um die Mitte des 19. Jahrhunderts von vielen Vertretern beider Geschlechter anerkannt wurde". Und er lenkt den Blick auf folgenden Zusammenhang: „Nicht wenige der Autoren, die die Geburtenbeschränkung verteidigten, verwiesen auch auf die Vorteile, die daraus für Frauen erwüchsen".[26]

*Unter den Autoren, die Degler zitiert, ist Robert Dale Owen, der bereits 1847 die Position vertrat: „kein Mann solle auch nur den Wunsch hegen, daß eine Frau die Mutter seiner Kinder würde, wenn dies nicht ihr ausdrücklicher Wunsch ist und wenn er nicht weiß, daß dies ihrem Wohlergehen zuträglich ist. Ihre Gefühle und Interessen sollten ihm in dieser Angelegenheit unverbrüchliches Gesetz sein".*

*Dann* Frederick Hollick, *der mehrere populärwissenschaftliche Gesundheitsratgeber schrieb, darunter den 1850 veröffentlichten „Eheleitfaden", in dem er die Bedeutung der Geburtenkontrolle für die Gesundheit der Frau betonte. Er argumentierte, diese sei sicher besser als eine Abtreibung, zu der viele Frauen getrieben würden in dem verzweifelten Wunsch, kein weiteres Kind zu bekommen. „Manche Frauen", so schrieb er, „sagten sogar, sie würden lieber* sterben *als noch mehr Kinder zu haben". In solchen Fällen „gäbe es deshalb nur die Wahl zwischen zwei Möglichkeiten, Abtreibung oder Verhütung, und ich bin davon überzeugt, daß Tausende ebenso denken".*[27]

Wie vehement das Interesse der Frauen an Geburtenbeschränkung ist, wird daran deutlich, daß um die Mitte des 19. Jahrhunderts die Zahl der Abtreibungen steigt; und zwar in allen Schichten, und vor allem auch bei den verheirateten Frauen.[28] Degler sieht diese Entwicklung als klares Indiz, wie Frauen sich nicht mehr nur als Teil der Familie betrachten, sondern als „Individuen innerhalb der Familie": „Indem die Abtreibung neue Akzeptierung findet, gehört ihr Körper ganz ihnen selbst, steht weder in der Verfügungsmacht der ungeborenen Kinder noch in der der Ehemänner".[29]

*„Der Anstieg der Abtreibungen im 19. Jahrhundert war, mehr noch als die wachsende Verbreitung von Verhütung, ein drastischer Hinweis darauf, daß Frauen sich zunehmend ihrer Interessen bewußt wurden. Denn im Gegensatz zu den meisten Verhütungsmitteln ist die Abtreibung nicht angewiesen auf die Zustimmung oder Kooperation des Mannes. Beansprucht wird damit vor allem das völlige Verfügungsrecht der Frau über ihren Körper. Darin drückt sich in äußerster Form der Anspruch auf Individualisierung aus, weil den Anrechten der Frau höhere Geltung zugesprochen wird als denen des Mannes".*[30]

Die Zunahme der Abtreibungen: Das wäre dann der gewissermaßen private Protest gegen eine Gesellschaft, die Leitwerte von Autonomie und Selbstbestimmung verkündet, aber den Frauen vielfach verwehrt. Aber noch kommt der Anspruch von Frauen, sich von diesen Werten nicht weiter ausgrenzen zu lassen, in breiten Kreisen einer Auflehnung gleich. So entsteht, gewissermaßen als Ventil, eine Doppelmoral, charakterisierbar als „Jahrhundert des Schweigens":[31] Abtreibung wird zum Verhalten vieler einzelner Frauen – und gleichzeitig öffentlich geächtet, ja sogar durch neue Gesetze verboten.

> „... man kann sagen, daß das 19. Jahrhundert Abtreibung allein schon deshalb nicht vergeben konnte, weil darin der Anspruch der Frau auf völliges Selbstbestimmungsrecht über ihren Körper zum Ausdruck kam, auf Kosten des Kindes wie des Mannes. Selbst Feministinnen, die für die Individualisierung der Frau und ihre Eigeninteressen eintraten, gingen dabei noch nicht so weit, Abtreibung zu billigen – jedenfalls nicht in der Öffentlichkeit. Privat nahmen viele Frauen diese Autonomie einfach in Anspruch, indem sie Abtreibungen hatten, auch wenn dies verboten war. Aber dies war eindeutig ein letzter Ausweg, kein offen beanspruchtes Recht".[32]

Interessant ist schließlich auch, daß einige Statistiken Zusammenhänge zwischen Bildungsniveau und Kinderzahl erkennen lassen.[33] Danach sind es vor allem die gebildeten Frauen, die Geburtenkontrolle betreiben. Ein ähnlicher Zusammenhang zeigt sich daran, daß der Geburtenrückgang zuerst in den USA beginnt, wo die Aufklärungsideale der Frau als „Person und Bürgerin" viel früher als in Europa spürbar werden. Beides sind Hinweise darauf, daß Bildung aus dem Horizont des Familiendaseins herauslöst und eigene Perspektiven und Lebenspläne der Frau fördert. In den Worten einer einschlägigen Untersuchung: „Bildung ist möglicherweise ein indirekter Indikator für das Ausmaß, in dem eine Frau ihr Leben nach ihren eigenen Bedürfnissen und nicht nach denen anderer gestaltet".[34]

## 4. Der Einfluß der neuen Erziehungsnormen

Doch vergessen wir nicht die andere Entwicklung, die im selben Zeitraum sich ausbreitet, den Wandel in der sozio-kulturellen Definition des Kindes und dessen, was es zu seinem Gedeihen braucht. Auch dieser Wandel der pädagogischen Auffassungen trägt zur Motivation bei, die Kinderzahl zu begrenzen. Denn je wichtiger und wertvoller das Kind ist, desto mehr Aufmerksamkeit und Aufwand werden verlangt, und desto weniger Kinder kann man angemessen versorgen. Auf eine Formel gebracht: Geburtenkontrolle auch aus Liebe zum Kind.

So schreibt schon Aries: „*Je kleiner die Zahl der Kinder, desto mehr Zeit und Aufmerksamkeit kann man jedem zukommen lassen. Die Eltern begannen, ihre Familie als eine kleine Elite zu sehen, deren Mitglieder mittels Geburtenkontrolle ausgewählt wurden*".[1]

Und Stone: Eine „*Voraussetzung für die Ausbreitung der Empfängnisverhütung ist, so paradox es auch scheint, die Entwicklung einer stärker auf das Kind bezogenen Gesellschaft. Empfängnisverhütung wird eher dann praktiziert, wenn Kinder als wertvolle Individuen mit eigenen Rechten betrachtet werden. Solange die Eltern sich kaum Gedanken machen müssen um die Zukunft ihrer ... Söhne und Töchter, solange ist es nicht so wichtig, wie viele man hat. Aber sobald man größere Anstrengungen aufbringen muß für Ernährung, Lebensunterhalt, Erziehung und schließlich Einführung in die Welt, werden Kinder zu Konkurrenten um begrenzte Ressourcen, und jede Zunahme der Zahl reduziert die Qualität der möglichen Aufwendungen pro einzelnem Kind*".[2]

Dieser Zusammenhang wird zuerst im Bürgertum sichtbar, wo sich die Entdeckung des Kindes, wie oben beschrieben, in eine Professionalisierung von Mutterschaft umsetzt. Und diese Professionalisierung schafft nun, ähnlich wie in anderen Berufsfeldern auch, neue Maßstäbe und Standards, eine eigene professionelle Ethik. So trägt „Mutterschaft als Beruf" nicht dazu bei, möglichst viele Kinder zu haben, sondern fördert umgekehrt eher den Wunsch, die Kinderzahl zu begrenzen, um die hochgesteckten Anforderungen besser erfüllen zu können. Oder kurz gesagt: mehr Verantwortung, also weniger Kinder. „Quantität" und „Qualität" geraten in Konkurrenz zueinander.

*So z. B.* Elizabeth Cady Stanton, *eine Vertreterin der Bewegung für „Freiwillige Mutterschaft", bei einer Rede, die sie 1870 in New York hielt: „Heute wird viel gesagt … über die kleinen Familien in Amerika".* Aber *„wenn die Menschen erst einmal zu überlegen beginnen, welch schwerwiegende Konsequenzen es hat, Kinder ohne richtige Erziehung aufwachsen zu lassen, dann wird es bald noch weniger geben". Denn das Gebären ist ein bloß animalischer Akt, „aber wenn eine Mutter der Welt einen einzigen edlen, gesunden und glücklichen Menschen geben kann, einen fortwährenden Segen für Kirche und Staat, dann wird sie der Menschheit einen besseren Dienst erweisen, als wenn sie bloß zahlenmäßig zu ihrer Vergrößerung beiträgt, aber dabei kaum auf Qualität achtet".*[3]

*Und auch bei* Ellen Key, *die das 20. Jahrhundert zum „Jahrhundert des Kindes" erklärt, deutet sich indirekt an, daß dies nicht mehr das Zeitalter der großen, kinderreichen Familie sein kann: Es gibt „keine Wissenschaft …, keine künstlerische Produktion, die solche Forderungen an eine Frau stellt, so absorbierend ist, wie die wirkliche Erziehung eines einzigen Kindes. Sollen Körper und Seele des Kindes, sein Gefühl und sein Geist, die volle Entwicklung erhalten, deren sie fähig sind, so reicht oft die ganze Seele, das ganze Herz einer Mutter nicht aus für die Aufgabe".*[4]

Anders dagegen verläuft die Entwicklung in den Unterschichten. Den Arbeiterfrauen hilft die Kindererziehung nicht, ihre Position abzusichern, und mit Arbeit sind sie ohnehin überlastet. Deshalb werden die neuen Erziehungsstandards hier nicht freiwillig angenommen, sondern werden quasi „von oben" durchgesetzt, im Zuge einer massiven Aufklärungskampagne.[5] Diese beginnt in der zweiten Hälfte des 19. Jahrhunderts, wird von Frauen des Bürgertums gemeinsam mit Ärzten, Unternehmern, Kirchen und Kommunalverwaltungen getragen und richtet sich vorrangig an die städtischen Arbeiterfrauen und -töchter. Um der hohen Säuglingssterblichkeit zu begegnen, wird ein „Prozeß der hygienischen Zivilisierung der Arbeiterfamilie"[6] eingeleitet, von allgemeiner Gesundheitsaufklärung über Ernährungsregeln bis zur Propagierung des Stillens. Wo diese Kampagne erfolgreich verläuft, erhöhen sich die Überlebenschancen der Kinder – aber es wächst auch die Arbeitsbelastung der Frau.

*„Mit Hilfe der Säuglingsfürsorgestellen sollten ... die Frauen der städtischen Unterschichten zu einem ‚rationellen' Umgang mit ihren neugeborenen Kindern erzogen und zu gesundheitsbewußten Müttern herangebildet werden. Im individuellen Gespräch mit dem Arzt, der die Stellen leitete, lernten sie, daß und wie sie ihre Säuglinge stillen mußten. ‚In zwangloser Unterhaltung' machte sie der Arzt mit den Standards einer hygienischen Säuglingspflege bekannt und prägte ihnen die neuen Regeln ein ... Solche Vorschriften klangen den Frauen, die die Mütterberatungsstellen aufsuchten und eine Stillprämie erwarteten, sehr fremd in den Ohren. Sie stellten hohe Ansprüche an die Arbeitskraft und -bereitschaft der jungen Mütter, sofern diese ihre neuen Pflichten auch nur annähernd präzise erfüllen wollten. Schließlich bedurfte es starker Nerven und großer Geduld, einem schreienden Kind nicht sofort die Brust zu geben, sondern zu warten, bis die vom Arzt festgesetzte Stillzeit gekommen war. Auch das strikte Verbot, den Säugling nachts an der Brust zu behalten, um auf diese Weise wenigstens ein wenig Nachtruhe genießen zu können, bedeutete eine zusätzliche Belastung der Frauen, ganz zu schweigen von den aufwendigen Hygiene- und Reinlichkeitsmaßnahmen, die im Interesse des Säuglings von ihnen verlangt wurden".*[7]

Das Ergebnis ist schließlich ein doppeltes: Die Säuglingssterblichkeit sinkt – und die Geburtenhäufigkeit auch. Da die Kinderversorgung nun aufwendiger wird, und da infolge dieses Aufwandes nun mehr überleben, also auch mehr Kinder versorgt werden müssen, entsteht ein Bedarf an Geburtenkontrolle. So setzt hier, wenn auch zu einem späteren Zeitpunkt, eine ähnliche Entwicklung ein wie in den mittleren und oberen Schichten.[8]

# IV. Auf dem Weg in die Gegenwart:
## Entwicklungen nach 1945

### 1. Veränderungen im Leben der Frau

*„Die Tatsache, daß in Industriegesellschaften die materielle Lebenssicherung von der unmittelbar persönlichen Lebensgemeinschaft mit anderen getrennt wird, läßt die Person, die finanziell und sozial ‚allein steht‘, zur Grundfigur des Menschen der Moderne werden: tendenziell werden alle Mitglieder der Gesellschaft zu Alleinstehenden"* (Gravenhorst 1983).[1]

Zwischen der zweiten Hälfte des 19. und der zweiten Hälfte des 20. Jahrhunderts finden zahlreiche Umbrüche, Wechsel und Einschnitte statt, die das politische und gesellschaftliche System grundlegend verändern. In vielerlei Formen – teils direkt, teils indirekt – greifen diese Umwälzungen auch in die Konturen des Frauenlebens ein. Doch hier interessiert nicht die ganze Kette dieser Veränderungen, sondern die Grundlinie des Wandels. Auf das Ergebnis zusammengefaßt: Im ausgehenden 20. Jahrhundert werden die Risse im einst so engen Verhältnis von Frau und Familie zunehmend größer. Der Anspruch und Zwang zum „eigenen Leben" wird für immer mehr Frauen unmittelbar spürbar. Aus der Fülle der Entwicklungen, die in diese Richtung drängen, sollen hier nur zwei ins Blickfeld gerückt weden: zum einen das Aufkommen neuer Familienformen und Familienleitbilder; zum anderen die Veränderungen in der Berufswelt.

### Aufwachsen mit neuen Familienformen und Familienleitbildern

Die Familie ist der Ort unserer frühesten Prägungen. Wie Frauen sich selbst und ihr Verhältnis zur Familie sehen, ob sie Einordnung lernen oder die Eigenständigkeit ihrer Person, das hängt zunächst wesentlich ab von den Erfahrungen in der Herkunftsfamilie. Hinzukommen dann die Familienleitbilder, die sie in der weiteren Umwelt kennenlernen, z. B. über Schule und Medien. Auf beiden Ebenen zeigt sich, wenn man mit der Situation im ausgehenden 19. Jahrhundert vergleicht, ein tiefgreifender Wandel. Greifen wir exemplarisch einige wichtige Veränderungen heraus:

Von unmittelbarer Bedeutung ist zunächst der Wandel der Erziehungsstile, grob zusammengefaßt: eine Verschiebung von eher autoritären zu eher liberalen Erziehungsformen. Während noch um die Jahrhundertwende Gehorsam ein vorrangiges Erziehungsziel war, das Befolgen der elterlichen Gebote selbstverständlich erwartet und oft auch erzwungen wurde, hat sich einige Jahrzehnte danach das Erziehungsklima spürbar verändert. Wichtig wird jetzt die Respektierung der kindlichen Persönlichkeit, und weit mehr als früher werden den Heranwachsenden eigene Rechte zugestanden. Gelungene Erziehung bedeutet jetzt, jedenfalls dem Anspruch nach: Erziehung zur Selbständigkeit. Wie es in einer zusammenfassenden Studie heißt:

*„Was vor 15 Jahren Jugendlichen zwischen 15 und 20 gestattet war, ist heute von seiten der Eltern großteils schon den 10–15jährigen erlaubt ... Die Eltern* wollen *sich gar nicht mehr so sehr durchsetzen, und die Kinder* wollen *sich immer weniger ‚einordnen‘ ... Wir finden eine Akzeleration der Ablösung und vor allem eine frühe Widerstandsfähigkeit und Selbstbehauptung gegenüber den Eltern ... Probleme der Kinder werden in der Familie viel stärker und auf der Basis einer Gleichberechtigung diskutiert, was auf jeden Fall innerhalb der Familie eine Anhebung der Position des Kindes bedeutet ... Es wird mit geringerem Belehrungsgefälle über Erziehungsprobleme diskutiert. Ein sehr wichtiges Phänomen dieser Entwicklung ist, daß auch die* Beziehungen, *die der Erziehung zugrunde liegen, mehr zum Gegenstand innerfamilialer Diskussion werden“.*[2]

Aber nicht nur der Erziehungsstil, sondern auch die Familie selbst ändert sich. Zum einen setzt immer mehr eine Tendenz zu kleineren Familien sich durch: Der Geburtenrückgang, der gegen Ende des 19. Jahrhunderts begann, setzt seit den 60er Jahren in neuem Maße sich fort. Heute wachsen mehr als ein Drittel der Kinder als Einzelkind auf, die Hälfte hat lediglich ein Geschwister.[4] Dadurch wird das Sozialisationsmilieu der nachwachsenden Generation spürbar verändert. Die Vermutung ist naheliegend, daß Einzelkinder „sich weniger als Kind unter Kindern gegenüber den Eltern, sondern stärker auch *als eigene Person gegenüber den Eltern* wahrnehmen".[5] Gleichzeitig deutet sich an, daß aufgrund verschiedener historischer Veränderungen auch diejenigen Kinder, die mit Geschwistern aufwachsen, sich eher als Einzelperson denn als Teil einer Geschwistergruppe erfahren:

*Eine sozialhistorisch vergleichende Studie über „Jugend im Wandel" stellt fest: „In historischen Zeiten finden sich vielfach lange Geschwisterreihen mit größeren Altersabständen... Bei solchen Alterskonstellationen konnten ältere Geschwister den jüngeren gegenüber Funktionen und Aufgaben übernehmen, die sonst den Angehörigen der vorangehenden Generation zukamen... In der Jugendphase trug bei familienwirtschaftlicher Organisation die gemeinsame Arbeit der Geschwister zu einer Intensivierung der Beziehungen bei. Aufgrund der geschlechtsspezifischen Arbeitsteilung förderte sie vor allem den Kontakt von Schwestern bzw. von Brüdern untereinander... Mit den Veränderungen der Arbeitsorganisation, der Freizeitgestaltung sowie der herkömmlichen Geschlechtsrollenmuster haben die Geschwisterbeziehungen in der Jugendphase viel an Bindekraft verloren. Das sagt sicher nichts über ihre emotionale Qualität aus. Die Intensität gemeinsamer Aktivitäten und das Ausmaß gemeinsam zu lösender Aufgaben, die früher notwendig aneinander gebunden haben, sind aber sicher deutlich zurückgegangen. Der Prozeß der Individualisierung hat sich auch auf das Verhältnis der heranwachsenden Geschwister zueinander ausgewirkt".[6]*

Diese Veränderung der Familienstruktur erfahren Jungen wie Mädchen. Aber für Mädchen wirkt sie sich spürbarer aus. Denn je kleiner die Kinderzahl, desto geringer ist die Wahrscheinlichkeit, daß das Mädchen – wie es in früheren Generationen oft genug war – zurückgesetzt wird gegenüber einem Bruder, dem Stammhalter, Erben und Namensträger. Wo ein Mädchen allein aufwächst, ist diese Gefahr der „männlichen Konkurrenz" gebannt, es bekommt eher emotionale Zuneigung, eher auch materielle Möglichkeiten.

Während die Kinderzahl sinkt, ist die durchschnittliche Lebenserwartung ständig gestiegen, für Frauen noch mehr als für Männer, und hat ein historisch einmaliges Maß erreicht. Aus dem Zusammenwirken dieser beiden Tendenzen, der abnehmenden Kinderzahl und der zunehmenden Lebenserwartung, ergibt sich ein Sachverhalt, der die Konturen der weiblichen Normalbiographie ganz entscheidend verändert. Denn eben diejenige Aufgabe, die mit der Auflösung des „ganzen Hauses" und dem Aufstieg der bürgerlichen Familie immer mehr ins Zentrum des Frauenlebens rückte, ihm Inhalt und Sinn gab, also die Erziehung der Kinder – eben diese Aufgabe nimmt nun, rein zeitlich gesehen, im Leben der Frau immer geringeren Raum ein. Es ist nun ein historisch neuer Lebensabschnitt entstanden, die Phase des „leeren Nests", wo die Frau nicht mehr durch Kinder beansprucht wird.[7]

Nun sind die Probleme des leeren Nests noch weit von den jüngeren Frauen entfernt. Aber es gibt Anzeichen dafür, daß sie die Schwierigkeiten der Älteren sehen und deshalb für sich einen anderen Lebensentwurf wollen, der nicht nur vom „Dasein für andere" ausgefüllt wird. Dafür spricht zunächst einmal die stärkere Berufsorientierung in der jüngeren Generation. Dieser Zusammenhang ist freilich schwer zu belegen, weil die meisten Untersuchungen nur die „klassischen" Berufsmotive abfragen und entsprechend auch finden, also eigenes Einkommen, soziale Anerkennung, Freude am Berufsinhalt usw. Was in den offiziellen Kategorien kaum vorgesehen ist, taucht bezeichnenderweise in offenen Befragungssituationen auf: der Gedanke an die Zeit „nach dem Kind".

*Ein Interview-Ausschnitt aus einer Gruppendiskussion mit Schülerinnen, wo es um Mutterschaft und Beruf geht: „Ich will beides und halte das auch für realistisch. Zwar gibt es sicher 'ne Zeit, wo ich zu Hause bleiben und nur für das Kind da sein will. Aber das ist nur 'ne begrenzte Zeit. Wenn das Kind anfängt, selbständig zu werden, steh ich sonst da und hab nichts. Ich hab zwar die Jahre das Kind gehabt, aber dann kommt 'ne Leere".*[8]

*Aus einem Interview mit einer Industriearbeiterin: „Und dann denk ich: jetzt ist mein Sohn so und so alt, dann geht der mal früher oder später aus'm Haus, ei, dann bin ich den ganzen Tag allein, was soll ich denn schaffen? Und ich wollt nicht nur Hausfrau sein, das ist mir zu eintönig, ich will unter Menschen und will noch sehen, was draußen vorgeht und nicht nur daheim sein mit dem Staublumpen".*[9]

Darüber hinaus hat sich die Familienstruktur auch in anderer Hinsicht verändert: Die Zahl der Scheidungen ist in den letzten Jahren enorm gestiegen. Auch hier gibt es Anzeichen, daß die demographische Entwicklung sich in einen „Lerneffekt" für die Lebensplanung der jüngeren Frauen übersetzt.[10] Auf eine Formel zusammengefaßt: Je brüchiger die Familienrolle erlebt wird, desto geringer wird die Bereitschaft, sich ganz auf die Ehe zu verlassen, und desto stärker wird die Orientierung auf andere, eigene Lebensperspektiven.

*Aus einem Interview mit einer Industriearbeiterin: „Ja, früher hab ich mir das auch mal gedacht, ... wenn du heiratest, dann biste versorgt. Ja, brauchst nicht arbeiten zu gehen, ja. So hab ich das auch von meinem Vater gesehen. Meine Mutter, die brauchte nicht arbeiten zu gehen, obwohl sie so viel Kinder hat. Die saß praktisch immer im Trocknen ... Ich glaub', früher hat man sich darauf verlassen, man heiratet, man hat 'nen Mann, Familie und bleibt zu Hause. Heute ist doch fast jede zweite oder dritte Frau berufstätig, und ich glaub auch, wenn man viele fragt, daß die den Beruf gar nicht aufgeben wollen ... Also ich würd immer denken, wenn doch mal 'ne Scheidung oder was kommt und dann sitzt man da. Da hat man weder einen Beruf noch sonst was".*[11]

*Und eine Mithelfende im Familienbetrieb: „Man ist schon selbständiger [durch die Berufsarbeit]! . . . Und auch, wenn ich ganz ehrlich sein soll, wenn einmal meine Ehe schiefgehen sollte oder was, dann steh ich nicht da – dann hab ich meine Arbeit . . . Und überhaupt, es kann ja was passieren mit ihm – was tu ich denn dann? Da möcht ich schon, daß meine (Tochter) ins Gymnasium geht. Meine Eltern sagen: ,Na, die heiratet eh' . . . Das find ich ganz blöd! Weil, erstens muß sie ja nicht bleiben beim Mann – das weiß ich ja auch vorher nicht".*[12]

Besonders drastisch zeigt sich dieser Lerneffekt bei denjenigen Mädchen, die selbst sehr früh mit Scheidung konfrontiert wurden, nämlich durch die Scheidung der Eltern. Die Untersuchung „Mädchen '82" betrachtet gezielt die Töchter alleinerziehender Mütter und stellt fest, sie unterscheiden sich in ihrem Lebensentwurf deutlich von Mädchen aus vollständigen Familien: mehr Betonung von Selbständigkeit, mehr Distanz zu Heirat und Mutterschaft.

*„Für sich selbst können sie sich andere Lebensentwürfe als Heirat und Ehe offenbar gut vorstellen, und ihr ausgeprägtes Streben nach beruflicher Eigenständigkeit und finanzieller Unabhängigkeit paßt sehr gut dazu . . . Sie wollen sich auf ihre eigenen Anstrengungen und Leistungen verlassen . . . Den Lebensweg der Mutter vor Augen, wollen sie auch zu einem höheren Anteil bewußt nicht heiraten. Wenn sie heiraten wollen, so legen sie ihren Heiratswunsch in spätere Lebensjahre. Dazu paßt auch, daß der Kinderwunsch deutlich unter dem der anderen Mädchen liegt, daß sie sich über diesen Kinderwunsch weniger als die anderen im klaren sind und daß sie – soweit sie darüber nachgedacht haben – die Anzahl der Kinder zum größten Teil auf eines beschränken möchten".*[13]

Schließlich machen auch die Vorstellungen von „richtiger Familie" und insbesondere vom Verhältnis „Frau und Familie" einen tiefgreifenden Wandel durch. Wichtige Anstöße dazu gehen zunächst von der neuen Frauenbewegung aus. Ihr Auslöser ist Betty Friedans Buch „Der Weiblichkeitswahn", das 1963 erscheint und schnell enorme Auflagenhöhen erreicht. Es schildert Frauen der Mittelschicht, die eine gute Ausbildung erhielten, einige Jahre berufstätig waren, in dieser Zeit manche Gewohnheiten und Erwartungen eines selbständigen Lebens entwickelten; und die sich dann im gepflegten Suburbia finden, festgelegt auf ein Dasein für Mann und Kind, Haus und Heim. Viele dieser Frauen, so beschreibt es Friedan, haben ein Gefühl, daß sie sich selber verlieren, daß ihr Eigen- und Innenleben sich auflöst. Was zurückbleibt, ist ein diffuses Gefühl der Leere – das „Problem ohne Namen", wie Friedan es nennt. In Interview-Äußerungen wird es anschaulich sichtbar:

> „Ich fühle mich irgendwie leer ... unvollständig ... Ich habe das Gefühl, daß ich gar nicht existiere".
> „Das Problem ist, daß ich immer die Mami der Kinder bin oder die Frau des Pfarrers und niemals ich selbst".
> „Ich will noch etwas anderes als meinen Mann, meine Kinder, mein Heim".[14]

Die Frau, die vom Dasein für andere nicht ausgefüllt wird und dennoch darin gefangen ist: Das ist der Konflikt, den Friedan auf den Nenner bringt. Die Lösung, so sagt Friedan, kann nur darin liegen, daß Frauen selbständige Lebensperspektiven entwickeln. Darin bekommt vor allem die Ehe einen anderen Stellenwert zugewiesen, sie darf nicht mehr das oberste Lebensziel sein. Vielmehr müssen Frauen ihre eigenen Fähigkeiten entwickeln und einsetzen: „Der einzige Weg, um zu sich selbst zu finden und die eigene Person zu erkennen, ist für die Frau, genau wie für den Mann, die eigene schöpferische Arbeit".[15]
Es ist offensichtlich, daß diese Vorstellung eines „neuen Lebensplans" auf Frauen der Mittelschicht zugeschnitten ist. Dennoch wird der Anspruch richtungweisend, der das durchgängige Thema des Buches bildet. Auf den Grundgedanken zusammengefaßt: Frauen wollen nicht mehr nur ein Anhängsel im Dasein für andere sein. Sie wollen *selbst* jemand sein, *selbst* etwas tun.

*Noch ein Interview-Ausschnitt: „Eine erwachsene Frau, die den ganzen Tag mit dem Kind spielt, die sich in hundert Richtungen verliert, um die Zeit zu füllen, die immer ausgefalleneres Essen kocht, wenn niemand es will, und die dann wütend wird, wenn keiner es ißt – man verliert seinen Erwachsenenverstand, jedes Gefühl, selbst ein Mensch zu sein… Wer hat gesagt, Frauen sollen glücklich und vergnügt sein und mit Unterhaltung beschäftigt werden? Arbeiten muß man. Man muß nicht berufstätig sein. Aber man muß eine Aufgabe anpacken und zu Ende bringen und sich selber lebendig fühlen".*[16]

Der Anspruch, den die neue Frauenbewegung Mitte der 60er Jahre formuliert, dringt in den 70er und 80er Jahren in breitere gesellschaftliche Bereiche vor. Er wird aufgenommen und verstärkt durch die Entwicklungen im Bildungssystem und in der Berufswelt. In mancherlei Übersetzungen, manch eigentümlichen Brechungen taucht er auf in Büchern und Zeitschriften, in Film, Fernsehen und Werbung. Die Auseinandersetzungen um die Rolle der Frau und das Verhältnis von Frau und Familie, die sich daran entzünden, erreichen Gewerkschaften und Parteien, Verbände und Kirchen. Während traditionelle Vorstellungen weiterbestehen, ja von manchen Gruppen jetzt umso nachdrücklicher verteidigt werden, wird gleichzeitig und daneben nun ein neues Familienleitbild sichtbar. Sein Motto lautet: weg von der strikten Trennung nach Geschlecht, hin zu einer flexiblen Arbeitsteilung und zu mehr Partnerschaft zwischen Mann und Frau. Dieser Grundgedanke wird aufgenommen in Rechtsprechung und Politik.

*Zum Beispiel die Stellungnahme der sozialliberalen Bundesregierung zum Dritten Familienbericht 1979: „Die Bundesregierung ist der Auffassung, daß das Recht auf Berufstätigkeit und Teilnahme am öffentlichen Leben und an der Erfüllung von Aufgaben in Haushalt und Familie Frauen und Männern gleichermaßen zusteht… Die gesellschaftlichen Bedingungen müssen so gestaltet werden, daß Männer ebenso wie Frauen in der Lage sind, Aufgaben der Familie wahrzunehmen".*[17]

*Zum Beispiel die „Leitsätze der CDU für eine neue Partner-schaft zwischen Mann und Frau", Bundesparteitag 1985: „Die einseitige Zuweisung von Rationalität und fachlicher Leistung zum Beruf und die einseitige Zuweisung von sozialen Tugenden und persönlicher Zuwendung zur Familie ist überholt. Rationali-tät, fachliche Leistung, soziale Tugenden und persönliche Zu-wendung werden im Berufsleben und in der Familie gleicherma-ßen verlangt. Eine ganzheitliche Entfaltung der Persönlichkeit wird begünstigt, wenn Jungen und Mädchen in der Familie und in der Ausbildung, wenn Männer und Frauen in Ehe und Beruf die Anforderungen und Bedingungen beider Bereiche erleben ... Es ist der Ausdruck eines überholten Denkens, die Aufgaben der Frau auf die der Mutter und Hausfrau und die Aufgaben des Mannes auf die der Erwerbstätigkeit beschränken zu wollen".*[18]

Die neuen Leitbilder sind in den meisten gesellschaftlichen Bereichen noch weit von der Verwirklichung entfernt. Aber zumindest in einem Bereich, und der ist hier wichtig, setzen sie zunehmend sich durch: in der Lebensplanung der jüngeren Frauen. Wie aktuelle Untersuchungen zeigen, akzeptieren die Jüngeren meist nicht mehr die ausschließliche Bestimmung zum „Dasein für andere".[19] Sie wollen stattdessen eine Verbindung von Beruf und Familie, wollen neben der Familie sich auch ein Stück eigenes Leben erhalten.

*„Du brauchst auch einen Freiraum und Dinge, die nur dir gehören. Gerade als Mutter und Hausfrau bist du nur für ande-re da, von morgens bis abends. Du wäschst für andere, kochst für andere ... dein Kind lebt sein eigenes Leben, der Mann lebt sein eigenes Leben, nur du nicht" (Aus einer Gruppendiskussion mit Schülerinnen).*[20]

## Neue Chancen und Unsicherheiten in der Berufswelt

Auch im Verhältnis von „Frau und Beruf" werden seit den 50er und mehr noch seit den 60er Jahren einschneidende Verände-rungen sichtbar, die sich – teils direkt, teils indirekt – auch aus-wirken auf das Verhältnis von Frau und Familie. Die groben

Entwicklungslinien sind bekannt: Gesetzliche Regelungen, die die Berufsmöglichkeiten von Frauen beschränken, werden beseitigt. Mehr Frauen als früher erreichen mittlere Positionen, einige wenige gelangen darüber hinaus bis in die Chefetagen. Mehr Berufsfelder als früher werden für Frauen geöffnet, ja das Motto staatlicher Programme heißt sogar „Frauen in Männerberufe". Auch die typische Form der Frauenerwerbstätigkeit verändert sich. Die strukturellen Verschiebungen im Erwerbsbereich, die gegen Ende des 19. Jahrhunderts begannen, setzen seit den 50er Jahren rapide sich fort. Der Weg geht „aus der Hauswirtschaft auf den Arbeitsmarkt"[21] – z. B. in Büro, Verkaufstätigkeit oder Gesundheitsberufe. Dazu einige Zahlen:

*1950 arbeiten noch 38% aller Frauen in der Landwirtschaft, 1980 dagegen nicht einmal mehr 7%.*

*Im Zeitraum 1950–1970 steigt die Frauenerwerbstätigkeit im Bereich Handel und Verkehr um 120%, im produzierenden Gewerbe um 74%, im Dienstleistungsbereich um 80%.*

*1950 ist jede dritte berufstätige Frau eine mithelfende Familienangehörige. 1980 trifft dies nicht einmal mehr für jede zehnte zu. In diesem Zeitraum erhöht sich der Anteil der unselbständig Beschäftigten unter den Frauen um insgesamt 112%.[22]*

Wenn derart die Frauenarbeitsplätze zunehmend familienferner und „lohnabhängiger" werden, so hat dies nachhaltige Konsequenzen für den weiblichen Lebensentwurf.[23] Dies wird deutlich, wenn man mit früheren Generationen und Gruppen vergleicht, die bis zur Eheschließung im elterlichen Betrieb gearbeitet hatten und damit auch in ihrem Berufsleben der Kontrolle von seiten der Familienangehörigen ausgesetzt waren – während heute immer mehr Frauen aus dieser dauernden Familienaufsicht freigesetzt sind. So gesehen geht mit dem Rückgang der Frauenarbeitsplätze in der Landwirtschaft und in sonstigen Familienbetrieben, mit der Öffnung neuer Berufsfelder für junge Frauen ein Gewinn an Unabhängigkeit von der Herkunftsfamilie einher.

Darüber hinaus werden seit den 50er Jahren auch weitreichende Veränderungen erkennbar, wenn man typische Verlaufsmuster des Frauenlebens betrachtet. Zunächst einmal wird – in Deutschland wie in anderen Industrieländern – eine sehr starke Zunahme der Erwerbstätigkeit verheirateter Frauen verzeichnet:[24] Immer mehr Frauen bleiben nicht mehr nur bis zur Heirat, sondern bis zur Geburt des ersten Kindes berufstätig, und einige kehren ins Berufsleben zurück, wenn die Kinder groß geworden sind. In einer zweiten Stufe kommt es – wiederum in der Bundesrepublik wie in anderen Industrieländern – zu deutlichen Verschiebungen im Verhältnis zwischen Mutterschaft und Erwerbstätigkeit, die sich insbesondere in einem Anstieg der Müttererwerbstätigkeit niederschlagen.[25] So ist für immer mehr Frauen Berufstätigkeit heute weit mehr als nur eine Zwischenphase. ,,Nicht erwerbstätig zu sein wird für Frauen zur Ausnahmesituation, immer deutlicher begrenzt auf die Phase der Erziehung kleiner Kinder".[26]

Das Ergebnis all dieser Entwicklungen ist, daß in einer Spanne, die kaum mehr als ein Jahrhundert umfaßt, die Berufstätigkeit sich immer weiter in den weiblichen Lebenszusammenhang ,,hineinschiebt", pointiert zusammengefaßt: von der Beschränkung auf den familialen Innenbereich, dem Leitbild des 19. Jahrhunderts, zu einer immer längeren und oft tendenziell lebenslangen Berufstätigkeit gegen Ende des 20. Jahrhunderts. Das weitere Ergebnis ist, daß nun immer mehr auch für Frauen gilt, was berufssoziologische Untersuchungen so formulieren: daß die Berufstätigkeit ,,für den Menschen heute offenbar eine hervorragende Bedeutung" hat, ja ,,im Mittelpunkt des menschlichen Daseins" steht.[27]

*Die Berufstätigkeit ist ,,der wichtigste Faktor für die soziale Bestimmung des menschlichen Lebens in unserer Kultur. Das Verhältnis Mensch und Gesellschaft, Mensch und soziale Umwelt ist gerade in unserer Gesellschaft vorwiegend berufsbestimmt, und die gewichtigsten sozialen Bedürfnisse werden von der Berufstätigkeit her befriedigt... Da... nur noch der Beruf, nicht mehr die Familie mit der sozialen Außenwelt verbindet, ist also die berufliche Erfahrung und das berufliche*

*Handeln die einzige ‚Primärerfahrung‘, die dem Menschen heu-*
*te noch von der größeren sozialen Umwelt zur Verfügung*
*steht".*

*Dabei wird der Beruf auch deshalb ein Tor zur Außenwelt,*
*weil sich „der gesellige Verkehr in der Freizeit ... von einem*
*kleinen und festen privaten Zirkel der Familie und wenigen*
*engeren Freunden abgesehen, immer mehr zu anonymisieren*
*(scheint). In den anonymen Unterhaltungsveranstaltungen wer-*
*den die Sozialkontakte immer oberflächlicher und flüchtiger ...*
*Unter diesem Gesichtspunkt ist die Arbeitswelt, ist der Beruf*
*neben dem kleinen privaten Kreis der wesentlichste Lebens-*
*raum, der noch konkret mit anderen Menschen zusammen-*
*führt".*[28]

Mit der größeren Selbstverständlichkeit, die die Berufsarbeit
im weiblichen Lebenszusammenhang gewinnt, verändert sich
auch ihre Bedeutung. Jetzt, wo sie nicht mehr nur Absicherung
für den Notfall ist, sondern über viele Jahre hinweg zu einem
wesentlichen Teil des Lebens wird, gewinnen arbeitsinhaltliche
Motive stärkeres Gewicht: Berufsarbeit wird zunehmend auch
als Medium zur Entwicklung persönlicher Interessen und Fähigkeiten gesehen. Während früher viele Frauen eben arbeiten
mußten, um überhaupt leben zu können, wird nun zunehmend
wichtig, was eine Frau im Interview so formuliert: „. . . daß du
machst, was du gelernt hast, und wo du ganz bestimmte Ideale
verwirklichen willst".[29] Langzeitanalysen im gesamten Bundes-
gebiet dokumentieren eindrucksvoll, wie sehr sich im Zuge von
besserer Qualifikation und zunehmenden beruflichen Möglichkeiten die Berufsfreude von Frauen erhöhte:

*„So hatten 1967 38 Prozent der berufstätigen Frauen ‚große*
*Freude‘ an ihrer Arbeit, 1979 53 Prozent; als interessant, nie*
*langweilig bezeichneten 1967 47 Prozent, 1979 62 Prozent ihren*
*Beruf; nach mehr Verantwortung strebten 1967 17 Prozent der*
*berufstätigen Frauen, 1979 30 Prozent. Im gleichen Zeitraum*
*ging der Anteil derjenigen, die nur aus materiellen Gründen*
*ihren Beruf ausüben, von 35 auf 24 Prozent zurück".*[30]

Neuere Untersuchungen demonstrieren auch eindringlich, daß viele Frauen aus der Berufsarbeit Selbstbestätigung und Selbstbewußtsein gewinnen – und zwar nicht nur bei besonders qualifizierter Arbeit, sondern auch in den mittleren und unteren Positionen. Wichtig ist hier das Gefühl der eigenen Leistung und der Stolz, der daraus erwächst. Berufsarbeit bedeutet für sie auch „Teilhabe am gesellschaftlichen Leben", etwas „Sinnvolles" tun, eine eigene Aufgabe haben. So heißt z. B. das Fazit einer Studie über Fabrikarbeiterinnen, die Arbeit bedeutet für die allermeisten „nicht nur Belastung und Verschleiß, sondern ebenso: Aktivierung von Fähigkeiten, Zuwachs an Selbstsicherheit und Selbständigkeit".

Und weiter: „Selbstbewußtsein, das sich auf entlohnte Leistung, Anerkennung sozialer und kooperativer Fähigkeiten durch Kolleginnen und Kollegen beruft..., das sind Motive, die in vielen Variationen angesprochen werden".[31] Dazu einige Interview-Ausschnitte, zunächst aus der Studie über Fabrikarbeiterinnen, dann aus einer Studie über Akademikerinnen:

*„Und da hab' ich auch viel, viel gelernt. Erstmal schon, bißchen Selbstsicherheit gewonnen, ich hab gesagt: ich bin mehr wert, als nur den Kindern den Hintern abputzen und Mutti hier und Mama dort, ich kann auch selber meinen Mann stehen. Ich kann selbst meinen Lebensunterhalt verdienen ...".[32]*

*„Ich muß mir, glaube ich, auch durch den Beruf immer wieder beweisen, daß ich was kann, daß ich Situationen durchstehen kann ... Also, ich könnte nie ohne Arbeit leben, auch wenn ich das Geld dazu hätte".*

*„Ja, eben ein gewisses Maß an Selbstbestätigung, das man eben durch andere, Fremde, bekommt. Und nicht nur eben in der eigenen Familie, denn da bleibt es meistens eh auf der Strecke. Und auch ein Ziel, was ich mir mal gesteckt habe. Ohne Ziel kann ich nicht leben. Und das ist weiter mein Ziel, daß das, was ich tue, das muß mich also zufrieden machen".[33]*

Darüber hinaus erlaubt die außerhäusliche Erwerbstätigkeit auch Kontakt- und Erfahrungsmöglichkeiten, die über den Radius der Herkunftsfamilie hinausführen. Diese Kontaktmöglichkeiten gehören zu den klassischen Berufsmotivationen, die bei Befragungen von Frauen immer wieder genannt werden. Hier liegt auch der Grund, warum nicht-berufstätige Frauen sich manchmal „vom Leben wie abgeschnitten" fühlen:[34] weil der Beruf auf verschiedenen Ebenen – in direkten und indirekten, bescheidenen oder weiterreichenden Formen, und sei es nur beim Umgang mit Kunden unterschiedlicher Herkunft, Sozialschicht, Altersgruppen – ein Tor zu Außenwelt und Öffentlichkeit ist. Dazu wieder Äußerungen von Fabrikarbeiterinnen:

„... man hört mehr, man sieht mehr, man kommt mehr unter Leute. Nun stellen Sie sich vor, ich bin als Hausfrau die ganze Woche nur in meinen vier Wänden und ich gehe bloß bis zum Kaufmann, und da schicke ich vielleicht noch die Kinder und renn' nur in meinen vier Wänden hin und her ... Man hat mal 'ne Ablenkung, man hat mal'n Spaß ... man hört mal was anderes, man sieht mal was anderes".

„Also – wie gesagt, nur Hausfrau, na, dann müßt' ich schon immer aufer Straße sein und da mit jedem rumklönen, um was zu erfahren. Denn wenn ich nur Hausfrau bin, dann krieg ich praktisch gar nichts von der Außenwelt mit. Ne, man war ja nun jahrelang zu Hause ... Ja, wenn dann der Mann nach Hause kam, dann hat man gefragt: was gibt's denn Neues? Und der hat meistens auch nichts erzählt, ne. Da hat er dann gesagt, ja wieso, gibt's denn hier nichts Neues? Man hat so wirklich nichts mitgekriegt, ne, von der Außenwelt oder irgendwie was Neues, ne, was doch jetzt ganz anders ist. Man hat mehr Bekannte, die Kollegin, die erzählt dies oder das ... was passiert ist oder so ... ne, mein Junge hat das gemacht oder der macht das und so, ne. Daß man sich sagt: ach ja, Mensch, das ist eigentlich 'ne Idee, oder Mensch, das könnten unsere auch mal machen oder so, sind weit hinterm Berg in der Beziehung oder irgendwie, ne. Man hat dann mehr Vergleiche".[35]

Schließlich bringt die Erwerbstätigkeit den Frauen auch Geld. Dies war, so allgemein gesehen, natürlich auch früher schon so. Aber schaut man genauer hin, so zeigt sich im historischen Vergleich, daß an drei wichtigen Punkten Veränderungen eingesetzt haben. Wenn man an der Situation gegen Ende des 19. Jahrhunderts mißt, als die Frauenlöhne extrem niedrig waren, so ist erstens das Realeinkommen von Frauen erheblich gestiegen, und zwar insbesondere im Zuge des wirtschaftlichen Aufschwungs der 60er Jahre. Zweitens bestand früher die Entlohnung in einigen typischen Bereichen der Frauenerwerbstätigkeit (häusliche Dienste, Landwirtschaft, Krankenpflege) zum überwiegenden Teil aus Sachleistungen, die nur durch einen vergleichsweise geringen Barlohn ergänzt wurden. Und drittens schließlich mußten die jungen Frauen früher ihren Lohn oft als Beitrag zum Dasein für die Familie verwenden, während sie ihn heute mehr für die eigene Person zur Verfügung haben. Dies alles zusammen heißt, die Berufstätigkeit bringt den jungen Frauen heute nicht nur mehr Geld, sondern auch mehr *eigenes* Geld. Dabei ist Geld wiederum ein wichtiges Instrument, um sich aus der Abhängigkeit von der Herkunftsfamilie zu lösen und sich eigene Lebensmöglichkeiten zu schaffen. Ob Kleidungsstil oder Urlaubsziel, ob eigenes Auto oder eigene Wohnung: Wer selber bezahlt, kann selber bestimmen. Deshalb ist diese Form der Selbständigkeit, wie repräsentative Jugenduntersuchungen zeigen, auch deutlich im Bewußtsein präsent: „Durch Arbeit finanziell unabhängig leben zu können ... ist ein allgemeines Lebensziel der Jugendlichen".[36]

„... ich will niemand um Geld fragen müssen. Ich hab mich bis jetzt immer selber durchgebracht, und das möchte ich auch immer so weitermachen. Also auch mit meiner eigenen Arbeit Geld verdienen und mich selber damit durchbringen".

„Ja, und ich glaub, durch die Erziehung und andere Erfahrungen, die ich so zu Hause gemacht habe, ist es für mich auch einfach wichtig, selbständig zu sein. Ich glaub, ich könnte ziemlich schlecht damit klarkommen, jetzt finanziell ... von anderen sehr stark abhängig zu sein ... zu meiner eigenen Zufriedenheit ist es zur Zeit oder schon seit Jahren wichtig, ich habe meine Sachen selber im Griff".[37]

Jedoch: das Bild bliebe unvollständig, wollte man nur die positiven Seiten der Berufsarbeit nennen. Denn die Arbeit im

Beruf ist den Gesetzen des Marktes unterstellt und damit von den Prinzipien einer ökonomisch beschränkten Rationalität bestimmt, also: Tempo und Leistung! Konkurrenz und Disziplin! Deshalb bedeutet die Berufsarbeit immer auch ein Abschneiden persönlicher Fähigkeiten und Entwicklungen, sie verlangt eine tiefgreifende Einengung und Einseitigkeit des Lebens.[38] So stehen den Befriedigungen auf der anderen Seite auch erhebliche innere Belastungen gegenüber, die vielen Frauen deutlich bewußt sind. Ob Akademikerinnen[39] oder Managerinnen,[40] ob Frauen mit mittlerer Qualifikation wie Verkäuferinnen oder Friseusen,[41] ob Fabrikarbeiterinnen am unteren Ende der Hierarchie:[42] Stets wird dies „Doppelgesicht" der Berufsarbeit erfahren, *auch* die einengende Beschränkung auf einen kleinen Ausschnitt der Person, *auch* der Verzicht auf arbeitsinhaltliche Interessen und wichtige menschliche Qualitäten unter dem Druck von Markt- und Konkurrenzgesetzen. Die Reaktionen darauf variieren, doch das Problem selbst ist im Kern stets ähnlicher Art. Es ist das Dilemma, daß die Berufsarbeit einerseits unverzichtbar fürs eigene Leben ist – und andererseits kaum Zeit zum Leben noch läßt. Wie der Titel einer einschlägigen Untersuchung heißt: „Nicht wir haben die Minuten, die Minuten haben uns".[43]

Oft ist die Berufsarbeit auch unpersönlich abstrakt, eingebunden in eine unüberschaubare Großorganisation, wo der/die Einzelne nur noch ein winziges Rädchen im allgemeinen Funktionsgetriebe ist. Die Kontakte, gerade dann, wenn sie zahlreich sind – der „Publikumsverkehr", die endlose Reihe von Kunden, Klienten, Patienten –, werden anonym, oberflächlich, gesichtslos. In Kaufhäusern, Versicherungsagenturen, Bürohochhäusern wird die „Einsamkeit in der Masse" (Riesman) spürbar. Und nach der Arbeit? Vielleicht, wie es die bunten Werbebilder versprechen, ein Reigen von Freizeitaktivitäten, Reisen, Vergnügungen, eben der Lebensstil jener, die man „swinging singles" nennt. Aber das kostet Initiative und Energie (wieviel hat man noch nach dem Achtstunden-Tag an der Supermarkt-Kasse?). Und nicht zuletzt, es kostet auch Geld (wie hoch ist der Durchschnittsverdienst einer Verkäuferin?). So sieht die Realität oft anders aus als die Wünsche. Abends wechselt die berufstätige Frau manchmal nur vom Büro in die Anonymität einer Neubausiedlung, Betonklotz-Architektur, ein Mini-Appartment mit Naßzelle.

*Interessant sind in diesem Zusammenhang auch die Entwicklungen, die die Psychologin* Jean Baker Miller *schildert. Nach ihren Erfahrungen haben sich die Probleme, deretwegen Frauen in die Therapie kommen, innerhalb weniger Jahre auffallend verändert. So kamen noch in den frühen 70er Jahren vor allem Frauen mittleren Alters, die jung geheiratet hatten, dann Kinder aufzogen und schließlich erkannten, was sie an eigenen Bedürfnissen dafür aufgeben mußten. Heute dagegen sind diejenigen, die therapeutische Hilfe suchen, oft die beruflich erfolgreichen Frauen der jüngeren Generation, hart arbeitend, alleinstehend oder geschieden, in deren Leben das Bedürfnis nach persönlichen Beziehungen unerfüllt bleibt. Denn für die Frau, die ihr Leben der Arbeit widmet, steht kaum ein Hausmann bereit, der die vernachlässigten emotionalen Bereiche pflegt und erhält. Die Folgen sind absehbar: ,,Entweder sind beide Partner voll damit beschäftigt, traditionellen Erfolgsdefinitionen zu folgen, so daß keiner mehr die Energie hat, für die Beziehung zu sorgen. Oder die Karrierefrau stellt fest, daß sie überhaupt keinen Partner hat".*[44]

Bisher wurden die historischen Veränderungen im Verhältnis von Frau und Beruf dargestellt. Aber das Bild bleibt auch unvollständig, wenn man nicht daran erinnert, daß gleichzeitig und daneben die *alten Strukturen weiterbestehen.* Da ist zunächst der geschlechtsspezifisch geteilte Arbeitsmarkt, gekennzeichnet durch geringeres Einkommen, geringere Aufstiegschancen, höheres Arbeitsplatzrisiko von Frauen. Auch die Verbesserungen im Bildungsbereich haben hier keinen grundsätzlichen Wandel gebracht, denn sie setzen sich nur in sehr viel geringerem Maß in bessere Berufschancen um. So heißt es zum Beispiel im neuesten Jugendbericht der Bundesregierung:

„... *bessere schulische Leistungen der Mädchen haben ihre Chancen auf dem Ausbildungsstellenmarkt nicht verbessert, sondern vielmehr in vielen Bereichen nur die Einstiegsvoraussetzungen hochgeschraubt... Dem geringen Zuwachs an Mädchen in ‚Männerberufen' steht eine massive Verdrängung der Mädchen in allen anderen Bereichen gegenüber. Die bildungsmäßig bessere und breitere Qualifizierung der Mädchen und jungen Frauen hat auf dem Arbeitsmarkt keine Honorierung gefunden".*[45]

Der Markt verlangt den freien Lohnarbeiter, aber die Frau ist der „weniger freie Lohnarbeiter", weil sie auch für die Familienarbeit zuständig ist – wenn heute noch nicht, dann später, so heißt die Befürchtung der Arbeitgeber. So halten sich alte Benachteiligungen, werden oft nur subtiler verpackt. Darüber hinaus kommen seit Mitte der 70er Jahre Bedingungen auf, die teilweise auf ein Zurücknehmen der Veränderungen und auf eine Wiederbelebung der alten Strukturen hinauslaufen. So die wirtschaftliche Krise, die die Arbeitsmarktrisiken von Frauen verschärft:[46] von der Rationalisierungswelle in Handel und Verwaltung bis zur Novellierung des Arbeitsförderungsgesetzes, von Lehrstellenmangel und ungeschützten Beschäftigungsverhältnissen bis zu überproportional hoher Arbeitslosigkeit. In diesen Zusammenhang passen auch aktuelle Tendenzen der Einkommensentwicklung: Während zwischen 1950 und 1978 die Einkommensunterschiede zwischen Männern und Frauen geringer wurden, haben sie seit Ende der 70er Jahre wieder zugenommen.[47] Hinzukommen schließlich veränderte politische Konstellationen, die statt für Berufsintegration mehr für „Wahlfreiheit" eintreten, ja bei weiter sinkenden Geburtenzahlen eine zwangsweise Einschränkung der Berufstätigkeit empfehlen;[48] die die „Neue Mütterlichkeit" zum Programm machen,[49] die Mittel für öffentliche Kinderbetreuung kürzen, für die zweite Hälfte des Lebens ehrenamtliche Aufgaben für Frauen wiederentdecken – und dann, in einer neuerlichen Wende der Wende, die „neue Partnerschaft zwischen Mann und Frau" propagieren.[50]

Gerade dieses Nebeneinander von neuen und alten Elementen, diese „Gleichzeitigkeit des Ungleichzeitigen" erzeugt nun biographische Folgewirkungen besonderer Art. Denn im Bildungsbereich erleben die jungen Frauen zunehmend ähnliche Anforderungen und Chancen wie Männer, entwickeln nicht zuletzt deshalb zunehmend ähnliche Erwartungen und Ansprüche in bezug auf die Berufstätigkeit. Aber bereits beim Übergang in die Berufswelt und erst recht in den ersten Berufsjahren erfahren die jungen Frauen dann die Fraglichkeit, zum Teil auch Vergeblichkeit ihrer Lebenspläne: von der Schwierigkeit, einen Ausbildungs- und Arbeitsplatz zu finden, bis zur Realität von Frauenberufen, die nach Arbeitsinhalt, Arbeitsorganisation und Verdienst nicht auf langfristige Ausübung zugeschnitten sind, die auf die Dauer keinen eigenständigen Lebensunterhalt garantieren und das ursprüngliche Berufsinteresse zerreiben.[51] „Im Bildungsbereich stehen den Mädchen die Türen offen, auf dem Beschäftigungs- und Arbeitsmarkt werden sie wieder zugeschlagen".[52] Das Resultat ist eine historisch neue Diskrepanz. Die Benachteiligung von Frauen am Arbeitsmarkt trifft heute auf ein verändertes Anspruchsniveau junger Frauen, auf weitaus stärkere Berufsmotivation und Berufsinteressen: Die Schere zwischen Anspruch und Verwirklichung wird zunehmend größer.[53]

## 2. Der Wandel in der Kindererziehung

*Die Eltern müssen „die wachsende Fähigkeit und das wachsende Bedürfnis des Kindes zu selbständigem verantwortungsbewußten Handeln" berücksichtigen. „Sie besprechen mit dem Kind, soweit es nach dessen Entwicklungsstand angezeigt ist, Fragen der elterlichen Sorge und streben Einvernehmen an" (§ 1626 Absatz 2, 1979 neu in das bürgerliche Gesetzbuch aufgenommen).*

Nicht nur die Konturen des Frauenlebens haben sich tiefgreifend verändert, auch die Arbeit der Kindererziehung hat in den letzten Jahrzehnten noch einmal einen deutlichen Wandel erfahren. Das hängt, so soll im folgenden gezeigt werden, vor allem von drei Bedingungen ab. Zum einen konzentriert sich die Erziehungsarbeit weiter auf die Mutter. Zweitens wird die Zielvorgabe dieser Arbeit höher gesteckt, denn in den Mittelpunkt rückt das „Kind als Persönlichkeit". Und drittens wird es schwer bis unmöglich, den damit verbundenen Anspruch auch einzulösen, weil die Lebensbedingungen hochindustrieller Gesellschaften vielfach nicht den Bedürfnissen von Kindern entsprechen.

### Die Erziehungsarbeit konzentriert sich weiter auf die Mutter

Mit der Entstehung der bürgerlichen Familie und der sie kennzeichnenden Trennung von Berufsarbeit und Familie kam es zu einer Entfernung des Vaters vom Alltag der Familie und des Erziehungsgeschehens. Diese Tendenz wurde im weiteren Verlauf erheblich verstärkt, nicht zuletzt durch die wachsende räumliche Distanz zwischen Arbeitsstätte und Wohnung. Hinzu kommt zur Gegenwart hin ein weiterer Einschnitt: Während im 18. und 19. Jahrhundert der Vater noch eine deutlich ausgeprägte Autoritätsposition besaß, ist in der zweiten Hälfte des 20. Jahrhunderts vielfach ein erheblicher Autoritätsverlust des Vaters festzustellen, ausgelöst durch ökonomische und soziale Veränderungen ebenso wie durch politische Umwälzungen und den Zusammenbruch politischer Glaubenssysteme im Gefolge zweier Weltkriege. Eine klassisch gewordene Studie hat diese Entwicklung pointiert auf die Formel gebracht: „Auf dem Weg zur vaterlosen Gesellschaft".[1]

Wo aber die Vaterrolle einen wesentlichen Teil ihrer Autoritätskraft eingebüßt hat, wird sie zunehmend auf wirtschaftliche Funktionen reduziert, die unter Bedingungen der hochindustriellen Gesellschaft auf eine weitgehende Verbannung des Vaters aus dem Erziehungsgeschehen hinauslaufen. Dies hat offensichtlich auch Folgen für das Selbstbild und Engagement der Väter. Besonders deutlich kommt dies in einer repräsentativen Studie von Pross zum Ausdruck, die Mitte der 70er Jahre durchgeführt wurde. Deren Bilanz lautet nach Pross, daß die Männer „die Vaterrolle faktisch als Nebenrolle einstufen". Und weiter heißt es:

> „Der Vater hält auf Abstand. An die Stelle des übermächtigen Vaters ist der distanzierte Vater getreten. Er herrscht nicht über die ‚Seinen', ist aber auch nicht ihr aktiver Partner. In der Praxis scheint die Vaterschaft weder mit großen persönlichen Anstrengungen noch mit besonderem Engagement verknüpft".[2]

Zu erinnern ist in diesem Zusammenhang auch an eine weitere Veränderung: Während mit dem Aufstieg der bürgerlichen Familie eine Entfremdung des Vaters vom Erziehungsalltag begann, blieben lange Zeit doch noch andere Personen am Erziehungsgeschehen beteiligt. Dies waren zum einen im Haushalt lebende Verwandte und ältere Geschwister; sie sind, mit der sich durchsetzenden Tendenz zur Kernfamilie und zum Rückgang der Kinderzahl, zur Gegenwart hin immer mehr verschwunden. Darüber hinaus gab es in der bürgerlichen Familie, mindestens bis zur Jahrhundertwende, fast immer Hauspersonal, das einen größeren oder kleineren Teil der Kindererziehung übernahm. Doch dann setzte der Auszug aus der Hauswirtschaft in den Arbeitsmarkt ein. Immer mehr Frauen suchten Beschäftigung im Produktionsbereich oder in Dienstleistungsberufen und nicht mehr als Haushälterin, Dienstmädchen, Erzieherin. Die Folge war, daß die Erziehung nun umso mehr zur Aufgabe der Mutter wurde. Diese Entwicklung wurde auch dadurch unterstützt, daß um die Mitte des 20. Jahrhunderts bestimmte Richtungen der Psychologie aufkamen, die im Interesse des Kindes möglichst viel „Mutternähe" forderten.[3] Ihr Grundgedanke hieß: Für das gesunde Gedeihen des Kindes sei eine feste Bezugsperson nötig, und diese Bezugsperson müsse möglichst die Mutter sein. Der historische Trend wurde damit auf eine gebieterische Formel gebracht: Das Kind braucht die Mutter! Damit wurde er gleichzeitig unterstützt und verstärkt, weil nun andere Betreuungsformen als abweichend, ja schädlich etikettiert wurden.

Seit einigen Jahren werden nun Anzeichen einer neuerlichen Wende sichtbar. So ist in aktuellen Veröffentlichungen viel von den „neuen Vätern" und der „neuen Väterlichkeit" die Rede.[4] Empirische Untersuchungen sprechen von einer zunehmenden Orientierung des Mannes an der Familie.[5] Gleichzeitig bahnt auch wieder ein Wandel in den Forschungsperspektiven sich an. Die These „Mutter als alleinige Bezugsperson" wird von einigen weiter vertreten, von anderen nun aber in Frage gestellt, und die neuen Postulate der 70er Jahre heißen der Grundrichtung nach: Die ausschließliche und enge Mutter-Kind-Bindung hat Nachteile für beide; ein Wechsel der Bezugspersonen ist unter „stabilen" Bedingungen nicht nur möglich, sondern in mancherlei Hinsicht förderlich; und auch die Gegenwart des Vaters, nicht nur die der Mutter, ist für die Entwicklung des Kindes wichtig.[6]

Die Frage ist freilich, was sich daraus für die faktische Verteilung der Erziehungsarbeit ergibt. Und da deutet sich an, daß der Wandel im tatsächlichen Verhalten bisher gering ist: Diejenigen Familien, in denen die Väter einen Großteil der Erziehungsarbeit übernehmen, stellen immer noch eine kleine Minderheit dar. In der Mehrheit der Familien ist es so, daß die jüngeren Männer sich zwar, verglichen mit der Generation ihrer Väter, aktiver am Erziehungsgeschehen beteiligen und auch eine engere emotionale Bindung zum Kind entwikkeln. Aber gleichzeitig bleibt ihre Mitarbeit vorwiegend auf die spielerischen Seiten des Erziehungsgeschehens beschränkt, während die organisatorische und alltagspraktische Arbeit der Kinderversorgung weitgehend den Müttern überlassen bleibt. Eine Nachfolge-Untersuchung zur Pross-Studie, knapp ein Jahrzehnt später durchgeführt, stellt lapidar fest: „Vater zu sein, ist immer noch ein Freizeitvergnügen, auf eine finanzielle Rolle beschränkt. Soziale Elternschaft bleibt weiterhin an die Frau gebunden. Sie wird nicht durch eine soziale Elternschaft ergänzt".[7] Differenzierter, aber der Richtung nach ähnlich lautet das Ergebnis einer umfassend angelegten österreichischen Longitudinal-Studie: „Wichtigste Bezugsperson der Kinder ist nach wie vor ihre Mutter. Erziehungsleistungen der Väter fallen dagegen nicht in allen Familien ins Gewicht. Und noch seltener bringen sie den betroffenen Frauen eine spürbare Entlastung." Und weiter:

> *„Ausschlaggebendes Motiv scheint nicht die Entlastung der Mutter zu sein, obwohl die Aktivitäten objektiv auch diesen Zweck erfüllen. Subjektiv wichtiger ist das gewachsene Interesse der Väter am Kind und seiner Entwicklung, das sich bei den Jüngeren (bis zehn Jahre) vor allem im Spielen, Ausflüge machen, Sport treiben usw. niederschlägt ... Wenn sie sich beteiligen, dann vor allem beim Spielen und den übrigen Freizeitaktivitäten. Jeder Dritte spielt zwar häufig und unternimmt etwas mit den Kindern, hilft aber sonst kaum mit. Fazit: Der Anteil der Väter an der Betreuung und Erziehung ihrer Kinder ist in den meisten Familien begrenzt ... Unter ‚normalen Umständen‘ gehören Kinder eher zum Freizeit-Programm der Männer ... In vielen Fällen besteht zwischen Ehepartnern eine recht klare und eindeutige Aufgabentrennung: Die Mutter erzieht die Kinder, kontrolliert ihren Schulerfolg, lernt mit ihnen; der Vater spielt mit ihnen, organisiert gemeinsame Freizeitaktivitäten".*[8]

So sind seit den 70er Jahren zwar Ansätze zu einer neuen Aufteilung der Arbeit für Kinder zu beobachten – aber für die Frau sind sie immer noch eingeschränkt, unsicher, konfliktbelastet. Denn diese Delegation wird nicht wie in der vorindustriellen Gesellschaft von der vorherrschenden Arbeits- und Lebensform selbstverständlich getragen, sondern muß heute im Gegensatz dazu durchgesetzt werden. Das erfordert private Regelungen, die mit erheblichem Folgeaufwand verbunden sind (Zeit, Geld, Ausprobieren verschiedener Lösungsmuster), darüber hinaus starke psychische Belastungen erzeugen (Frage, ob das Kind Schaden leidet, entsprechende Schuldgefühle). Und auch da, wo die Männer der jüngeren Generation sich mehr den Familienaufgaben und dem Kind zuwenden – die Verantwortung dafür, Regelungen zu finden, Schwierigkeiten auszubalancieren, Lücken zu füllen, diese Verantwortung liegt auch nach neueren Untersuchungen fast immer schwergewichtig bei der Frau. Sie ist es, die die Organisationsfäden in der Hand hält und den Alltagsablauf sichert. *Die Arbeit für Kinder ist heute – weit mehr als in früheren Jahrhunderten – vorrangig die Arbeit der Mutter.*

### Die neue Devise: das „Kind als Persönlichkeit"

Im Verlauf des 20. Jahrhunderts bahnt sich auch eine neuerliche Wende in den pädagogischen Theorien an, mit entsprechend neuen Akzenten für die Arbeit am Kind. Vorher ging es darum, für das körperliche und geistige Gedeihen des Kindes zu sorgen, es gleichzeitig aber auch einzupassen in die von der Gesellschaft und den Eltern vorgegebenen Bedingungen. Jetzt aber kommt eine weiterreichende Devise auf, die zunächst auf relativ kleine Gruppen beschränkt bleibt, doch dann – vermittelt über ein schnell wachsendes Angebot populär-wissenschaftlicher Literatur – immer breitere Schichten erfaßt und etwa seit den 60er Jahren immer mehr den Familienalltag und das Familienleben durchdringt. Das Gebot dieser modernen Erziehungsratgeber heißt: *bestmögliche Förderung der Fähigkeiten des Kindes.* Und gleichzeitig wird verlangt: *bewußte Respektierung seiner Bedürfnisse und Wünsche.*

*So gibt es heute Elternzeitschriften und Elternbücher in Massenauflagen, unzählige Broschüren und Kurse, Fernsehserien und Elternbildungsprogramme. Und überall derselbe Grundtenor: „Jedes Kind hat von Geburt an seine ganz unverwechselbare Persönlichkeit".[9] Betont wird das „Recht des Kindes auf Achtung".[10] Gefordert wird „das Beste für die gesunde Entwicklung" des Kindes, damit ihm die Möglichkeit gegeben wird, „alle Fähigkeiten voll zu entfalten".[11]*
*Ähnliche Tendenzen setzen sich allmählich auch im Rechtssystem durch: „Das Kind als eigene Rechtsperson findet in zunehmendem Maße Anerkennung und wird Rechtswirklichkeit".[12] So wurde z.B. mit dem neuen Scheidungsrecht 1977 das Wohl des Kindes als entscheidendes Kriterium wesentlich mehr herausgestellt. Ebenso finden im Bereich des Pflegekinderwesens das Recht und die Bedürfnisse des Kindes zunehmende Beach-*

*tung. Dabei werden von einschlägigen Experten inzwischen noch weitergehende Veränderungen gefordert, die hinauslaufen auf ein „eigenes Recht des Kindes".*[13]

*Bestmögliche Förderung:* Verschiedene Entwicklungen, die vor allem in den 50er und 60er Jahren einsetzen, tragen dazu bei, den schon im 19. Jahrhundert angelegten Förderungsanspruch immer weiter voranzutreiben. Da sind zunächst neue Fortschritte in Medizin, Psychologie, Pädagogik, die das Kind in wachsendem Maße gestaltbar werden lassen. So werden z. B. körperliche Behinderungen, die um die Jahrhundertwende noch schicksalhaft hingenommen werden mußten, zunehmend behandelbar und korrigierbar. In der Psychologie setzt sich in den 60er Jahren eine neue Forschungsrichtung durch, die noch weit stärker als früher die Bedeutung der ersten Lebensjahre betont, ja das Unterlassen von Förderung mit verlorenen Entwicklungschancen gleichsetzt. Zur gleichen Zeit wird ein deutlicher Anstieg des Einkommens verzeichnet, wodurch Förderungsmöglichkeiten, die früher einer kleinen Schicht vorbehalten waren, nun für breite Gruppen erreichbar werden. Schließlich wird auf politischer Ebene eine Bildungswerbung in Gang gesetzt, die sich gezielt auch an die bis dahin benachteiligten Gruppen wendet. Als Resultat dieser und ähnlicher Bedingungen verstärkt sich der kulturell vorgegebene Druck: Das Kind darf immer weniger hingenommen werden, so wie es ist, mit seinen körperlichen und geistigen Eigenheiten, vielleicht auch Mängeln. Es wird vielmehr zum Zielpunkt vielfältiger Bemühungen. Möglichst alle Mängel sollen korrigiert werden (nur kein Schielen, Stottern, Bettnässen mehr), möglichst alle Anlagen sollen entwickelt werden (Konjunktur für Klavierstunden, Sprachferien, Tennis im Sommer und Skikurs im Winter). Ein neuer Markt entsteht, mit immer neuen Programmen für das allseitig zu fördernde Kind. Und schnell nehmen die neuen Möglichkeiten den Charakter neuer Pflichten an. Denn die Eltern können nicht nur, nein: sie sollen nun auch das Kind mit Zahnspange und orthopädischen Einlagen, mit Skikurs und Sprachferien versorgen.

Das alles mag dem Kind nützen (oder auch nicht: wann wird aus Wohltat Plage?) Sicher ist jedenfalls, alles verlangt fortwährenden Einsatz der Eltern, vor allem der Mütter. Diese müssen zunächst einmal viel „Informationsarbeit" leisten. Denn es gibt heute eine enorme, ja sich ständig vergrößernde Kluft zwischen selbstverständlich verfügbarem und kulturell gefordertem Wissen über Kinder. Auf der einen Seite sind die jungen Erwachsenen von heute Laien, was den Umgang mit Kindern betrifft, weit mehr als die Frauen und Männer früherer Generationen. Dies liegt vor allem an dem demographischen Sachverhalt, daß es in unserer Gesellschaft weit weniger Kinder gibt als in früheren Jahrhunderten; so wächst der einzelne kaum in einem größeren Geschwisterkreis auf, sieht auch wenig Kinder in der täglichen Umwelt, bis er dann selbst welche hat. Auf der anderen Seite aber sollen die Eltern von heute möglichst Mini-Experten sein, was Kinder betrifft. Denn als Resultat der einschlägigen Fortschritte in Pädagogik, Psychologie, Medizin steht immer mehr Wissen zur Verfügung und wird populärwissenschaftlich verbreitet, und als „gute" Eltern gelten nun die, die dies Wissen sich aneignen zum Wohle des Kindes. Dieser Trend, in der pädagogischen Diskussion unter dem Stichwort „Verwissenschaftlichung der Erziehung" bekannt, bedeutet für die direkt Betroffenen nichts anderes als eine Verwissenschaftlichung der Arbeit, die sie zu leisten haben – steigender Anspruch und steigender Aufwand. Weil Erziehung immer ein zweiseitiges Verhältnis ist, deshalb ist die „Eroberung des Kindes durch die Wissenschaft"[14] immer auch eine Eroberung der Eltern, vor allem der Mütter. Über Kinder wird ein Netz von Theorien geworfen: Und mit demselben Netz werden auch die Mütter gefangen.

„Ob Erziehungs- oder Schulprobleme, was das Kind anziehen soll, wohin es wann und mit wem in Urlaub fahren soll, was es essen soll, ob es zu klein ist, zu groß, zu laut, zu leise, zu gebückt, zu aufrecht, zu was auch immer – überall der gleiche Ratschlag: man wende sich am besten an den Arzt. Keine Illustrierte ohne Arztseite, Hefte wie ‚Eltern' oder ‚Unser Kind' haben Millionen Leser. Erfahrungen werden unbedeutend,

*Hinweise von eigenen Eltern oder Großmüttern entsprechen nicht dem Wissensstand moderner Theoretiker. Kindererziehung wurde zur Wissenschaft erklärt und ist daher studierbar, erlernbar und vor allem auch lehrbar".[15]*

Wo heute also das Postulat „bestmögliche Förderung der kindlichen Entwicklung" heißt, da setzt dies im ersten Schritt ein vielfältiges Wissen voraus: über die Stufen der kindlichen Entwicklung und den „normalen" Phasenverlauf (was das Kind wann können soll), über mögliche Risiken und Schäden, Defizite und Entwicklungsprobleme (von der Trotzphase bis zum Schulversagen), über Förderungsmöglichkeiten und die angemessenen Erziehungsmethoden (von der Sexualaufklärung bis zum pädagogisch wertvollen Spielzeug). Ein solches Wissen ist dem Menschen aber nicht von Natur mitgegeben, und es ist auch nicht selbstverständlich verankert im „Wesen" der Frau. Deshalb wird Mutterschaft heute in vielen Gruppen zur Lernaufgabe, zur „Informationsarbeit" eben, die vieles umfaßt: populärwissenschaftliche Literatur zum Thema „Kind" lesen, Kurse besuchen, Elternbildungs-Programme absolvieren.

*Die Stichworte in der einschlägigen Literatur lesen sich wie ein schulischer Lehrplan: Da ist von „Fragen" und „Problemen" im Umgang mit dem Kind die Rede, von der „Erziehungsaufgabe", „wie man Elternschaft lernt" heißt das vorgegebene Thema";[16] deshalb absolviert man die „Elternschule",[17] möglichst auch das „Institut für das bessere Baby",[18] kann dabei auch symbolische Zertifikate erwerben, z. B. den „Elternführerschein";[19] und ähnlich wie bei Klassenarbeiten werden Wissensmängel gerügt: die jungen Paare seien „meist nur ungenügend vorbereitet".[20]*

Aber warum betreiben die Mütter nicht einfach „Arbeitsverweigerung", warum lassen sie nicht ab von der Suche nach pädagogischen Informationen? Die Antwort heißt, daß in unserer Gesellschaft zahlreiche Barrieren und Hindernisse existieren, die ein Ausbrechen aus dem Dickicht der Ratschläge sehr weitgehend erschweren. Zunächst einmal sind die Mütter von allen Seiten vom Gebot bestmöglicher Förderung umstellt, von Fernsehen bis Zeitschriften bis Schule. Und die Botschaft, die ihnen vermittelt wird, hat einen immer wiederkehrenden Refrain: daß Nicht-Beachtung der kindlichen Bedürfnisse zu irreversiblen Schädigungen führt und Mangel an Förderung zu Entwicklungsverzögerung, ja Leistungsversagen. Dabei ist „Leistungsversagen" ein Wort, dessen Bedeutung die Eltern sehr wohl verstehen, denn in der sozial mobilen Gesellschaft ist „Leistung" eine Schlüsselkategorie. Wo die Möglichkeit und Verheißung des Aufstiegs besteht, die als Kehrseite immer die Gefahr des Abstiegs enthält, da wird der Zwang immer spürbarer: durch individuelle Planungen, Anstrengungen, Bildungsbemühungen den eigenen Platz in der gesellschaftlichen Hierarchie zu sichern.

Aber natürlich reicht die Information allein nicht aus, wichtig ist vor allem die Anwendung der Informationen. Und das bedeutet dann vielfältige „Förderungsarbeit" am Kind und seiner Entwicklung, eben deshalb, weil das Kind heute in bestimmtem Sinne „machbar" geworden ist. Aber schauen wir genauer hin: Wer macht denn was? Viel häufiger als früher werden Spezialisten herangezogen, die vorbeugen oder den Lauf der Natur korrigieren sollen. Diese Experten tun das, was ihre berufliche Aufgabe ist, von der Schutzimpfung bis zur Anweisung therapeutischer Übungen. Aber „heranziehen" im eigentlichen Sinn lassen sie sich nicht, der Patient muß schon selber kommen. Aber kommt ein Kleinkind allein? Wer also leistet die Vor- und Nacharbeit, die sich stillschweigend ergibt: Wer bringt das Kind zum Kieferorthopäden und zur Heilgymnastik, wer sitzt mit ihm im Wartezimmer, besorgt die Medikamente, fährt das Kind von Training zu Training, sichert den häuslichen Lernerfolg durch Mahnworte, Übungsschritte, Kontrollen? Das macht in den meisten Fällen die Mutter.

Und sie macht noch weit mehr. Denn auch in jenen breiten Bereichen des Erziehungsalltags, wo kein direkter Zugriff von Spezialisten erforderlich wird, regiert – stiller, aber nicht weniger folgenreich – der Zugriff der Pädagogik. In diesem Zeichen entstehen neue Tätigkeiten, auf ein Stichwort zusammengefaßt: die Mutter als Entwicklungshelferin fürs Kind. Wie es in einem verbreiteten Erziehungsratgeber heißt: „Wenn es wach ist, braucht es die Nähe von Erwachsenen, es braucht Anregungen und Geselligkeit, damit sich ... seine geistigen Fähigkeiten rasch entwickeln".[21] Vieles, was früher selbstverständlich geschah, verlangt jetzt – um des gezielten Erfolges willen – behutsame Einführung und bewußte Aufmerksamkeit der Erziehungsperson. Das Hineinwachsen des Kindes in die Welt, seine Entdeckung der Welt wird von den Ratgebern in „Funktionen" zergliedert und soll derart pädagogisch begleitet, dosiert, unterstützt werden.

*Dazu* de Mause: *Die neue Erziehungsform verlangt „außerordentlich viel Zeit, Energie und Diskussionsbereitschaft, insbesondere während der ersten sechs Jahre, denn einem kleinen Kind dabei zu helfen, seine täglichen Ziele zu erreichen, bedeutet, ständig auf es einzugehen, mit ihm zu spielen, seine Regressionen zu tolerieren, ihm zu dienen, statt sich von ihm bedienen zu lassen, seine emotionalen Konflikte zu interpretieren und ihm die für seine sich entwickelnden Interessen erforderlichen Gegenstände zur Verfügung zu stellen".[22]*

Wie es in einer amerikanischen Frauenzeitschrift heißt: „Unstimulated time is a waste of baby time".[23] Um der vielseitigen Anregung willen begleiten Mütter (und hin und wieder die Väter) das Kind zu Zirkus und Zoo, gehen mit zum Schwimmkurs fürs Baby, organisieren Eltern-Initiativen und Stadtteil-Feste für Kinder. Die „naturwüchsige Kindheit" ist in vielerlei Hinsicht vorbei, die „Inszenierung der Kindheit" beginnt. Und auch hier wieder ist Arbeitsverweigerung schwierig, denn diese Inszenierungs-Aktivitäten entspringen ja nicht einer bloßen Laune der Eltern. Sie haben vielmehr ihren objektiven Grund darin, daß unter den Bedingungen der mobilen Gesellschaft Erziehung und Förderung ein Teil der „Arbeit zum Statuserhalt" ist.[24] Wo der Zwang regiert, durch individuelle Anstrengungen den eigenen Platz in der Gesellschaft zu sichern, da wird er notwendig schon ins Kinderzimmer hineingetragen:

Die Kindererziehung wird eingespannt zwischen Aufstiegswunsch und Abstiegsbedrohung.

*Der Schriftsteller* Steinbeck *hat diesen Trend literarisch prägnant beschrieben:* „Es war plötzlich ganz unannehmbar, daß das Kind wie seine Eltern sein und leben sollte; es muß besser sein, besser leben, mehr wissen, sich besser kleiden und womöglich des Vaters Handwerk gegen einen akademischen Beruf vertauschen. Dieser rührende Traum verbreitete sich über das ganze Land. Da man vom Kinde verlangte, daß es besser als die Eltern sei, mußte es gezügelt, geleitet, gestossen, bewundert, bestraft, umschmeichelt und gezwungen werden".[25]

Zusammenfassend kann man sagen, in der hochindustriellen Gesellschaft ist zwar die physische Versorgung des Kindes in mancher Hinsicht einfacher geworden, dank Technisierung des Haushalts und vorgefertigten Produkten wie Wegwerf-Windel und Babykost. Aber dafür wurden mit der Entdeckung der Kindheit zunehmend neue Themen entdeckt. Um es mit Aries zu sagen: „Unsere Welt ist von den physischen, moralischen und sexuellen Problemen der Kindheit geradezu besessen".[26] So sind auf anderer Ebene zahlreiche neue Aufgaben hinzugekommen, wie es in einer neueren Studie zur Familienentwicklung heißt: „Die Familie steht heute unter einem *Erziehungsdruck,* der historisch seinesgleichen sucht".[27] Das Kind, einst ein Geschenk Gottes, manchmal auch eine unerwünschte Last, ist heute den Eltern/den Müttern vor allem: „ein schwieriges Behandlungsobjekt".[28]

Aber allseitige Förderung allein reicht nicht aus, es wird auch *Achtung vor der Persönlichkeit des Kindes* gefordert. Das ist ein entscheidender Unterschied zur Pädagogik des 19. Jahrhunderts, die vielfach offen empfahl, den Willen des Kindes zu brechen. Jetzt dagegen lautet die Devise umgekehrt. Die Eltern sollen die Bedürfnisse und Wünsche des Kindes wahrnehmen, verstehen, respektieren, pointiert auf einen Nenner gebracht: „Demokratie ab der Wiege". Dazu einige Beispiele aus modernen Beratungsbüchern:

*„Damit sich die Persönlichkeit Ihres Kindes entfalten kann, ... sollte die Erziehung des Kindes nicht bedeuten: Es darf nur das tun, was die Erwachsenen wünschen".*[29] *Wo einst die Erzieher definierten, was das Kindeswohl sei, lautet die neue Regel, daß „innerhalb einer gewissen Marge das Kind besser weiß als wir, was es braucht, und daß wir stets offen sein müssen, von ihm zu lernen".*[30] *Statt Hierarchie wird die „Gleichberechtigung des Kindes" gefordert,*[31] *aus der Erziehung soll mehr eine Beziehung werden. Die Rolle der Eltern wird gewissermaßen umgekehrt: Von ihnen wird verlangt, dem Kind „zu dienen, statt sich von ihm bedienen zu lassen".*[32]

Betrachten wir nun, wie diese pädagogische Wende die Arbeit fürs Kind verändert. Das fängt bei dem simplen Tatbestand an, daß zum Erziehungsalltag immer mindestens zwei gehören, eine erziehende Person und eine, die erzogen werden soll. Da aber diese beiden Parteien nach Alter, Erfahrung, Wissen, Bedürfnissen weit voneinander entfernt sind, kommt es oft genug zu „divergierenden Interessen", oder deutlicher gesagt, zu den bekannten Konfliktsituationen: Die Mutter will, das Kind will nicht, und umgekehrt. Die pädagogische Wende vom autoritären zum liberalen Erziehungsstil hat genau in solchen Situationen ihre sichtbarsten Konsequenzen, weil sie nämlich die Spielregeln dafür verändert, wie mit Konflikten umzugehen ist. Vereinfacht gesagt, eine *Machtverschiebung* findet statt, *von „erzieherfreundlich" zu „kinderfreundlich".* Auch das heißt für die zu leistende Arbeit: Sie wird mehr und wird mühsamer.

Nicht strikter Befehl, sondern wechselseitige Rücksichtnahme: dies Motto der neuen Pädagogik verändert also von Grund auf die Arbeitsbedingungen. Während die Geschichte der Kindheit über viele Jahrhunderte hinweg vor allem Unterwerfung der Bedürfnisse und Interessen von Kindern gegenüber denen der Erwachsenen verzeichnet; während noch im 19. Jahrhundert Anweisungen verbreitet waren, die Erwachsenen sollten ihre Welt schützen gegen „Störungen von seiten der Jugend";[33] kommt nun die umgekehrte Devise auf. Jetzt sollen die Erwachsenen vor allem das Kind schützen gegen alles, was seine

Entwicklung hemmt. Deshalb werden sie selbst zum *Verzicht* aufgefordert, zum Zurückstellen eigener Bedürfnisse, Rechte, Interessen. Und diese Forderung trifft vor allem die Mutter, weil sie den Hauptteil der Arbeit fürs Kind trägt.

*„Der moderne Mensch will selbst bestimmen, was mit ihm geschieht. Wer aber ein Kind im Bauch hat, kann nicht mehr über das, was darinnen ist, bestimmen. Der Bauch bestimmt über die Mutter"* (Affemann 1981).[34]

*Während vor einigen Jahrzehnten noch Stillen nach festem Zeitplan die vorgeschriebene Regel war, heißt die goldene Regel jetzt „Stillen nach Bedarf". Doch der Bedarf, der gemeint ist, ist selbstverständlich der des Kindes, dem die Mutter sich anzupassen hat. Die Folge ist, daß ihre eigenen Bedürfnisse eingeschränkt werden, weil es jetzt keine klar abgegrenzten, erwartbaren zeitlichen Zwischenräume gibt, sie vielmehr mehr bis minder ständig verfügbar sein muß. Überhaupt soll sie jetzt, weit mehr als früher, den natürlichen Rhythmen des Kindes und seiner Entwicklung folgen. Als Idealbedingung wird zum Beispiel genannt: „Die Mutter ist für das Neugeborene jederzeit erreichbar, wenn es meint, sie zu brauchen. Es wird anderen zur Betreuung erst übergeben, wenn es alt genug ist, mit ihm darüber zu reden und seine Zustimmung dazu einzuholen"* (Helle 1982).[35]

Was sich hier abzeichnet, sind Tendenzen zu einer „Emanzipation des Kindes", im durchaus wörtlichen Sinn: es wird aus der Verfügungsgewalt der Eltern entlassen. Ähnliche Entwicklungen wurden im vorangehenden Abschnitt beschrieben, dort als Herauslösung der Frau aus der Einbindung in die Familie. Faßt man beides zusammen, ergibt sich folgendes Bild: Im Zuge der historischen Entwicklungen, die die Prozesse von Modernisierung und Freisetzung vorantreiben, verändern sich die gesellschaftlichen Definitionen der beiden Personen, die in Mutterschaft zusammengebunden sind – die Frau und das Kind.

Doch gerade die Ähnlichkeit dieser beiden Entwicklungen führt in eine *historisch neue Konfliktsituation*. Denn auf der einen Seite ist im ausgehenden 20. Jahrhundert eine Epoche erreicht, wo sowohl Frauen wie Kinder als Individuen mit eigenen Rechten und Bedürfnissen wahrgenommen werden. Auf der anderen Seite aber haben sich die Rahmenbedingungen der Erziehungsarbeit in eine Richtung entwickelt, die eine Berücksichtigung der Interessen beider Gruppen praktisch kaum zulassen. Denn wo die Ansprüche an die Erziehungsarbeit immer höher gesteckt werden, und wo diese Arbeit mehr denn je der Mutter zugewiesen ist, da *kollidiert das Recht der Frau auf ein Stück „eigenes Leben" geradezu zwangsläufig mit den Entwicklungs- und Betreuungsbedürfnissen des Kindes.* Wie es in einer Studie zur Familienentwicklung heißt: „Unsere gestiegene Sensibilität für die Anforderungen, die Kinder – vor allem in den ersten Lebensjahren – an ihre unmittelbare Umwelt stellen..., führt mehr und mehr zu einer ausschließlichen Beanspruchung wenigstens eines Elternteils für die Belange der Kinder, wodurch Belange der Eltern – vor allem der Mutter – in andere Lebensphasen verschoben, wenn nicht gar auf Dauer unterdrückt werden".[36]

*Die Lebensbedingungen hochindustrieller Gesellschaften erschweren die Erziehungsarbeit*

Doch das Bild von der kinderorientierten Gesellschaft ist bekanntlich nur die halbe Wahrheit. Denn die technisierte, urbanisierte Lebenswelt hochindustrieller Gesellschaften ist auf vielen Ebenen wenig kindgerecht, ja ihrer objektiven Struktur nach kinderfeindlich. Dies liegt vor allem daran, daß ihr „innerer Schaltplan" sehr einseitig nach Rationalitätskriterien funktioniert. Effizienz und Leistung, Pünktlichkeit und Berechenbarkeit, Ordnung und Organisation, das sind die Prinzipien der technisch-wissenschaftlichen Zivilisation, die immer dichter auch die Alltagswelt durchdringen. Aber Kinder sind anders, nicht berechenbar und nicht rational. Sie haben ihre eigenen Lebensrhythmen, die sich nur bedingt in ein vorgegebenes Schema einpassen lassen. Sie sind spontan, ungezähmt, mit einem Wort: lebendig, sind voller Neugier, Entdeckungslust, Bewegungsdrang. Und deshalb „stören" sie, sind der Sand im

Funktionsgetriebe, ob im Supermarkt oder im Straßenverkehr. In unserer durchorganisierten Welt verkörpert das Kind das „Irrationale", das Archaische und Elementare. „Die Kinderstube ist der Treffpunkt der Urzeit und der Zivilisation",[37] anders gesagt: der Aufeinanderprall von Urzeit und Uhrzeit.

Ein solcher Aufeinanderprall vollzieht sich meist nicht störungsfrei. Damit die Schäden in Grenzen bleiben, wird zusätzliche Arbeit nötig. Diejenigen, die für die Versorgung und Erziehung des Kindes zuständig sind, müssen zwischen unvereinbaren Welten vermitteln und ausbalancieren: auf der einen Seite die Bedürfnisse des Kindes, auf der anderen Seite die Vorgaben der Umwelt, die teils das Kind gefährden (z. B. Straßenverkehr, Küchentechnik), teils durch das Kind gefährdet werden (vom Fernseher bis zur teuren Couchgarnitur). Wie es in einer offiziell verbreiteten Erziehungsbroschüre heißt:

„Egal, ob Sie lesen, staubsaugen oder kochen, Sie sind dauernd auf dem Sprung, damit das Schlimmste verhindert wird – damit nicht der Inhalt jeder Cremedose auf den Teppich geschmiert wird, damit nicht alle Vasen herunterfallen und nicht jedes Buch zerfleddert wird. Und vor allem: Damit Ihrem Kind nichts passiert".[38]

Immer wieder müssen die Erziehungspersonen durch private Anstrengungen auszugleichen versuchen, wo die Gesellschaft die natürlichen Bedürfnisse des Kindes behindert. Nehmen wir ein scheinbar triviales Beispiel: „Babys brauchen Luft und Licht",[39] so heißt es in dem soeben zitierten Erziehungsratgeber. Aber unter den beengten Wohnverhältnissen der Städte ist davon wenig zu finden. Deshalb können die Mütter nicht einfach der Natur und dem Kind ihren Lauf lassen, sondern müssen für Luft und Licht sorgen, müssen einen täglichen Transport veranstalten und dabei zunächst selber laufen. In der zitierten Erziehungsbroschüre heißt es dazu:

„... Ihr Baby [sollte] schon von der dritten Lebenswoche an... allmählich an den Aufenthalt im Freien gewöhnt werden... Wenn Sie weder einen Balkonplatz noch eine ruhige

*Gartenecke haben, sollte das Kind* regelmäßig täglich bis zu drei Stunden *ausgefahren werden".*[40]

So gesehen ist die kinderfeindliche Gesellschaft immer auch mütterfeindlich: weil sie die Arbeit der Mütter erschwert. Weil die „normale" Lebenswelt heute so wenig kindgerecht ist, müssen Kinder abgeschoben werden in „Reservate": Laufstall, Kinderzimmer, Spielplatz. Aber diese Einzäunung schützt nicht nur, sie behindert auch die freie Entfaltung des Kindes. Deshalb wird es nun zur Aufgabe der Mutter, durch gezieltes pädagogisches Handeln wiederherzustellen, was die Einzäunung an natürlicher Entwicklung verhindert.

*In einer empirischen Studie zum Alltag von Müttern heißt es dazu: „... die ehemals selbstverständliche Auseinandersetzung des Kindes mit Natur, die ‚Eroberung der Welt' durch Fühlen, Laufen, Spielen [ist] auch eine* Erziehungsaufgabe *der Mütter* geworden. Wohldosiert sollen die Mütter durch pädagogische Spiele, Vorschulprogramme und dergleichen den Kindern Fähigkeiten antrainieren, die sie einerseits benötigen, um in der Leistungsgesellschaft konkurrenzfähig zu bleiben, andererseits gerade durch deren verengte Lebensbedingungen nicht mehr selbstverständlich erlernen... Wenn Kindheit heute Stadtkindheit und Verkehrsteilnehmerkindheit heißt, sorgen die Mütter für den Ausgleich zwischen kindlichem Bewegungsdrang und städtischer Wohnumwelt".*[41]

Fassen wir zusammen: Mütter heute leben in einer kinderorientierten Gesellschaft, deren Zielvorgabe „optimale Förderung" heißt. Sie leben gleichzeitig in einer Gesellschaft, die ihrer objektiven Struktur nach kinderfeindlich ist. Jedes für sich genommen bedeutet mehr Arbeit, was die Versorgung der Kinder betrifft. Aber beides zusammengenommen ist mehr bis minder unmöglich. Denn trotz aller Versuche des Ausbalancierens und Kompensierens: Die idealen Leitwerte der kinderbewußten Gesellschaft und die objektive Realität einer kinderfeindlichen Gesellschaft sind in vielerlei Hinsicht unvereinbar. Zwischen ihnen besteht ein tiefgreifender Gegensatz, der nicht nur durch „Vermittlungsarbeit" zu bewältigen ist: der vielmehr auch Kampfhandlungen verlangt. Die Erziehenden können ihre Arbeit nicht unter, sondern vielfach nur *entgegen* den Lebensbedingungen hochindustrieller Gesellschaften verrichten. Sie geraten an vielen Fronten in eine „Sandwich-Position": Druck von allen Seiten. Die Mütter, mit den schönen Leitsätzen von „bedürfnisgerechter Förderung" im Kopf, werden zwangsläufig eingespannt in einen Kampf mit der Umwelt, die an vielen Punkten die Bedürfnisse des Kindes nicht zulassen will. Wie eine Mutter aus einschlägiger Erfahrung sagt: „Mit einem Kind leben heißt in Widerstand leben gegen vieles, was in diesem Land herrscht".[42]

Wichtig ist hier, dieser Kampf ist nicht etwa Ausdruck eines Erziehungsversagens der Mutter, die mit dem Kind nicht zurechtkommt; sondern er ist umgekehrt ein *Teil ihrer Erziehungsaufgabe*, weil die moderne Gesellschaft mit dem Kind nicht zurechtkommt. Das wird z. B. an den neuen, „progressiven" Eltern-Ratgebern deutlich. Sie verlangen geradezu, daß die Mutter – um die Interessen des Kindes zu schützen – die Vorgaben der Umwelt infragestellt, ja ignoriert. Nehmen wir das Beispiel des Stillens, wo im wörtlichen Sinn ein Kampf stattfindet zwischen „Urzeit und Uhrzeit".

*Die neue Idealmutter hat die Aufgabe, sich gegen das Pflegepersonal durchzusetzen, wenn dies auf Einhaltung fester Stillzeiten drängt. So empfiehlt ein Ratgeber: „Versuchen Sie, die Stillzeiten über die üblichen 30 Minuten auszudehnen... Behaupten Sie einfach, wenn die Schwester das Kind holen will, es habe gerade erst angefangen zu trinken. Lassen Sie es saugen und nuckeln, so lange es will, und ignorieren Sie die Bemerkungen der Schwestern, in Ihrer Brust sei noch gar nichts drin".[43] Und in einem anderen Ratgeber wird empfohlen, einen Zettel an das Bettchen des Kindes zu heften: „Nicht zufüttern, bringen Sie das Kind zu mir, wenn es weint".[44]*

Vielleicht kann man es so sagen, mit einer nur geringfügigen Übertreibung: Mütter heute sind mit einer „unmöglichen Aufgabe" betraut. Die einzelne Frau steht den gesellschaftlichen

Vorgaben weitgehend ohnmächtig gegenüber, aber gleichzeitig wird ihr von den pädagogischen Beratern immer mehr die Verantwortung aufgeladen, die scheinbare Allmacht über „Gedeih und Verderb" des Kindes.[45] Darüber hinaus wird die Arbeit für Kinder belastet durch eine historisch neue Diskrepanz. Auf der einen Seite wird das Ziel immer höher gesteckt, heißt „optimale Förderung" jetzt; auf der anderen Seite werden die Bedingungen, um dies Ziel zu erreichen, in vielerlei Hinsicht ungünstig, „kinderfeindlich" eben; und die Kluft zwischen schönem Anspruch und Verwirklichungschancen wird zunehmend größer.

# V. Die neue Entscheidungssituation:
## Das Ob, Wann und Wie des Kinderwunsches

*„Wir sind zu dem Entschluß gekommen, daß wir selbst entscheiden müssen ... Mutterschaft ja oder nein ... Wir haben es gut gemacht, wir hatten recht: ,Frau' ist kein Verhaltensschema, eine Frau ist eine Person. Eine Entscheidung treffen zu müssen, ist jedoch der schwerere Weg. Dem Recht, wählen zu können, stehen wir wie Neugeborene gegenüber, und Verwirrung lähmt uns ... Ich möchte ein Mann sein, weil Männer keine Wahl haben, sie können nichts anderes als Männer sein. Sie können nicht gebären"* (Feministischer Roman, Ende 20. Jahrhundert).[1]

Im letzten Kapitel wurden zwei Entwicklungslinien beschrieben, die seit den 50er und 60er Jahren immer deutlicher hervortreten. Zum einen sind da die Veränderungen im Leben der Frau, die einen wachsenden Anspruch und Zwang zum „eigenen Leben" zeigen. Zum anderen hat auch die mit Mutterschaft verbundene Arbeit erhebliche Veränderungen erfahren, denn jetzt heißt die Forderung, das „Kind als Person" zu verstehen, zu respektieren, zu fördern. Damit kommen wir jetzt zur entscheidenden Frage: Welche Bedeutung gewinnt unter diesen Bedingungen Mutterschaft im Leben der Frau? Wie verändert sich die Bedeutung des Kindes, wenn das „eigene Leben" der Frau mehr in den Vordergrund rückt? Und wie paßt das zusammen mit der neuen Erziehungsdevise, die das „Kind als Person" in den Mittelpunkt stellt?

## 1. Ein Blick auf die Geschichte des Kinderwunsches

Beginnen wir chronologisch: beim Kinderwunsch, bei der Entscheidung für oder gegen ein Kind. Schaut man in die einschlägige Literatur, so fällt zunächst eines auf. Erst seit einigen Jahren, aber da umso schneller, ist dies ein vieldiskutiertes und vielbeschriebenes Thema geworden. Und zwar setzt das neue Interesse in genau den Jahren ein, wo die Geburtenzahlen drastisch zu fallen beginnen. Der Zusammenhang ist sicher nicht zufällig. Denn in der jüngeren Generation kommen jetzt Fragen und Zweifel auf, was das Kinderhaben angeht, und auf dieses Informationsbedürfnis reagiert der Markt mit einer Flut von Beratungsschriften verschiedenster Art, darunter auch viele Titel aus den Reihen der Frauenbewegung. Gleichzeitig wird für Politik wie für Wissenschaft sichtbar, daß der Kinderwunsch, der in den Jahren des Baby-Booms so selbstverständlich erschien, dies jetzt nicht mehr ist. Er wird problematisch – und deshalb genauer betrachtet. Weil die Kinder weniger werden, werden sie zum Gegenstand wissenschaftlichen Interesses, mit neuen Forschungsthemen und -traditionen. Man entdeckt die „Geschichte der Kindheit" (Aries), die „Geschichte der Mutterliebe" (Badinter) bzw. der „guten Mutter" (Schütze) und allmählich auch, daß es eine „Geschichte des Kindeswunsches" gibt. Am Anfang steht da die Erkenntnis: „Der Kinderwunsch, so wie er heute gefühlt oder gerade nicht gefühlt wird, ist als soziales Phänomen jung, in seiner Entstehungs- und Wirkungsweise noch unerforscht".[2]

Fangen wir deshalb mit einem Blick auf die Geschichte des Kinderwunsches an. Dabei können wir anknüpfen an die vorangehenden Kapitel zum Verhältnis von Frau, Familie und Kind. Erinnern wir uns: Sowohl in der vorindustriellen Gesellschaft wie im Bürgertum des 19. Jahrhunderts gehörten Ehe und Mutterschaft unmittelbar zusammen. Zuerst wurde das Kind gebraucht als Arbeitskraft und Erbe, später dann wurde Mutterschaft definiert als Erfüllung des „weiblichen Wesens". Wenn die materiellen Voraussetzungen zur Familiengründung erfüllt waren, dann gab es keine Frage: Der vorgezeichnete Weg hieß Schwangerschaft, Geburt, Aufziehen der Kinder.

Ein erster Wandel setzte im ausgehenden 19. Jahrhundert ein, als Frauen begannen – noch sehr zaghaft zumeist –, einen Anspruch auf eigene Entwicklung zu stellen. Weil es zu dieser Zeit noch kaum greifbare Lebensmöglichkeiten außerhalb der Familie gab, blieb weiter die Ehe das Lebensziel, und Kinder gehörten zur Ehe dazu, die äußeren Stationen blieben vordefiniert: „love, marriage, baby carriage".[3] Aber es entstand jetzt ein Anspruch auf mehr Freiraum innerhalb der Familie, und damit auch eine neue Motivation zur Geburtenkontrolle. In wachsendem Maß begannen Frauen sich aufzulehnen gegen einen unbarmherzigen biologischen Rhythmus, der ihre Kräfte verbrauchte durch die Aufeinanderfolge von Schwangerschaften und die Anforderungen einer schnell wachsenden Kinderschar, die jetzt auch noch intensivere Betreuung verlangte. Die Auflehnung damals blieb leise, auf private Formen beschränkt, aber sie blieb nicht ohne Wirkung: Die Geburtenzahlen begannen zu sinken.

Doch nur die Kinderzahl wurde damals zur Frage – nicht aber das Kinderhaben. Bis vor wenigen Jahrzehnten war für die meisten Frauen der Kinderwunsch „keine Frage, er war eine Selbstverständlichkeit".[4] Was dies hieß, zeigen Untersuchungen über Frauen, die heute zur mittleren bis älteren Generation gehören.[5] Betrachtet man die Stationen ihres Lebensweges, so kristallisiert sich ein typisches Muster heraus: „Und dann haben wir geheiratet und schon bald das erste Kind bekommen".[6]

*„Ich sage oft, ich habe meine Kinder so unbewußt auf die Welt gestellt, weil es einfach dazu gehört hat. Wenn ich heute die jungen Frauen... höre, wie sie sich das überlegen, und manch eine sagt, nein, ich will keine Kinder, dann muß ich sagen, ich begreife das. Ich will damit nicht sagen, ich hätte meine Kinder nicht gewollt. Das stimmt nicht. Aber ich frage mich ab und zu, ob ich, wenn ich heute entscheiden könnte, so unbedingt das Gefühl hätte, ich müsse Kinder haben. Ich bin da nicht sicher".[7]*

Interessant ist hier aber nicht nur der Kinderwunsch selbst, sondern wichtig sind auch seine Rahmenbedingungen: die Lebenspläne und Leitbilder, mit denen er in Zusammenhang steht. Aufschlußreich dafür ist eine Befragung von Abiturientinnen, die 1959 durchgeführt wurde. Dabei zeigte sich ein klar ausgeprägter Wunsch, nach qualifizierter Ausbildung berufstätig zu werden. Jedoch: auf die Frage, ob sie die Berufstätigkeit nach der Heirat fortsetzen wollten, antworteten die meisten (56 Prozent) mit „Nein". Noch deutlicher fielen die Antworten aus, als gefragt wurde, ob sie nach der Geburt von Kindern noch berufstätig sein wollten. Nicht eine der jungen Frauen antwortete darauf mit einem unbedingten Ja, aber 93 Prozent mit einem unbedingten Nein. Die Schlußfolgerung der Studie lautet:

*„Das Leitbild vom Beruf wird vom Leitbild der Familie überschattet. Die Familie wird als der für die Frau zentrale Lebenswert schlechthin dargestellt; alle anderen Ziele und Werte, auch die des Berufes, stehen dahinter zurück".[8]*

Eine neue Phase wird eingeleitet in den 60er Jahren dieses Jahrhunderts. Im Zuge der fortschreitenden Freisetzungsprozesse in vielen Bereichen gibt es eine wachsende Zahl von Frauen, die Erwartungen entwickeln – ja entwickeln müssen –, die den Anspruch auf ein Stück eigenes Leben enthalten. Und was wohl noch wichtiger ist, immer mehr Frauen machen ihre eigenen Erfahrungen mit dem, was das Leben jenseits der Familie bedeutet, welche Chancen und welche Schattenseiten dazugehören. Zum ersten Mal entsteht für breitere Gruppen von Frauen eine Art Wahlmöglichkeit: das Leben ohne Familie, ohne Mann, ohne Kind. Zum ersten Mal entsteht auch ein konkurrierendes Leitbild, nicht mehr nur die Familienmutter, sondern jetzt auch die unabhängige, die selbständige Frau. Zum ersten Mal gibt es Vergleichsmöglichkeiten: hier das, was das „eigene Leben" bietet und fordert; dort das, was das „Dasein für die Familie" verlangt und verheißt. Die Einheitlichkeit der weiblichen Normalbiographie, ihrer typischen Verläufe, Stationen und Ziele bricht damit auf, eine neue Vielfalt zeichnet sich ab. Während traditionelle Milieus und Lebensformen weiterexistieren, wachsen daneben jetzt Gruppen heran, die anderen Orientierungen und Vorgaben folgen. Hier werden die auf das eigene Leben bezogenen Erwartungen und Erfahrungen schon ein Teil des „Sozialcharakters" der Frau, ein Teil ihrer Person. Und damit werden sie auch zum inneren Maßstab, von dem her sie vieles betrachtet – zum Beispiel die Beziehung zum Mann, zum Beispiel die Beziehung zum Kind.

Aber was heißt dies konkret? Wie verschiebt sich durch den neuen Maßstab des „eigenen Lebens" die Bedeutung, die das Kind und die Mutterschaft hat? Auf den ersten Blick hat sich nicht viel verändert. Denn wie aktuelle Untersuchungen zeigen, ist es auch heute nur eine Minderheit unter den Frauen, die bewußt kinderlos bleiben will, die meisten dagegen wünschen sich Kinder oder zumindest ein Kind.[9] Doch schaut man genauer hin, so wird der Unterschied sichtbar. Innerhalb eines knappen Vierteljahrhunderts haben sich die Rahmenbedingungen, sprich: die umfassenden Lebenspläne dramatisch verändert. Familie und Kinder sind zwar immer noch Teil des Lebensplans – aber sie sind nun nicht mehr *das* vorrangige Lebensziel, auf das sich alle Wünsche und Erwartungen richten. Das Losungswort heute heißt vielmehr „Vereinbarkeit" – eben die Vereinbarkeit von Mutterschaft mit anderen, eigenen Plänen. Und dies eben deshalb, weil immer mehr junge Mädchen und Frauen sich ein Stück persönlichen Freiraum erhalten wollen. In einer Diskussion unter Schülerinnen, wo es um Beruf und Kinderkriegen geht, wird dies so formuliert:

*„Ich will beides ... Wenn das Kind anfängt, selbständig zu werden, steh ich sonst da und hab nichts".*

*„Außer dem Kind braucht man doch 'ne andere Aufgabe, die Selbstbestätigung gibt".*

*„Du brauchst auch einen Freiraum und Dinge, die nur dir gehören. Gerade als Mutter und Hausfrau bist du nur für andere da, von morgens bis abends. Du wäschst für andere, kochst für andere ..."*

*„Ja, dein Kind lebt sein eigenes Leben, der Mann lebt sein eigenes Leben, nur du nicht".[10]*

Doch ist diese Vereinbarkeit ein Wunsch, der oft weit von der Realität entfernt ist, gerade unter den Lebensbedingungen der hochtechnisierten und hochindustrialisierten Gesellschaft. Und erst recht kann diese Vereinbarkeit nicht selbstverständlich vorausgesetzt werden, sondern muß durch gezielte Anstrengungen erst hergestellt werden – durch bewußte Berufsplanung und Wohnungswahl, aufwendige Arrangements der Kinderbetreuung, Absprachen mit Arbeitgeber, Partner und vielleicht auch noch Schwiegermutter. Entsprechend wird Mutterschaft immer mehr zu einer Art Vorhaben, das man mit Vorsicht und Umsicht ansteuern muß. Wie es in einem der neuen Beratungsbücher heißt:

*„Die Frauen der jüngeren Generation sind es, die heute genau wissen wollen, was sie erwartet, bevor sie sich auf ein Kind einlassen. Die Emanzipation der Frauen ist zu weit fortgeschritten, als daß Mutterschaft noch als quasi-natürliches Rollenelement von jeder Frau bereitwillig akzeptiert würde ... Die jungen Frauen sind gewarnt. Sie haben ihre erschöpften Mütter gesehen, sie haben ihre ,schwer abkömmlichen' großen Schwestern oder Freundinnen vor Augen. Sie sind vorsichtig geworden ... [Sie] wollen erst wissen".*[11]

Hinzukommt, daß in den 60er Jahren die Pille auf den Markt kommt. In den Massenmedien wird sie vielfach zu *der* Ursache des einsetzenden Geburtenrückgangs erklärt. In der wissenschaftlichen Diskussion wird dagegen betont, daß solche Vorstellungen viel zu pauschal und vereinfacht sind.[12] Denn die Pille ist nur ein Mittel zum Zweck, und Mittel werden bekanntlich nur dort eingesetzt, wo auch entsprechende Zwecke, Wünsche, Motivationen existieren. Das entscheidend Neue kommt also daraus zustande, daß zu genau diesem Zeitpunkt zwei Entwicklungen zusammentreffen, nämlich Mittel *und* Zwecke. Vor dem Hintergrund des „eigenen Lebens" entstehen neue Motivationen zur Geburtenkontrolle – und mit der Pille gibt es jetzt auch die technischen Möglichkeiten dazu.

Ein zusätzlicher Effekt ergibt sich dann daraus, daß das Mittel auf die Zwecke zurückwirkt und ebenso leise wie nachhaltig die Entscheidungssituation selbst verändert. Zunächst einmal entsteht mit der Pille ein charakteristisch neuer Handlungsdruck: Mußte man sich früher relativ mühsam um empfängnisverhütende Mittel kümmern, wenn man keine Kinder wollte, so muß man sich heute meist bewußt dafür entschließen, diese

Mittel abzusetzen, wenn man Kinder will. Der Entscheidungsprozeß läuft in der Regel jetzt umgekehrt. Darüber hinaus hat
die Geschichte der Technik vielfach gezeigt, daß eine neue
Technik nicht neutral ist, sondern ein ganzes Programm des
sozialen Wandels in sich birgt. Dieser Zusammenhang wird gerade in der aktuellen Diskussion um die neuen Fortpflanzungs-
technologien von zahlreichen Autoren herausgearbeitet: „Ist
diese oder jene neue Möglichkeit erst einmal ... eröffnet und
durch Tun im kleinen entwickelt worden, so hat sie es an sich,
ihre Anwendung im großen und immer größeren zu erzwingen
und diese Anwendung zu einem dauernden Lebensbedürfnis zu
machen".[13] Oder noch direkter gesagt: „Moral ist wandel-
bar ... Unter dem Eindruck neuer Technik veraltet die bestehende Moral".[14] Das heißt dann hier, unter dem Eindruck neuer Möglichkeiten der Geburtenkontrolle verändern sich auch
die Einstellungen, Erwartungen, Normen auf diesem Gebiet.
Man kann annehmen, daß die Entwicklung etwa folgendermaßen verläuft: Indem die Pille enorm schnell in die Schlagzeilen
der Massenmedien rückt und zu vehementen Diskussionen in
der Öffentlichkeit führt, wird auch ein Bewußtseinsprozeß ausgelöst. Jetzt wird bis ins letzte Dorf hinein unmittelbar sichtbar, daß die Biologie nicht mehr Schicksal ist, daß es vielmehr
Optionen gibt: die Entscheidung für oder gegen ein Kind. Und
im Wechselspiel der Fragen, Standpunkte, Argumente, die in
der öffentlichen Diskussion ausgetauscht werden, verschieben
sich allmählich die Gewichte der „Beweislast". Unter der Hand
bahnt sich eine Veränderung der gesellschaftlich vorherrschenden Moral an: Aus dem Entscheidenkönnen wird die *Pflicht* zur
bewußten Entscheidung. Oder noch pointierter gesagt, mit der
Verfügbarkeit der Pille wird die Entscheidung für oder gegen
ein Kind weiter „privatisiert": aus den Zwängen der Biologie
entlassen und in die Verantwortung von Frau und Mann gelegt.

*„Die neue Moral heißt bewußte, rationale, technisch-sichere
Verhütung. Ihr Leitbild ist der aufgeklärte moderne Mensch,
der verantwortungsbewußt mit dem Akt der Zeugung um-
geht ... Fast wird derjenige verdächtig, der im Zeitalter der*

*unbegrenzten Verhütungsmöglichkeiten keinen Gebrauch davon macht. Verhütung wird vom notwendigen Übel zur aufgeklärten Staatsbürgerpflicht".*[15]

Diese Entwicklungslinien deuten darauf hin, daß sich unter
den neuen Bedingungen die unmittelbare Verbindung von
Frauenleben und Mutterschaft auflöst. Oder genauer, sie wird
abgeschwächt und ein Stück weit gebrochen durch die Konkurrenz unterschiedlicher Leitbilder und neuer Wahlmöglichkeiten. Dabei wird Kinderhaben aus der einstigen Selbstverständlichkeit entlassen und zum Gegenstand bewußter Überlegungen und Planungen. Dadurch kommt es zu einem paradoxen
Effekt: *Kinderhaben wird gleichzeitig zum Wunsch und zur
Frage.* Denn auf der einen Seite entsteht erst jetzt, wo Mutterschaft aus gesellschaftlichen Vorgaben und biologischen Zwängen freigesetzt wird, eine wirkliche Entscheidungssituation:
Die Frau kann sich für oder gegen Kinder entscheiden. Oder
anders gesagt, erst jetzt, wo man auch „Nein" sagen kann, gibt
es auch ein bewußtes „Ja": einen persönlichen Kinderwunsch.
Aber gleichzeitig wird das, was früher die eigentliche Bestimmung der Frau war, nun auch eine *Frage,* eben die, wie sie
symptomatisch ein Buchtitel formuliert: „Will ich wirklich ein
Kind?"[16] Diese Frage ist der gemeinsame Nenner für Überlegungen und Abwägungen verschiedenster Art, die alle aus dem
Anspruch und Zwang zum eigenen Leben entstehen, vor diesem Hintergrund nun die Inhalte und Anforderungen des Kinderhabens betrachten und messen. Abgewogen wird, wie läßt
sich ein Kind vereinbaren mit der gegenwärtigen Situation und
den langfristigen Lebensplänen – zum Beispiel mit den Anforderungen der Ausbildung, den Anforderungen im Beruf, der
Beziehung zum Partner. Die Frage, die gegen Ende des
19. Jahrhunderts sich zaghaft anzudeuten beginnt, bricht jetzt
in vielen Gruppen immer offener auf. Ihr Grundtenor heißt:
*Wie paßt Mutterschaft mit dem Anspruch auf ein Stück eigenes
Leben zusammen?*
Um das Ergebnis vorweg zu nehmen: „Die" Antwort darauf
gibt es nicht. Denn das, was zum „eigenen Leben" gehört, wird

113

inhaltlich unterschiedlich gefüllt je nach Herkunft, Sozial-schicht, Bezugsgruppe. Wie unterschiedliche, ja gegensätzliche Antworten entstehen, und wie diese wiederum zurückverwei-sen auf die Lebensbedingungen, Erfahrungen, Erwartungen un-terschiedlicher Gruppen von Frauen – das sollen die folgenden Abschnitte zeigen.

## 2. Geld spielt auch eine Rolle

In Öffentlichkeit, Politik und teilweise auch Wissenschaft wird die Auffassung vertreten, daß es vor allem ökonomische Moti-ve, oder schärfer noch: materialistische Einstellungen sind, die den Geburtenrückgang bewirken. Typisch dafür ist etwa die Darstellung, die der Bevölkerungsforscher Hatzold im Pro-grammentwurf für eine ,,Partei der Familien" gibt:

,,... während die Erträge der Kinderaufzucht in Form von Arbeitskräften und sozialer Absicherung der Allgemeinheit zu-gute kommen, sind die mit der Kindererziehung verbundenen Lasten in Form von Kosten ihres Lebensunterhalts ganz über-wiegend den Familien verblieben. Die Folgen dieser sozialen Ungerechtigkeit sind katastrophal... Heute verfügt ein Allein-stehender mit durchschnittlichem Einkommen oder ein doppelt erwerbstätiges kinderloses Ehepaar pro Kopf über ein dreimal so hohes Nettoeinkommen wie eine Familie mit zwei Kindern und nur einem Verdiener. Das führt, erleichtert durch eine immer perfektere Familienplanung, zu einer immer größeren Beschrän-kung der Kinderzahl und ... zu immer mehr Menschen ohne Kinder, die dann ihr Einkommen für sich allein ausgeben kön-nen ..."[1]

Liest man sich durch die Palette der Interviews und Erfah-rungsberichte, so findet man tatsächlich manche Beispiele, die zeigen: in die Entscheidung für oder gegen ein Kind spielen auch finanzielle Erwägungen hinein. Die Frage ist da, ob das Einkommen ausreicht für ein Kind oder ein weiteres Kind, oh-ne drastische Einbußen in dem, was zum bisher gewohnten

Rahmen des Lebens gehört. Nun ist eine solche Frage zunächst ja durchaus verständlich. Erstaunlich wird sie erst dann, wenn man an die historischen Umstände denkt. Denn in den westlichen Industrienationen hat um die Mitte des 20. Jahrhunderts eine bis dahin ungeahnte Wohlstandsentwicklung begonnen. Und auch heute noch in den Jahren der „Krise", da das Wachstum geschrumpft und das Wirtschaftswunder verblaßt ist, ist diese Entwicklung zwar gebremst, aber doch nicht gebrochen. Weitaus mehr Menschen als früher leben in materiell gesicherten Verhältnissen. Warum also heute noch – ja heute weit mehr als früher, wie familienhistorische Untersuchungen zeigen – ein finanzielles Abwägen des Kinderwunsches? Ist dies ein Zeichen von zunehmendem Materialismus, auf eine Formel gebracht: „Kind oder Konsum"?

Um die Antwort zu finden, darf man nicht nur sehen, daß die Kinderzahl früher weniger von materiellen Bedingungen abhängig gemacht wurde. Man muß auch sehen, *warum* dies so war. Wie die sozialhistorische Forschung gezeigt hat, gab es in der vorindustriellen Gesellschaft eine Reihe von Bedingungen, die die Wahrscheinlichkeit des Kinderhabens vorgängig einschränken – ganz unabhängig davon, ob die einzelnen Paare das wollten oder nicht.[2] Und entscheidend ist hier, daß diese Bedingungen vor allem die *Ärmeren* trafen. Für sie waren zunächst einmal die Heiratsmöglichkeiten stark eingeschränkt, durch Regelungen direkter und indirekter Art: von hohen Mitgiftforderungen und Erbfolgebestimmungen bis hin zu gesetzlich verankerten Heiratsverboten für Besitzlose. Darüber hinaus waren in den ärmeren Bevölkerungsgruppen Unterernährung und Krankheit weit verbreitet, was zum einen das sexuelle Interesse und die Wahrscheinlichkeit einer Empfängnis herabsetzte und zum anderen das Risiko einer Fehl- oder Totgeburt erhöhte. Durch solche Bedingungen, die das Heirats- und Fortpflanzungsverhalten der Unterschichten einschränkten, entstand der Richtung nach ein gewisser Ausgleich zwischen Nahrungsspielraum und Bevölkerungsgröße, eine zumindest teilweise Annäherung „zwischen den Tendenzen des Fruchtbarkeitsverhaltens [und] den Ertragsmöglichkeiten der jeweiligen Umwelt".[3]

Das aber heißt auch, durch gesellschaftliche und biologische Beschränkungen, die Kinderhaben mit dem Besitzstand verknüpften, waren individuelle Entscheidungen über Familiengröße bis zu einem gewissen Grad überflüssig. Denn je mehr auf der gesellschaftlichen Ebene, über direkte und indirekte Steuerungen, der Zugang zu Elternschaft vorgängig begrenzt wurde, desto weniger mußten auf der individuellen Ebene Mann und Frau bewußt Familienplanung betreiben. All dies ist anders geworden, denn im Übergang von der vorindustriellen zur modernen Gesellschaft hat eine „Verlagerung von einer sozial kontrollierten zu einer individuell kontrollierten Fruchtbarkeit" stattgefunden.[4] Nach dem Wegfall der vorgängigen Beschränkungen wird die Familiengröße zur persönlichen Entscheidung: Das Abwägen der materiellen Voraussetzungen liegt immer mehr beim einzelnen Paar. Mann und Frau müssen selber entscheiden, ob sie sich ein Kind „leisten" können oder nicht.

Darüber hinaus war in der vorindustriellen Gesellschaft die Existenzsicherung wesentlich an den Familienverband gebunden, an die Familie als Arbeits- und Wirtschaftsgemeinschaft. Deshalb waren für diejenigen, die heiraten konnten, Kinder wichtig, gerade auch aus ökonomischen Gründen: als Arbeitskräfte in Haus und Hof, zur Alterssicherung der Eltern, zur Vererbung von Besitz und Namen. Auch dies ist bekanntlich anders geworden. Die Existenzsicherung läuft nicht mehr über den Familienverband, sondern über den Arbeitsmarkt, und der einzelne muß im Beruf das Geld zum Lebensunterhalt verdienen. Unter diesen Bedingungen bringen Kinder keinen ökonomischen Nutzen mehr. Ja mehr noch, sie stellen jetzt eine Belastung dar, und dies nicht zuletzt auch als Folge der neuen Erziehungsdevise „Das Kind als Persönlichkeit", wodurch die Standards der Versorgung, Erziehung, Ausbildung immer mehr steigen. Ökonomisch gesehen hat also eine drastische Umkehrung stattgefunden, auf eine Formel zusammengefaßt: „vom Kindersegen zur Kinderlast".[5] Dabei wird auch diese Belastungsspirale in den letzten Jahrzehnten, ja Jahren immer weiter vorangetrieben. Denn die mit Kinderhaben verbundenen Kosten sind in diesem Zeitraum sprunghaft gestiegen, wobei viele Ursachen zusammenkommen – von immer höheren Standards dessen, was ein Kind braucht, bis zu hohen Mieten und langen Ausbildungszeiten. Elternsein heute ist teuer – so teuer wie nie zuvor.

Faßt man die bisherigen Überlegungen zusammen, so kann man sagen, das charakteristisch Neue der modernen Gesellschaft liegt in folgendem Punkt: Das Abwägen der materiellen Voraussetzungen liegt immer mehr beim einzelnen Paar, als Entscheidungsmöglichkeit und insgeheim neue Pflicht. Und gleichzeitig ist mit Kinderhaben nicht mehr ökonomischer Nutzen verbunden, sondern eine enorme Belastung. Von daher ist es keineswegs erstaunlich, wenn in den Entscheidungsprozeß heute auch finanzielle Erwägungen hineinspielen. Interessant ist jedoch die Frage: bei welchen Gruppen diese Überlegungen am meisten genannt werden, und wie stark der Einfluß der finanziellen Motive im Vergleich zum Einfluß anderer ist.

Untersuchungen zeigen nun, daß finanzielle Barrieren vor allem in den ärmeren Bevölkerungsgruppen genannt werden.[6] Dies mag einleuchtend, fast logisch erscheinen: Wo das Geld am knappsten ist, müssen die Kosten des Kinderhabens am meisten spürbar werden. Aber auffallend werden solche Ergebnisse, wenn man sie mit der Situation vor einem Jahrhundert vergleicht. Auch damals schon bedeuteten Kinder eine finanzielle Belastung, und dennoch hatten Arbeiterfamilien oft viele Kinder, trotz wenig Geld. Warum also dieser historische Wandel? Zum einen sicherlich deshalb, weil gegen Ende des 19. Jahrhunderts erst wenig bzw. wenig sichere Mittel der Empfängnisverhütung zur Verfügung standen. Doch dies allein kann als Erklärung nicht ausreichen, da zum selben Zeitpunkt die Geburtenzahlen bei den Beamten und Angestellten bereits deutlich niedriger lagen.[7] Die weitere Ursache liegt vor allem darin, daß seit den 50er und 60er Jahren „bürgerliche" Erwartungen und Entscheidungsmuster – vom Aufstiegswunsch bis zum Planungsverhalten – zumindest teilweise auch in die Arbeiterfamilien durchsickern. Das zeigt sich gerade auch bei der Entscheidung für oder gegen ein Kind: „In der Nachkriegszeit schon wird sichtbar, daß sich die Arbeiterschaft ans generative Verhalten der mittleren und oberen Schichten angleicht".[8] Das bedeutet zum einen eine Begrenzung der Kinderzahl. Und es bedeutet auch, daß eine Regel, die in früheren Jahrzehnten vor allem im Bürgertum galt, heute ein Stück weit auch unter Arbeitern aufgenommen wird. Sie heißt: erst die materielle Basis fürs Leben schaffen, dann auch ein Kind. Als Beispiel eine Untersuchung über Fabrikarbeiterinnen, in der klar ein Generationsunterschied sichtbar wird: Im Gegensatz zu den älteren Frauen wollen die jüngeren ihre Kinder oft nicht mehr bloß kriegen, sie wollen vorher zielbewußt planen, und zwar gerade aus finanziellen Motiven.[9]

*„Das [Kinderhaben] wird als von Jahr zu Jahr verschoben. Ja, wir wollen. Man soll ja eigentlich nicht so lange warten. Aber vielleicht so ein Jahr, zwei noch ham wir vor". Interviewer: Und warum verschieben Sie's? „Ja, eigentlich nur finanziell, möcht ich mir gern noch ein bißchen was auf die hohe Kante legen und sparen. Denn es könnte ja sein, daß wir mal das Haus übernehmen, und dann müßt ich ja auch meine Geschwister dann ausbezahlen, und da muß man schon en bißchen was gespart haben".*

*„... wir warten noch ein paar Jahre... Denn ich weiß, im Bekanntenkreis, die haben noch jünger geheiratet als wir und gleich ein Kind, und die haben gesagt, es ist schwerer. Und die sagen immer, was ihr euch leisten könnt, das können wir nicht. Da kommen wir doch besser zurecht. Und da wollen wir jetzt die Wohnung fertigmachen, und in drei bis vier Jahren wollen wir dann mal sehen".*[10]

Doch insgesamt, das stellen neuere empirische Untersuchungen übereinstimmend fest,[11] spielen finanzielle Erwägungen eine weitaus geringere Rolle, als im allgemeinen angenommen wird. Wo finanzielle Bedenken genannt werden, da oft *neben* und *nach* anderen Überlegungen. Zum Beispiel in einer deutschen Untersuchung über „Ein-Kind-Familien", in der Frauen mit einem Kind befragt werden, ob sie ein weiteres wollen:

*„Und dann hat es halt einfach nicht geklappt mit dem Versuch, [wieder schwanger zu werden] und auf einmal waren wir*

*halt beide wieder soweit, daß wir gesagt haben: jetzt genießen wir erst ein bißchen das Leben. Und das wäre ja wirklich nicht gegangen, jetzt, im Moment ... zwei Kinder da – das geht nicht in der kleinen Wohnung, das geht einfach nicht. Und deswegen haben wir gesagt, jetzt sind wir so vernünftig, jetzt richten wir zuerst die Wohnung ein, die größere, und dann sehen wir mal".*

*„Natürlich auch das Finanzielle – das darf man nicht vergessen. Uns geht es finanziell sehr gut, aber ein Kind ist ja auch ein finanzielles Problem, es belastet einen noch mehr. Man hat dann gewisse Einschränkungen, die einem vielleicht nicht schwerfallen, aber der Lebensstandard ist doch irgendwie eingeschränkt."*[12]

In diesem Zusammenhang ist eine österreichische Untersuchung interessant, die einen ,,deutlich negativen (linearen) Einfluß des Haushaltseinkommens auf den Kinderwunsch" findet. Mit anderen Worten: in den höheren Einkommensgruppen nimmt der Kinderwunsch ab. Dort zeigt sich auch, daß ,,mehr Geld allein kaum eine Erhöhung des Kinderwunsches bewirkt: 90% der Frauen gaben an, daß eine hypothetische Einkommensverdoppelung die von ihnen gewünschte Kinderzahl nicht beeinflussen würde".[13]

Aus all dem deutet sich an, die Entscheidungssituation ist insgesamt viel komplizierter, längst nicht bloß ,,Kind oder Konsum". Wie es in einer zusammenfassenden Darstellung heißt: ,,Der Geburtenrückgang erscheint damit als ein Ausdruck grundlegend veränderter Lebensstile ... [Dabei geht es] um Probleme, die mit finanziellen Aufwendungen allein offensichtlich nicht zu lösen sind".[14]

Das jedenfalls ist das bisherige Fazit. Aber hier könnte in Zukunft eine Verschiebung zu beobachten sein, die damit zusammenhängt, daß wir heute eine neue Form der sozialen Ungleichheit erleben – nämlich die zwischen den Generationen. Das Bild eines breit verteilten Wohlstands erweist sich nämlich, schaut man einmal genauer hin, als zu sehr auf die Erfahrung derjenigen Altersgruppen bezogen, die bereits in die Berufswelt integriert sind. Und eben darum ist es am entscheidenden Punkt

trügerisch. Es blendet aus, daß gerade diejenigen, die ins eltern-
fähige Alter kommen, heute oft unter erheblichem finanziellen
Druck stehen: Da gibt es viele, die vom Wohlstand ausgesperrt
bleiben, durch Lehrstellenmangel und Jugendarbeitslosigkeit,
durch Einstellungsstopp und verstopfte Karrierewege, durch
Lehrer-, Juristen- und sonstige „Schwemmen". Und es ist diese
Generation auch, die nun auf den Wohnungsmarkt drängt und
die enorm gesteigerten Mieten erlebt – während die, die ihre
Wohnung schon lange haben, dafür noch einigermaßen preis-
wert bezahlen. So ist die Vermutung naheliegend: Wenn in der
jüngeren Generation die ökonomische Unsicherheit weiter
wächst, dann können auch die finanziellen Barrieren des Kinderwunsches wieder stärkere Bedeutung gewinnen.

### 3. Ein Stück Selbständigkeit wahren

Aber wenn bisher das Geld nur eine vergleichsweise geringe
Rolle spielte – welches sind dann die Barrieren, die größeres
Gewicht haben? Wichtige Anhaltspunkte finden sich in den
zahlreich vorhandenen Untersuchungen, Interviews und Erfahrungsberichten, die das Verhältnis von Frauenleben und Kinderwunsch thematisieren. Aus der Vielzahl der Äußerungen
kristallisiert sich zunächst einmal ein zentrales Grundmotiv
heraus, in dem sich deutlich die Veränderungen der weiblichen
Normalbiographie widerspiegeln, die sich in den letzten Jahrzehnten durchgesetzt haben. Das charakteristisch Neue ist gerade, daß bei einer wachsenden Zahl von Frauen die Frage jetzt
heißt, *ob sie sich ein Stück persönliche Unabhängigkeit bewah-
ren können, auch als Mutter-mit-Kind.* Das Motto dafür könnte
der Interviewsatz einer Verkäuferin sein: „Eben nur Mutter
sein – das will man doch wieder nicht".[1] Und noch direkter in
einem Erfahrungsbericht: „Ich will beides . . . Ein Kind *und* ein
Stück Freiraum von meinen Mutterpflichten".[2]
Nun deuten verschiedene Untersuchungen darauf hin, daß
bei den Barrieren des Kinderwunsches eine schichtspezifische
Verteilung zu beobachten ist. Kurz zusammengefaßt: Je höher

die Bildung, desto weniger spielen finanzielle Erwägungen eine Rolle. Dafür treten dann die sozialen Beschränkungen durch Kinder in den Vordergrund, also: weniger persönliche Freiheit, Einschränkung von Beruf und Freizeit.[3] Schaut man genauer hin, so wird freilich sichtbar, daß diese Gegenüberstellung von finanziellen Motiven und Selbständigkeitswünschen nur teilweise richtig ist. Sie verkennt nämlich, was zu den charakteristischen Erfahrungen des weiblichen Lebenszusammenhangs gehört: daß die ökonomische Abhängigkeit, die mit Mutterwerden verbunden ist, in soziale Abhängigkeit hineinführt – daß zwischen den beiden also ein unmittelbarer Zusammenhang besteht. Diese reale Verquickung von ökonomischen und sozialen Abhängigkeiten hat zur Folge, daß auch da, wo Frauen vom Geld reden, sie deshalb keineswegs nur das Geld meinen. Im Gegenteil: Auch da, wo finanzielle Barrieren genannt werden, steht dahinter oft das Streben nach Selbständigkeit. So haben Frauen, die kinderlos sind, Angst davor, durch die Hausfrauen- und Mutterrolle – nein, nicht ohne Geld zu sein, aber eben *ohne „eigenes Geld"*, selbst in den kleinen Wünschen abhängig vom Mann und seinem Verdienst. Geld bedeutet für sie nicht allein Konsummöglichkeit, es ist vielmehr ein Zeichen ihrer Unabhängigkeit.

*So eine Friseuse: „Wenn ich mir vorstelle, ich soll mir vom Geld meines Freundes Kleider kaufen ... und soll Dieter auch noch die Preise nennen, da wird mir ganz grau. Ich hab zuerst, wenn ich mir selbst was kaufte, billigere Preise angegeben. Dann hab ich ihm aber klar gemacht, daß er mich zum Lügen zwingt ... Aber was ist, wenn ich nun kein Geld mehr hab, weil ein Kind da ist, und ich doch für alles gradezustehen hätte – für den Haushalt und das Kind?"*

*Und eine Sekretärin: „Mein Mann gibt das Geld sehr unbekümmert aus. Wenn er meint, er muß Geld ausgeben, dann gibt er es eben aus. Ich hab jetzt mein eigenes Geld und ganz andere Möglichkeiten, die Ausgaben zu steuern. Wäre ich finanziell von ihm abhängig, dann ist das ja sein Geld, was wir verbrauchen. Dann ist es nicht unser Geld, das ich da irgendwie habe.*

*Ich hab ihn mal gefragt, wie das denn mit den Finanzen ausse-
hen würde, wenn ich zu Hause bliebe. Ob ich dann ein Haus-
haltsgeld und ein Taschengeld bekomme ... Da war er ganz
entsetzt, weil er meint, er wäre der große Finanzierer als Allein-
verdiener und könnte mir das Geld zuteilen ... Also, es geht
nur, sagte ich mir, wenn du auch selbst etwas verdienst. Und die
Frage nach einem Kind hat immer was mit dem Finanziellen zu
tun. Wenn man Kinder hat, ist es aus in der Partnerschaft".*[4]

Daß hinter den finanziellen Beweggründen oft der Wunsch
nach ein bißchen mehr Unabhängigkeit steht, zeigt auch eine
Untersuchung von Müttern mit einem Kind, in der nach den
Motiven für oder gegen ein weiteres Kind gefragt wird. Hier
wird sichtbar, daß finanzielle Motive oft deshalb vorgebracht
werden, weil sie sozial akzeptabel und deshalb wenig angreifbar
sind – was insbesondere dann von Vorteil ist, wenn Mann und
Frau unterschiedliche Interessen haben. Denn oft haben es gerade Hausfrauen besonders schwer, sich mit ihren Vorstellungen durchzusetzen, sofern sie kein weiteres Kind wollen. ,,Ih-
nen bleibt oft nichts anderes übrig, als sich auf finanzielle Argumente ... zurückzuziehen, denn diese überzeugen die Ehemänner noch am ehesten".[5]

,,*Fast alle Hausfrauen, die sich gegen ein zweites Kind aus-
sprechen, führen auch die erwarteten finanziellen Probleme als
Grund gegen eine größere Familie an. Dies bedeutet aber nur in
Einzelfällen, daß sich die Familien auf gar keinen Fall ein zweites Kind leisten könnten. Etwa die Hälfte dieser Frauen lebt
beispielsweise in einem Eigenheim bzw. in einer Eigentumswoh-
nung. Die vorgebrachten finanziellen Bedenken ... deuten eher
auf andere Prioritäten hin: die Frauen möchten selbst wieder
etwas mehr vom Leben haben, finanzielle Unabhängigkeit vom
Mann erlangen und auch einen höheren Lebensstandard als den
der eigenen Herkunftsfamilie für sich und ihr Kind sichern".*[6]

So kann man wohl sagen, es gibt zwar schichtspezifisch unterschiedliche Variationen und Ausdrucksformen, aber als
Grundtendenz ist doch unverkennbar, daß bei immer mehr

Frauen die Gedanken um ein Stück persönliche Selbständigkeit kreisen. Dies läßt sich anschaulich an drei Beispielen zeigen. Das erste bezieht sich auf die Situation *arbeitsloser Frauen*. Hier herrscht in der Öffentlichkeit vielfach die Auffassung vor, daß bei den Engpässen am Arbeitsmarkt Frauen „ausweichen" auf das Dasein als Hausfrau-und-Mutter. Doch neuere Untersuchungen zeichnen ein anderes Bild. So findet eine Studie über arbeitslose Hauptschülerinnen:

> *„Aufgrund ihrer Erfahrung von Abhängigkeit und Unselbständigkeit in der Arbeitslosigkeit stehen viele Mädchen aber der Idee, sich auf Familie zurückzuziehen und sich vom Freund oder Ehemann ‚aushalten' zu lassen, wie sie dies nennen, sehr skeptisch gegenüber".*[7]

Noch deutlicher sind die Ergebnisse einer Studie über arbeitslose Akademikerinnen. Danach wird unter dem Eindruck von Arbeitslosigkeit der Kinderwunsch nicht etwa bestärkt, sondern im Gegenteil: bewußt beiseite geschoben. Denn die Frauen haben Angst, daß die Stellensuche, die jetzt schon schwierig genug ist, mit Kind praktisch aussichtslos wird, und es ihnen dann nie mehr gelingt, auf eigenen Füßen zu stehen. „Arbeitslosigkeit [wird] für die meisten Frauen eher zum zentralen Hinderungsgrund – und nicht zum Anlaß –, ein Kind zu bekommen".[8]

> *„Ja, es ist schon ein Konflikt, nicht nur eine finanzielle Sache. Sondern der Punkt ist einfach, daß ich dann total raus wäre aus dem Beruf. Wenn ich jetzt Kinder bekommen würde, müßte ich Berufswünsche weit hintenanstellen. Gerade bei der derzeitigen Arbeitsmarktsituation halte ich das für selbstmörderisch. Also, dann müßte ich mir auch über die Konsequenzen im klaren sein und bewußt eingehen, daß ich dann wirklich keinen Job mehr kriege. Und das will ich eben nicht".*
>
> *„Man hätte zwar jetzt im Augenblick die Zeit, aber jetzt ist alles so ungesichert. Und ich würde sagen, das wird einem gerade in der Arbeitslosigkeit schwer gemacht, sich zu entscheiden. Gerade wenn man nicht bereit ist, den üblichen Weg gehen,*

*eben heiraten und Kinder kriegen und vom Mann abhängig zu sein. Und das wäre etwas, was ich überhaupt nicht haben möchte ... Ich möchte also nie irgend jemand für mich sorgen lassen".*[9]

Das zweite Beispiel bezieht sich darauf, daß in Interviews und Erfahrungsberichten, die den Kinderwunsch thematisieren, auffallend oft eine bestimmte Gedankenfolge auftaucht, nämlich ein *innerer Vergleich mit der eigenen Mutter.* Die Entscheidung für oder gegen ein Kind wird demnach auch wesentlich beeinflußt vom Bild der Mutter, vom Gedanken an das Leben, das sie gehabt oder vielleicht eher: nicht gehabt hat. Und solche Bedenken finden sich auch, ja gerade bei Frauen, die aus einfachen Verhältnissen stammen. So die Untersuchung über Ein-Kind-Familien: ,,Insbesondere für Frauen mit Unterschichtsherkunft ist das Beispiel der Mutter, die ,nichts vom Leben gehabt hat', ,immer bloß gearbeitet hat', ein verbreitetes, nicht nachahmenswertes Bild".[10]

*Frau M. über ihre Mutter, eine Hausfrau mit fünf Kindern: ,,Also, sie hat auch immer bloß den Haushalt, die Kinder gehabt, sie war immer nur für die Kinder und den Mann da. Kochen, putzen, waschen, bügeln. Sie hat auch noch nichts gesehen. Also, auf gar keinen Fall möchte ich tauschen, nie".*

*Frau D. über ihre Mutter, die als ungelernte Fabrikarbeiterin arbeitete und vier Kinder hatte: ,,Die ganze Woche hat sie ja bloß gearbeitet für uns. Sie schuftete in der Arbeit und hat dann uns versorgt. Um Gottes Willen, sie hat nichts Gutes gehabt, also, das war der reine Selbstverzicht".*[11]

Vielleicht kann man es so sagen: Die Frauen der jüngeren Generation wollen sich durch Mutterschaft nicht zurückbinden lassen in ein Schicksal der dauernden Selbstzurücknahme. Und insbesondere diejenigen mit qualifizierter Bildung wollen nicht wiederholen, was ein Buchtitel nennt: ,,Mutter war keine Person".[12] Dazu Ausschnitte aus Erfahrungsberichten:

*,,Als ich älter wurde, wußte ich immer, ich will mal nicht so leben wie meine Mutter, die eben Hausfrau und Mutter war ...*

*Wenn ich später sagte, ich will keine Kinder, hat meine Mutter immer gelächelt, aber ich merkte eindeutig, daß sie sehr traurig darüber war. So in den letzten zwei, drei Jahren begreift sie ein Stück weit, warum ich keine Kinder will. Aber sie weiß natürlich, daß mein Leben auch eine Kritik an ihrem Leben enthält".* (Lehrerin)[13]

*„Muttersein als Erfahrung messen – kann ich eigentlich nur an meiner eigenen Mutter. Und meine eigene Mutter hat bis vor kurzem ihre ganze Identität aus mir bezogen, war Person nur durch mich. Ich sehe, fühle das bei vielen Frauen/Müttern – bei zu vielen! Und zu wenige, die durch sich selber Person sind, die die eigene Entwicklung nicht in die Entwicklung ihrer Kinder projizieren".* (Lehrerin)[14]

*Und so heißt es im Erfahrungsbericht einer Professorin, die die Entscheidung fürs Kind bewußt lange aufgeschoben hat: „... ich wollte mich nicht von Kindern und Familie vereinnahmen lassen. Ich wollte mich nicht in gleicher Weise für die Familie aufopfern, so wie ich das Leben meiner Mutter wahrgenommen hatte ... Ehe ich ein Dasein für andere führte, wollte ich eine Weile lang mein eigenes Leben führen".*[15]

Ein wachsender Wunsch also nach den Handlungsräumen persönlicher Freiheit: hier dürfte heute die vielleicht entscheidendste Barriere gegen Mutterschaft liegen. Dies illustriert anschaulich auch das dritte Beispiel, bei dem es um Frauen geht, die bereits Mutter sind und deren Frage jetzt heißt: *noch ein weiteres Kind?* Für die Frauen früherer Generationen stellten sich solche Überlegungen auch, aber nicht in Form einer grundsätzlichen Alternative (eher aus Gründen der physischen Überlastung und ständigen Erschöpfung), denn ihr Weg war in jedem Fall vorbestimmt zum lebenslangen „Dasein für die Familie". Ganz anders dagegen die jüngeren Frauen, die schon vom Anspruch und Zwang zum „eigenen Leben" berührt sind. Sie sehen – das klingt in vielen Äußerungen an – die Phase der intensiven Kinderbetreuung eher als einen Zwischenabschnitt und wollen danach wieder mehr Selbständigkeit gewinnen. Und genau hier liegt auch ein entscheidender Grund, warum sie häu-

125

fig kein weiteres Kind wollen. Das wird sichtbar in der Befragung von Müttern mit einem Kind,[16] und es klingt deutlich an in vielen Erfahrungsberichten.

*„Bei mir kam … allmählich ein Gefühl der Abhängigkeit auf. Ich fühlte mich nicht mehr als Person, sondern ‚nur' noch als Mutter und Hausfrau, ganz für die Familie … Meine Vorstellung für die Zukunft sieht so aus, daß ich erst einmal wieder zu mir finden muß … Ein zweites Kind? In den nächsten Jahren sicher nicht". (Krankenschwester)*[17]

*„… ich habe einfach (noch?) nicht den Mut zu einem zweiten Kind. Ich möchte auch für mich selbst ein Zipfelchen übrigbehalten: ein Zipfelchen Zeit, ein Zipfelchen Energie … Nein, ich möchte kein zweites Kind mehr haben. Ich bin zu wenig gern ausschließlich Mutter". (Verlagsassistentin)*[18]

Aber solche Pläne gelingen bekanntlich nicht immer: Manche Frauen finden sich ungewollt wieder schwanger. Das bedeutet für sie, das „Zipfelchen Freiheit", das so greifbar nahe schon schien, rückt wieder in weite Fernen. Dieses plötzliche Umkippen der eigenen Hoffnungen, der aufgezwungene Umschwung von zaghaft beginnender Selbständigkeit zu weiteren Jahren der Selbstzurücknahme kann bis in Verzweiflung und Depressionen hineinführen. Im Extremfall wird daraus die Alternative: Ich *oder* das Kind. Dies zeigt z. B. eine Untersuchung über Gründe des Schwangerschaftsabbruchs; daraus einige Äußerungen von Frauen, die schon Kinder haben und nun bewußt kein weiteres wollen:

*„Ja, das ist es ja eben. Meine Selbständigkeit wäre bestimmt beeinflußt. Einmal kann ich meinen Beruf nicht mehr ausüben, dann hätte ich kein eigenes Geld mehr, mit dem ich jetzt machen kann, was immer ich will. Ja, und in der Hinsicht, daß ich hätte zu Hause bleiben müssen und man eben dann wieder Verantwortung für ein kleines Kind hätte, und das möchte ich im Moment auch nicht. So möchte ich im Moment nicht, daß mein Leben aussieht. Ich will jetzt, nach den vielen Ehejahren, einfach auch einmal für mich leben".*

„*Ich kann jetzt sagen, in 1 bis 1½ Jahren ist die Durststrecke überwunden, dann kann ich mich wieder mehr mir selber widmen. Das wäre mit einem Baby überhaupt nicht gegeben*".

„*Jetzt kann ich noch meinen Tagesrhythmus insofern selbst bestimmen, als ich mich nur um ein Kind kümmere, was aber bei einem zweiten gar nicht mehr möglich gewesen wäre*".

„*Meine Selbständigkeit, die wäre stark beeinflußt worden. Die ist ja bei zwei Kindern sowieso schon sehr stark beschnitten. Ich bin jetzt 35 Jahre alt, wann darf ich denn eigentlich mal an mich selbst denken. Das will ich jetzt tun. Ich wollte die beiden Kinder, die wir jetzt haben, aber jetzt, wo sie so alt sind, will ich einfach nicht mehr. Jetzt will ich mehr für mich da sein, für mich fordern*".[19]

Solche Sätze mögen selbstbezogen erscheinen, ja sie sind es auch, durchaus bewußt. Aber wer nur diese Seite sieht, verkennt den grundsätzlichen Konflikt, der sich dahinter verbirgt. Denn ein Kind verändert immer das Leben der Frau über viele Jahre hinweg. Deshalb bedeutet die Nachricht einer ungewollten Schwangerschaft immer auch die Ankündigung eines anderen – nicht gewollten – Lebenswegs. Deshalb ist die Frau dann mit der Frage konfrontiert: ob sie das Kind behalten und ihren Lebensweg aufgeben soll – oder umgekehrt.

Oder um es vor dem Hintergrund der bisher entwickelten Überlegungen zu sagen: Das „Dasein für andere" verlangt selbstlose Formen des Denkens und Handelns. Dagegen gehört zum geheimen Lehrplan der modernen Gesellschaft – zu den Chancen, die sie verheißt, ebenso wie zu den Zwängen, die sie auferlegt –, daß der eigene Lebensweg stets absolute Priorität haben soll, unter allen Bedingungen. Unter allen Bedingungen? Hier steht die Möglichkeit eines anderen Lebens dagegen. So entsteht ein Dilemma, das nicht einfach auflösbar ist. Es ist nicht nur ein Problem der einzelnen Frau – sondern mindestens ebenso eines der modernen Gesellschaft.

## 4. Die persönliche Entwicklung als Maßstab

Im Zuge von Modernisierungsprozessen wird der Lebenslauf aus vorgegebenen Fixierungen herausgelöst, zunehmend offen und entscheidungsabhängig. Das hat zur Folge, daß der Einzelne lernen muß, „sich selbst als Handlungszentrum, als Planungsbüro in bezug auf seinen eigenen Lebenslauf, seine Fähigkeiten, Orientierungen, Partnerschaften usw. zu begreifen ... Gefordert ist ein aktives Handlungsmodell des Alltags, das das Ich zum Zentrum hat, ihm Handlungschancen zuweist und eröffnet. Das bedeutet, daß hier ... für die Zwecke des eigenen alltäglichen Überlebens ein *ichzentriertes Weltbild* entwickelt werden muß".[1]

Die Folgen zeigen sich insbesondere bei der Generation der jüngeren Frauen, wo ein neues Leitmotiv auftaucht. Es ist die Suche nach dem, was die „persönliche Entwicklung" genannt wird. Es durchzieht die vielfältigen Äußerungen einer neuen Frauenkultur, von Film bis zur Frauenliteratur. Und was im folgenden gezeigt werden soll: Auch die Entscheidung für oder gegen Kinder gewinnt damit eine neue Dimension. Hier geht es längst nicht mehr um äußere Güter, und auch nicht mehr bloß um die Selbständigkeit in Beruf oder Partnerbeziehung, hier wird dezidiert das Innenleben zum Maßstab. Damit wird das Ziel noch höher gesteckt, pointiert zusammengefaßt: nicht nur Selbständigkeit wahren, sondern zum „Selbst" erst einmal *werden*. Die Frage der „neuen Frau" heißt nun auch: Wie paßt Mutterschaft mit meiner inneren Entwicklung zusammen? Bin ich reif genug als Person? Bringt mich das Kind weiter, oder bleibe ich vorzeitig stehen? Betrachten wir unter diesem Gesichtspunkt einschlägige Untersuchungen, Interviews und Erfahrungsberichte.

Am Horizont taucht zunächst einmal ein neuer Entscheidungsmaßstab auf. In dem populären Frauenhandbuch „Unser Körper, unser Leben" wird er so formuliert: „Die Belastungen, denen wir als Mutter ausgesetzt sind, hemmen oft unsere eigene psychische Entwicklung".[2] In diesem Maßstab ist auch eine

Antwort enthalten, nämlich Entscheidung *gegen* ein Kind, wenn die Frau sich noch nicht reif genug fühlt. Das Motto dazu hat die Sängerin Nina Hagen auf eine eingängige Formel gebracht: ,,Vor dem ersten Kinderschrein muß ich mich erst selbst befrein".[3] Und die bekannte Schriftstellerin Phyllis Chesler hat offen geschildert, wie sie sich mehrfach gegen Mutterschaft entschied, eben um den Prozeß der Selbstbefreiung durchstehen zu können:

,,... *ich habe vier Abtreibungen hinter mir. Ich könnte die Mutter eines achtzehnjährigen, eines sechzehnjährigen, eines vierzehnjährigen und eines siebenjährigen Kindes sein. Und wer wäre ich? Wäre ich noch ich selbst? Würde es eine Rolle spielen, wenn ich es nicht wäre? Ja, das würde es. Wie viel schwerer wäre es für mich mit einem Kind gewesen, mich aus Armut und Selbsthaß herauszuarbeiten. Hätte ich mir selbst eine Mutter sein können, wenn ich Kinder gehabt hätte?"*[4]

Es sind genau solche Äußerungen, die eine Schlußfolgerung nahelegen, wie sie der Familienhistoriker Aries zieht. Er sagt, weil die Männer und Frauen heute weitaus mehr ihre eigenen Lebenspläne haben als etwa vor einem Jahrhundert, deshalb spielt das Kind in ihrem Leben eine geringere Rolle. Ja, wir beobachten heute geradezu eine ,,Entthronung" des Kindes:

,,*Die Zeiten von ‚König Kind' sind vorbei. Die Generation der unter 40-Jährigen führt uns in eine neue Epoche, in der das Kind einen kleineren Platz einnimmt, um es vorsichtig zu sagen ... Paare – und Individuen – planen das Leben nicht mehr in bezug auf das Kind und seine Zukunft, wie es im 19. und frühen 20. Jahrhundert der Fall war. Das heißt nicht, daß das Kind aus solchen Plänen verschwunden ist, sondern daß es darin ein Element unter anderen ist, die alle dazu gedacht sind, die allseitige Entfaltung der Erwachsenen zu fördern ... Die Bedeutung des Kindes in den Plänen der Familie, und seine emotionale Bedeutung innerhalb der Familie, veränderten sich zwischen dem ausgehenden Mittelalter und dem 18. Jahrhundert. Damals wurde seine Bedeutung größer. Auch heute verändert sich seine Bedeutung wieder, direkt vor unseren Augen: Sie wird kleiner".*[5]

Ist das Kind also für die, die den langen und mühsamen Weg der „persönlichen Entwicklung" gehen, vor allem ein Hindernis? Diese Vorstellung ist weit verbreitet, nicht zuletzt auch dank einschlägiger Äußerungen, meist aus den frühen Zeiten der Frauenbewegung. Dennoch liegt hier ein Mißverständnis vor, und zwar kein geringes. Denn es gibt auch die andere Seite: Der Maßstab der „persönlichen Entwicklung" kann auch *zum* Kind motivieren. Diese andere Seite kündigt auf verschiedenen Ebenen sich an. In der wissenschaftlichen Forschung wird, nicht zuletzt von den Wissenschaftler*innen*, ein neues Thema betont. Sein Schlüsselsatz lautet: „Elternsein ist eine der Erfahrungen im Erwachsenenleben, die am meisten zur persönlichen Entwicklung beitragen können".[6] Solche Vorstellungen sickern schnell, populärwissenschaftlich vermittelt, in die Massenmedien, in Frauen- und Elternzeitschriften durch. Im oben genannten Frauenhandbuch heißt es z. B.: „Durch ein Kind sind wir gezwungen, an uns zu arbeiten, uns weiterzuentwickeln . . . Wir können viel von unseren Kindern lernen".[7] Und die Botschaft erreicht ihre Adressaten. So stellt eine Schweizer Befragung über Familienplanung und Kinderwunsch fest, unter den Frauen, die eine gute bis sehr gute Ausbildung haben, gibt es eine beachtliche Gruppe, die den „Vorteil von Kindern für die eigene Entwicklung" betont.[8]

Aber was tun, wenn das Kind einerseits Hindernis, andererseits Hilfe ist auf dem Weg der eigenen Entwicklung? In vielen Äußerungen klingt an, daß Frauen sich mit einem Kompromiß zu behelfen versuchen. Dessen Leitformel heißt grob umrissen: Es kommt auf den „richtigen" Zeitpunkt an; und der ist erreicht, wenn die Entwicklung weit genug fortgeschritten ist. Symptomatisch dafür ist das weitverbreitete Frauenhandbuch „Unser Körper, unser Leben". Da wird keineswegs eine Stellungnahme für oder gegen Kinder erteilt, der Rat lautet vielmehr: „Wir sollten damit warten, bis wir glauben, unseren Erlebnisdrang einigermaßen gesättigt zu haben".[9] Anders gesagt, eine Entscheidung gegen Mutterschaft, die sich aus dem Maßstab der inneren Entwicklung ergibt, ist aus dieser Perspektive keine Ablehnung für immer, sondern *auf Zeit*. Ähnlich stellt auch die Schweizer Untersuchung über Kinderwunsch und Familienplanung fest: „Abtreibungen bedeuten keine grundsätzliche Ablehnung von Kindern, sondern lediglich, daß die betroffenen Frauen momentan kein Kind wollen".[10] In diesen Zusammenhang paßt auch der Kurswechsel in der Frauenbewegung, mit Tendenzen zur Neuen Mütterlichkeit. Nicht wenige Frauen, die einst vehement den „Mutterschaftszwang" bekämpften, gehörten einige Jahre später selbst zu den Müttern, ja gingen daran – siehe Phyllis Chesler als Beispiel –, die neue Erfahrung in einem schnell wachsenden Berg von Erfahrungsberichten niederzuschreiben. Überall mögen verschiedene Motive hereingespielt haben – aber sicherlich eines davon ist auch der „richtige Zeitpunkt" im Entwicklungsverlauf, Gefühle und Einstellungen eben, die folgendermaßen beschrieben werden:

„*Die [Kinder]Wünsche, die jetzt in mir erwachen … Das ist der Punkt, an dem ich reif bin für diese Erfahrung*". *(Journalistin)*[11]

„*In den Jahren zuvor hatte ich mich gründlich ausgetobt und fühlte mich befreit für den ‚Ernst' des Lebens, den ich mir eigentlich ganz lustig vorstellte*". *(Freie Autorin)*[12]

„*Peter und ich lebten schon sieben Jahre zusammen, als wir uns entschlossen, zu heiraten. An Kinder dachten wir damals noch lange nicht. Erst drei Jahre später fühlten wir uns reif, die Verantwortung für ein Kind zu übernehmen. Wir waren bereit für das große Abenteuer*". *(Technische Assistentin)*[13]

Ist erst einmal der richtige Zeitpunkt gekommen, dann kann der Gedanke ans Kind einen mächtigen Reiz auch gewinnen, und zwar gerade dann, wenn man die eigene Entwicklung bedenkt. Denn in der industrialisierten Gesellschaft werden die Menschen dauernd eingeübt auf zweckrationales Verhalten, auf die Gebote von Konkurrenz und Karriere, Tempo und Disziplin. Das Kind aber repräsentiert die andere, die „natürliche" Seite. Und das genau macht auch eine Hoffnung, eine Verheißung aus. Sie scheint in der Protokoll-Literatur der „neuen Frauen" in zahlreichen Formulierungen auf: Im Umgang mit dem Kind will man Fähigkeiten wiederentdecken und Bedürfnisse äußern, die in der technisch-wissenschaftlichen Zivilisation schmerzhaft vermißt werden: Geduld und Gelassenheit, Fürsorglichkeit und Einfühlungsvermögen, Zärtlichkeit, Offenheit, Nähe. Über Mutterschaft sucht man auch einen Gegenbereich zur Berufswelt, wo einseitig die instrumentelle Vernunft dominiert und Gefühle meist störend sind. Die Bindung ans Kind widerspricht allem, was täglich gefordert wird, jeder „Rationalität" im direkten Sinn. Und nicht zuletzt deshalb wird sie gesucht, als lebendiges Gegengewicht. Wie es in einem Erfahrungsbericht heißt: „Wo sieht man so viel Lebensenergie und Lust wie bei einem Kind?"[14]

„Es zwingt einen, sich nicht zu sehr auf sich selbst zu konzentrieren, es bringt einen aber dadurch viele Schritte näher zu sich selbst. Es hilft, die eigenen Eltern, vor allem die Mutter, besser zu verstehen. Es hilft, die Natur zu verstehen. Es hilft, die Sexualität zu verstehen. Es hilft, den eigenen Körper zu verstehen und kennenzulernen. Es hilft, seine Schwächen und Stärken zu erkennen. Es hilft, Hoffnung auf ein besseres Leben zu gewinnen. Es hilft, wieder mehr ‚zum Kind zu werden'. Es hilft, glücklich zu sein ...".[15]

Schon taucht in Befragungen als ein Motiv auf: die „‚Natürlichkeit' von (Klein)Kindern in einer sonst eher ‚unnatürlich' gewordenen Umwelt".[16] Und diese Natürlichkeit gewinnt besondere Anziehungskraft gerade für die neuen Frauen (und Männer), die beeinflußt sind von Psychologie und Psychoanalyse, Pädagogik und Anti-Pädagogik. Denn charakteristisch für sie ist eine neue „Sensibilisierung", die deutlich ein Ergebnis der Bildungsreform und der damit geweckten Hoffnungen ist. Ins Bewußtsein rückt hier die im Zivilisationsprozeß abverlangte innere Verhärtung und Verkrustung, die als Endprodukt die „allseits reduzierte Persönlichkeit" (Helke Sander) schafft. Die neuen Frauen erleben deshalb oft einen spürbaren Gegensatz zwischen unterschiedlichen, ja zum Teil unvereinbaren Anforderungen: auf der einen Seite die Disziplinierung und Vereinseitigung des Lebens, die unter Konkurrenz- und Karrierebedingungen erforderlich wird; auf der anderen Seite die neuen Leitwerte von Erfahrung und Selbsterfahrung, die zu dem mit Bildungsprozessen verknüpften Wertwandel gehören, und auch die alten Werte der Spontaneität, Fürsorglichkeit, Wärme, die traditionell zum weiblichen Lebenszusammenhang gehören.

Wie die einschlägige Protokoll-Literatur zeigt, wird an genau diesem Punkt besonders auch der Einfluß der Erziehungsdevise „Persönlichkeit Kind" spürbar. Denn je mehr das Kind jetzt als eigene Persönlichkeit gilt, desto mehr werden ihm auch eigene Qualitäten und Fähigkeiten zugesprochen. Dazu gehören Zärtlichkeit, Neugier, Phantasie, und zwar – das ist hier wichtig – in einer Form, die der Erwachsene nicht mehr besitzt, als Resultat eben seiner Anpassung an die Forderungen und Zwänge der hochindustriellen Gesellschaft. Mit dem Kind verbindet sich dann die Vorstellung von „echten Menschen – authentischen Beziehungen".[17] Ja, es wird eine Gegenvision entworfen, ein Modell vom Menschen und seiner Entwicklung, dessen Kennzeichen nicht zuletzt darin besteht, daß sein Blick sehnsuchtsvoll rückwärts gewandt ist: „Kinder kommen mit lebendiger Seele zur Welt – unsere Seelen sind Steinbrüche geworden".[18] Da wird das alte Hierarchiemodell der Erziehung umgekippt, auf eine Formel zusammengefaßt: vom Erziehen zum „Erzogenwerden" durchs Kind – so auch der programmatische Titel eines Erfahrungsberichts.[19] Und zum Credo wird, was der Titel eines anderen Erfahrungsberichts signalisiert: „Das Kind ist der Mensch".[20] Ein Beobachter der neuen Eltern schreibt:

„Mütter und Väter geben nicht selbstlos; sie wollen von den Kindern viel zurückbekommen. Die Erziehung ist ein Tauschgeschäft ... Sie wollen von ihren Kindern erzogen werden. Söhne und Töchter sollen dazu verhelfen, daß die Eltern ihr eigenes Ich-Ideal von Spontaneität, Sinnlichkeit, Unbefangenheit, Kreativität erreichen können. Nicht die Eltern erziehen hier die Kinder, sondern die Kinder ihre Eltern. Die Söhne und Töchter verkörpern im wahrsten Sinn des Wortes das Ich-Ideal ihrer Eltern".[21]

Folgt man dem Tenor solcher und ähnlicher Erfahrungsberichte, so kann man sagen: Unter dem Einfluß der neuen Bedingungen gewinnen die Befriedigungen, die Mutterschaft bietet, einen neuen Akzent, ja eine historisch neue Gestalt. Das Kind, oder genauer die „Persönlichkeit Kind" wird hier auch zur Hoffnung, neue Anstöße und Impulse zu gewinnen, die verschütteten Schichten des eigenen Ichs wiederzufinden, kurz: im inneren Lernprozeß weiterzukommen. Dabei wird dem Kind manchmal auch eine besondere Rolle zugewiesen: Es soll für die eigene Person und ihre Entwicklung die Brükke zur Vergangenheit herstellen. So hoffen manche der neuen Frauen darauf, jene glückliche, freie, friedliche Kindheit, die sie selbst nicht gehabt haben, nachzuholen durchs Kind. Ja, bei einigen steckt in der Sehnsucht nach einem Kind ganz offen auch ein Stück Heilserwartung: auf ein Freikommen von den Beschädigungen des Erwachsenseins. Erkennbar wird hier wieder der zunehmende Einfluß psychologischer Lehren und Leitbilder, von Freud bis zu Alice Miller, die zur Befreiung und Heilung ein Aufarbeiten der Vergangenheit fordern. So entstehen neue Projektionen, Visionen, Träume, in einem Bild zusammengefaßt: In den Händen des Kindes liegt der magische Schlüssel, der das Tor zur eigenen Vergangenheit öffnet. Wieder zwei Schilderungen aus der Protokoll-Literatur:

„Ein bißchen spielt bei meinem Kinderwunsch auch Nachholbedarf an eigener glücklicher Kindheit mit. Ich möchte meinem Kind nicht nur Geborgenheit und Wohlbehagen schenken, sondern auch mit ihm zusammen die Welt neu entdecken und auf den Kopf stellen. Ich möchte mit ihm lachen, singen und schmusen, mich öffnen für die Kinderwelt der Träume, Märchen und uneingeschränkten Wünsche". (Lehrerin)[22]
„Ein Kind hatte ich gewollt, wie ich davon träumte, eines Tages ein Buch zu schreiben, in dem ich den zerstörerischen Erfahrungen meiner Kindheit und Jugend die eigene ‚Wahrheit‘ entgegensetzen wollte. Einem Kind würde ich geben,

*was ich nicht bekommen hatte, mit ihm würde ich leben, was für mich in der Beziehung zu den Eltern nie lebbar war". (Freie Journalistin)*[23]

Hinzukommt eine bestimmte Form des Erfahrungsverlusts heute. Charakteristisch für die moderne Gesellschaft ist, daß sie die direkte Auseinandersetzung mit der Natur und ihrer Gewalt, mit den Härten und Wechselfällen des Lebens dem Einzelnen vielfach abnimmt oder zumindest abmindert. Und dies gerade durch den technischen und medizinischen Fortschritt, die sozialen Errungenschaften und Absicherungen, von Zentralheizung bis zu Krankenkasse: Unser Dasein ist auf vielen Ebenen gegen äußere Einbrüche geschützt. Doch je mehr die Risiken schwinden, desto mehr schwindet auch die Herausforderung. Der ,,Geschmack von Freiheit und Abenteuer" ist nur noch in der Welt der Zigarettenreklame zu finden. Wie der Sozialhistoriker John Demos schreibt:

*Das 20. Jahrhundert hat für viele ,,ein Maß der Sicherheit und des Wohlstands gebracht, das das früherer Generationen bei weitem übertrifft. Die berufliche Tätigkeit ist weniger von Unterbrechungen bedroht, das Einkommen ist verläßlicherer, die Gesundheitsfürsorge ist umfassender usw. Und doch haben diese Fortschritte auch ihren Preis. Viele von uns leben im Wohlstand, aber haben dabei ein Gefühl der Flachheit, ja sogar Leere, in vielen Bereichen ... ein geringeres Gefühl der Bedrohung – und gleichzeitig ein wachsendes Gefühl der Monotonie und Sinnlosigkeit".*[24]

Es ist dieses Gefühl der Flachheit und Monotonie, das nach Demos eine teilweise Bedeutungsverschiebung der Familie in Gang setzt. Sie soll nicht mehr nur, wie im 19. Jahrhundert ganz deutlich, ein sichernder Hafen sein, sondern nun auch und daneben eine Art Selbsterfahrungsgruppe im kleinen. In der jüngeren Generation, und hier in den Gruppen der gebildeten, wohlhabenden, ,,fortschrittlichen" Mittelschicht, sind die Erwartungen nun auch darauf gerichtet, in der Intimgruppe Familie Anregungen, ja Entwicklungsimpulse zu finden.

„*Nach diesem Maßstab soll uns die Familie die Anregung, Abwechslung, Herausforderung bieten, die es in anderen Bereichen unseres Lebens nicht gibt. Wenn wir das Gefühl haben, daß die Arbeit ‚uns nicht weiterbringt‘, beladen wir oft unser Privatleben – und insbesondere unser Familienleben – mit starken kompensatorischen Bedürfnissen. Wir wollen durch unsere Beziehung zu anderen Familienmitgliedern in besonderer Weise ‚wachsen‘* ... *Wir erwarten von unseren Ehepartnern, unseren Liebhabern, ja sogar von unseren Kindern, daß wir durch sie neues Leben und neue Kräfte gewinnen. Die Eltern glauben, daß sie den Kindern immer genau zuhören müssen, ja daß sie von den Kindern sogar* lernen *können* ... *eine Vorstellung, die noch vor ein paar Generationen als völlig abwegig gegolten hätte*".[25]

Die Suche nach Anregung und Bewegung im Leben: bei dem Sozialhistoriker Demos wird dieser Gedanke noch allgemein auf die Familie bezogen. Barbara Sichtermann, Autorin mehrerer Bücher zum Thema Elternschaft heute, nimmt einen ähnlichen Gedanken zum Ausgangspunkt – und zieht daraus direkte Schlüsse auf den Kinderwunsch in der Szene der „neuen Frauen" bzw. Männer. Sichtermann schreibt:

„*Die Klagen* ... *über die Ereignislosigkeit einer überall nach DIN-Norm abgerichteten Plastikwelt sind bekannt und berechtigt* ... *Zu den selten benannten Motiven, Kinder zu wünschen, gehört die Ahnung, daß Elternschaft die Linearität der Konsum- und Karrierewelt durchbreche, daß sie ein* Ereignis *sei mit jenen Indizes der Unvorhersehbarkeit und Unberechenbarkeit, die die versicherte Gesellschaft zu löschen bestrebt ist* ... *Die jungen Eltern in der linken Szene und anderswo kriegen ihre Kinder* ... *weil sie fühlen, daß ein Kind ein ‚Portal‘ sein kann im Sinne des Durchtritts in ein vielleicht schwierigeres und manchmal unerfreuliches, jedenfalls aber neues* Stück Leben*. Elternschaft ist ihr Einspruch gegen die Allgewalt des Programms und des Kalküls*".[26]

Die Überlegungen von Demos wie Sichtermann bleiben freilich theoretisch, man mag auch sagen: spekulativ, sie sind jedenfalls nicht gestützt durch einschlägige empirische Daten. In diesem Zusammenhang sind deshalb Ergebnisse aus der Schweizer Befragung über Familienplanung und Kinderwunsch interessant, die in eine ganz ähnliche Richtung weisen. Da heißt es, gerade Frauen mit höherer Bildung betrachten Kinder als „‚dynamisches Element‘, als etwas, das sich entwickelt und zur eigenen Entwicklung (der Eltern) beiträgt". Und weiter: „von nicht wenigen Ehepaaren [wird] der ‚Erlebnischarakter‘ betont: ‚Kinder bringen Leben ins Haus‘, ‚mit Kindern erlebt man viel, man hat immer Abwechslung‘. Es ist durchaus möglich, daß der ‚Erlebnischarakter‘ von Kindern – als ständige Quelle von Überraschungen – umso wichtiger wird, je geordneter und reglementierter die übrige Umwelt ist".[27]

Was in der Schweizer Befragung sich abzeichnet, dort nach den Regeln empirischer Sozialforschung belegt, das läßt sich in anderer Form – unsystematisch und ungeordnet, dafür aber sehr anschaulich und plastisch – auch in der Protokoll-Literatur finden, und zwar als breiter und durchaus typischer Trend. Liest man sich nämlich durch jene Berichte, die auch nicht zufällig Erfahrungsberichte heißen, so drängt sich zunehmend der Eindruck auf: Nicht wenige der neuen Frauen (und manchmal auch Männer) wollen Kinder „um der Erfahrung willen",[28] ja aus „Erfahrungshunger",[29] um nichts auszulassen im Leben. Die Frage heißt auch nicht mehr einfach „Kinder – ja oder nein", sondern: „Will ich in meinem Leben die Erfahrung machen, Mutter zu sein?".[30] Die „Erfahrung" wird für viele zu einem Zauberwort, das aufs engste mit dem Gebot der persönlichen Entwicklung verknüpft ist, und Mutterwerden gewinnt da den Glanz eines großen „Abenteuers". Nur einige Beispiele, beliebig herausgegriffen:

Da gehen in der Frauenbewegung Losungen um wie: „Ohne Kind nimmst du dir eine der wichtigsten Erfahrungen im Leben, du schöpfst deine Möglichkeiten nicht aus".[31] Da wird die Geburt programmatisch zum „schönsten Erlebnis" des Lebens erklärt, wobei es wesentlich gilt, sich ja nicht vom Arzt und der

Technik „die Erfahrung nehmen" zu lassen,[32] denn immerhin, es ist ja die „größte Erfahrung, die man im Leben macht".[33] Beobachter der Szene beschreiben das so: „Nicht so sehr das Kinderkriegen um uns herum hat zugenommen, vielmehr das ‚Muttersein': fruchtbar, schwanger und hochschwanger, das Gebär- und Stillerlebnis".[34] Und weiter: „Heute ... wollen die Frauen im Kinderkriegen ihre Identität finden: Geburt als Selbsterfahrung, ja als eine Art Körperekstase".[35]

„Ich wollte nicht, daß mein Leben verginge, ohne daß ich mich auf diese Erfahrung eingelassen hätte. Ich wollte mein Leben ganz ausleben, alles ausprobieren, wozu mein Körper fähig war: Tanzen, Lieben, Kinderkriegen... Ich fühlte mich mehr denn je für ein Kind bereit". (Therapeutin)[36]
   Ich will Mutterschaft als einen „bewußten Schritt in ein lohnendes Abenteuer sehen... Meine Abenteuerlust hat sich noch nie so stark geregt, wie seit dem Moment, da ich es zugelassen habe, daß ich mir ein Kind wünsche und, wenn irgend möglich, auch eins bekommen werde... Meine Abenteuerlust nährt sich aus Eigenliebe, Neugier und sinnlicher Sehnsucht nach einem Babykörper, nach Babygerüchen und -lauten. Ich möchte körperliche und psychische Lust miteinander verbinden. Wenn ich einem Baby das Leben schenke, wird sich mein Körper verändern und gleichzeitig auch mein Leben, und es wird mich zur Mutter machen". (Lektorin)[37]

Und warum werden solche Hoffnungen gerade auf Kinder gerichtet? Zum einen wohl deshalb, weil Kinder stets einen beliebten Bezugspunkt für Wünsche und Projektionen darstellen. Um es mit Goethe zu sagen: „Wenn man vom Kinde redet, spricht man niemals den Gegenstand, immer nur seine Hoffnungen aus".[38] Darüber hinaus sind Kinder wahrscheinlich besonders geeignet, die Last der hier genannten Erwartungen zu tragen. Denn der erwachsene Lebenspartner wird, da er ja meist in einer ähnlichen existentiellen Falle sitzt und an seinem eigenen Erfahrungshunger nagt, sie oft kaum erfüllen können. Doch was alles verheißt dagegen der Gedanke ans Kind: „Ein Kind ist ein Bündel voll Vitalität und Daseinsfreude" – so wörtlich ein Satz zum Thema Kinderwunsch,[39] und in vielen Köpfen dürften ähnliche Sätze sich finden. Ja mehr noch, im Kind steckt noch ein Stück unberechenbare Natur, es ist spontan und schwer nur zu zähmen, es ist „auch ein Raubtier, ein kleines Ungeheuer ... von unerbittlicher Lebendigkeit".[40] Und das genau macht in der domestizierten Umwelt der Industriegesellschaft auch einen Teil seiner geheimen Anziehungskraft aus: Mutterwerden als „alles veränderndes Abenteuer mit unvorhersehbarem Ausgang".[41]

Schauen wir auf die Überlegungen dieses Abschnitts zurück, so wird sichtbar: Das Verhältnis zwischen persönlicher Entwicklung und Kinderwunsch ist offensichtlich ein „ambivalentes". Es gibt keine eindeutige Antwort, sondern sowohl die Entscheidung „dafür" wie „dagegen". Wo die persönliche Entwicklung in den Mittelpunkt rückt, da kann eintreten, was Aries beschrieben hat: daß das Kind an den Rand gedrängt wird. Es *kann* geschehen – aber es muß nicht so sein. Denn am Horizont taucht nun auch die Möglichkeit auf, daß das Kind zum wichtigen Medium von Erfahrung und Selbsterfahrung definiert wird. Und damit gewinnt es dann eine neue Bedeutung, deren Ausmaß und Intensität alles übertrifft, was wir aus früheren Epochen kennen. Wenn Aries davon spricht, daß König Kind entthront worden sei, so ist dies sicherlich richtig – und doch nur ein Teil der Wahrheit. Erinnern wir uns an die alte Formel: „Der König ist tot. Es lebe der König". Und das ist die andere Seite der Wahrheit: daß König Kind nicht nur lebt, sondern auch einen historisch einmaligen Aufstieg erlebt, gerade wenn die Eltern in ihm den Heilsboten ihrer eigenen Entwicklung suchen.

## 5. Die Suche nach Lebensinhalt und Sinn

Bekanntlich gehört es zu den Kennzeichen der modernen Gesellschaft, daß sie – im Vergleich zur stärkeren Enge und Geschlossenheit früherer Epochen – mehr persönliche Freiheit erlaubt. Aber wie wir inzwischen auch wissen, besitzen diese Freiheiten der Moderne ein Doppelgesicht:

Auf der einen Seite ist der Lebenslauf des Einzelnen nicht mehr unverrückbar vorgegeben, sondern innerhalb gewisser Spielräume gestaltbar und offen geworden. Doch gleichzeitig verliert die Privatsphäre damit auch jene vorgegebenen Bezugspunkte, die das menschliche Tun in feste und verläßliche Bahnen einweisen. Im Zuge der zunehmenden Säkularisierung, der Pluralisierung von Lebenswelten, der Konkurrenz von Werten und Glaubenssystemen werden viele Bezüge aufgelöst, die dem einzelnen ein Weltbild vorgaben, einen sinnstiftenden Zusammenhang, eine Verankerung der eigenen Existenz in einem größeren Kosmos. Die Folge ist – wie von Philosophie und Geschichte bis zu Soziologie und Psychologie vielfach beschrieben – ein tiefgreifender Verlust an innerer Stabilität. Mit der „Entzauberung der Welt" (Weber) beginnt ein Zustand der „inneren Heimatlosigkeit", die „Isolierung im Kosmos".[1]

Genau hier kann nun Mutterschaft auch eine neue und persönlich wichtige Bedeutung gewinnen, und zwar gerade dann, wenn Modernisierung und Freisetzung ein historisch fortgeschrittenes Stadium erreichen, wenn traditionale, regionale, religiöse Bindungen zunehmend brüchig werden und die technisch-wissenschaftliche Zivilisation vorwiegend nüchtern-unpersönliche Funktionsgesetze, Sachzwänge, Kommunikationsstrukturen erzeugt. Hier kann das Kind, seine Erziehung und Versorgung, neue Wert- und Sinnbezüge schaffen, ja zum Sinn-Mittelpunkt der privaten Existenz werden. Wo die Ziele beliebig und austauschbar werden, der Glaube an ein Jenseits schwindet, die Hoffnungen des Diesseits sich oft als vergänglich erweisen – da eben verheißt ein Kind auch die Möglichkeit, dem eigenen Leben *Sinn, Inhalt und Anker* zu schaffen.

Das heißt sicherlich nicht, daß unter den neuen Bedingungen das Kind vor allem eine Ersatz-Funktion hat, um die existentiellen Löcher zu füllen. Aber es heißt freilich so viel, daß in dem Maß, wie andere Verankerungen des Lebens zunehmend zurückgedrängt werden, immer mehr *auch* Bedürfnisse dieser Art sich an den Kinderwunsch heften. Dies gilt für den „normalen" Kinderwunsch derjenigen Frauen, die im Durchschnitts-Milieu statistisch repräsentativer Bedingungen leben.

Und es gilt umso mehr für jene Frauen, die – in der einen oder anderen Hinsicht – unter sozial ungesicherten Verhältnissen leben. Dies soll im folgenden an drei Beispielen gezeigt werden.

Beginnen wir mit der Gruppe der Frauen, die sehr jung schon ein Kind bekommen, mit den Teenager-Müttern. In einschlägigen Untersuchungen wurde wiederholt festgestellt, daß bei diesen jungen Mädchen oft eine psychische Grundkonstellation der „Anomie" vorherrschend ist, d. h. ein „Gefühl, ohne Wurzeln und ohne Ziel zu sein".[2] In den Äußerungen der Mädchen lautet das so:

> „Und ein Kind hab ich mir schon immer gewünscht. Dann hab ich was, was immer bei mir bleibt". (19jährige Sozialhilfeempfängerin).[3]
> „Ich wollte das Kind, um einen Lebensinhalt zu haben ... ich dachte, wenn ich ein Kind hab, weiß ich, wofür ich da bin ... Das kann ich zeigen, mit dem kann ich weggehen, das ist bei mir ... Was ich mir so wünsche: einen Mann und viele Kinder ... Weil ich so 'ne Familie nicht hatte, hab ich wahrscheinlich auch geheiratet ... Ich wollte 'ne vollständige Familie". (18jährige mit abgebrochener Schulbildung).[4]

In diesen Aussagen deuten sich Familien- und Lebensgeschichten an, die durchaus nicht untypisch sind. Denn die meisten der Frauen, die sehr jung schon ein Kind bekommen, stammen aus sozial benachteiligten oder stark belasteten Verhältnissen.[5] Als klassische Problemkonstellation gilt eine Bedingungskette etwa folgender Art: zerrüttete Familie – abgebrochene Ausbildung – keine Berufsaussichten. Wenn man solche Ergebnisse in die Begriffe der hier vorliegenden Untersuchung übersetzt, kann man sagen: Unter den sehr jungen Müttern gibt es überdurchschnittlich viele, die schon früh eine Reihe biographischer Benachteiligungen erfahren und deshalb nie die Hoffnungen des eigenen Lebens kennenlernen, sondern nur seine Schattenseiten, vom Alleinsein bis zur ökonomischen Unsicherheit. Wo sich keine eigenen Wege, sondern nur Sackgassen zeigen, da bleibt als einzige Hoffnung oft: der Gedanke ans Kind.

„Wenn ich zurückdenke, glaube ich, irgendwo muß ich damals innerlich das Gefühl gehabt haben, daß alle anderen Wege versperrt waren. Ich konnte mir nicht vorstellen, zur Schule zu gehen. Meine Arbeit haßte ich. Zurück zur Familie kam nicht in Frage. Ich sah keine anderen Möglichkeiten. Ich weiß, daß damals auch der Gedanke an Heirat in meinem Kopf war, als ich in jener Nacht das Diaphragma vergaß. Und Alan sah mein ‚Vergessen‘ ebenso bewußt wie ich – so bewußt, wie nur irgendjemand ein Vergessen sehen kann. Ich glaube, irgendwo sah ich eine Schwangerschaft eben als die beste Möglichkeit, die ich hatte, und da stellte ich einfach den Verhütungsschalter in meinem Kopf ab".[6]

Nehmen wir als zweite Gruppe Familien der Unterschicht. Die Schweizer Studie über Familienplanung und Kinderwunsch stellt fest, die Vorstellung von Kindern als „Lebenssinn und Lebensaufgabe" ist vor allem bei denen verbreitet, die nur eine geringe Ausbildung haben.[7] In ähnlicher Richtung weist eine deutsche Untersuchung, die sich mit Familien der Unterschicht befaßt. Auf die Interview-Frage: „Was bedeutet es für Sie, eine Familie, Kinder zu haben?" kommen hier Antworten wie:

„Damit das Leben überhaupt einen Sinn hat";
„Man weiß, wofür man da ist, man weiß, für wen man arbeitet";
„Ich möchte wissen, wo ich hingehöre";
„Das Leben ist viel schöner, wenn man weiß, daß jemand einen braucht. Wenn man alleine lebt und in den Tag hinein lebt, dann hat man nichts davon, dann sieht man nichts nach zehn Jahren. Bei der Familie weiß man, was man vollbracht hat. Man weiß dann, wofür man gelebt hat".[8]

Zusammenfassend stellen die Autoren fest: „Für viele Eltern macht die Familie schlechthin den Sinn ihrer Existenz aus; über ihr individuelles Leben hinaus haben sie etwas, für das es sich für sie zu leben und zu arbeiten lohnt". Dahinter sehen sie einen Wunsch nach Geborgenheit und Zugehörigkeit:

„*Wissen, wo man hingehört: Hier wird die gesellschaftliche Ordnungskraft der Institution Familie benannt, ihr Angebot zur Identifikation mit einer Gruppe, die ‚Heimat' verleiht, Schutz und Geborgenheit verspricht, wie es andere soziale Bereiche, etwa das Erwerbsleben, nicht tun*".[9]

Bei der Interpretation ihrer Ergebnisse verweisen sie vor allem auf die eingeschränkten Lebensbedingungen in der Unterschicht: Weil hier das Leben wenig andere Befriedigungen verheißt, konzentrieren sich die Sinnbedürfnisse vor allem aufs Kind.

„*... die Familie ist wirklich Zentrum und Ziel alles Handelns dieser Eltern. Vielleicht* muß *sie es sogar sein? Denn welche anderen Wünsche und Ziele können sie sich als erreichbar vorstellen? Materieller Reichtum – dagegen spricht die Erfahrung ihrer Lebensgeschichte in der Unterschicht, die nur unterdurchschnittliches Einkommen bei anstrengender Arbeit verspricht. Kollektiver Aufstieg der Arbeiterklasse – dieser proletarische Urtraum ist ausgeträumt, dazu ist die allgemeine politische Resignation zu groß. Individueller Aufstieg – diesem Versuch stellen sich rasch die Grenzen mangelnder Schulbildung und fehlenden Startkapitals entgegen. Religiöse Erfüllung im Jenseits – das ist historisch und vorstellungsmäßig zu weit weg. Individuelle Entfaltung – das ist eine bürgerliche Idee mit materiellen und kulturellen Voraussetzungen, über die sie nicht verfügen. Und die individualistische Vorstellung vom Alleinleben... kommt ihnen auf die Dauer als egoistisch, vordergründig, sinnlos vor. So bleiben die um die Familie und die Kinder kreisenden Phantasien und Vorstellungen – abgestützt durch die allgemeinen gesellschaftlichen Normen und in den Medien als Leitbild verbreitet – als etwas, was ihrer individuellen Existenz Sinn verleiht, da sie dann ‚für etwas' leben*".[10]

Aus dem bisher Gesagten entsteht ein Bild, wonach das Kind vor allem bei den sozial benachteiligten Gruppen zum Lebensinhalt und -sinn wird. Dies Bild ist nicht falsch, aber es ist auch nicht richtig, genauer: Es ist unvollständig. Denn ein Blick in die einschlägige Protokoll-Literatur genügt, um festzustellen: Auch bei den „neuen Frauen" (und Männern) finden sich viele ähnliche Äußerungen. Wie etwa eine Schriftstellerin schreibt: „Ich wollte ein Kind, eine eigene Familie, jemanden, der mich brauchte und haben wollte".[11] Autoren, die das Milieu der neuen sozialen Bewegungen beschreiben, beobachten dort – manchmal ironisch, manchmal auch bissig – eine penetrant um sich greifende Sinnsuche im Kinderwunsch. Sie registrieren den Wunsch nach Verankerung: die neuen Eltern, die Kinder kriegen, „weil sie Verwandte brauchen", um das Gefühl zu haben, „irgendwohin zu gehören, wo sich die Weltkarte doch dauernd ändert".[12] Sie sprechen von denen, die im Kind den „Sinn der Welt" suchen und die „Rettung aus [eigener] Not".[13] Sie zeigen im Cartoon den „unheimlichen Kinderwunsch", der das Kind zum Vehikel der eigenen Sinnbedürfnisse macht.[14]

*Eine Journalistin schildert die Phantasien, die in ihrem Kinderwunsch stecken: „Meine düstersten Phantasien kreisen um die Shoppingbag-Lady, die alte Stadtstreicherin mit den großen Einkaufstüten ... Ich habe Angst, am Ende auch ganz allein zu sein, keine Verbindungen und Beziehungen zu haben, keinen Menschen, der mir am Herzen liegt, vergessen, unerwünscht und bedeutungslos zu sein, ein überflüssiges Leben gelebt zu haben ... Ich habe lange Zeit geglaubt (und glaube es in einem irrationalen Winkel meiner Seele heute noch), daß ein Kind mich gegen die Shoppingbag-Lady-Krankheit ‚immun machen' könnte. Sobald mich die Zerbrechlichkeit und Vergänglichkeit meiner Freundschaftsbeziehungen oder die Unbeständigkeit meiner Liebespartner deprimieren, schienen die mythisch verklärten Blutsbande zwischen mir und meinem Kind und alles, was ich daraus ziehen könnte, die einzig mögliche Absicherung gegen Einsamkeit und Isolation zu sein ... Natürlich weiß ich, daß sich in Wirklichkeit hinter vielen Shoppingbag-Ladies Mütter verbergen, die Familie haben, Kinder haben. Jeder rational denkenden Frau ist klar, daß Kinder keine Medizin, kein Impfschutz gegen Einsamkeit und Isolation sind, sondern Menschen, die die gleichen menschlichen Schwächen haben wie Freunde* oder Liebespartner ... Aber trotz alledem, obgleich ich Shake-speares ‚König Lear‘ und Tillie Olsens ‚Tell me a Riddle‘ gelesen habe, obgleich die Erfahrung mich gelehrt hat, daß Kinder häu-fig ihre Ideale mehr lieben als ihre Eltern (und umgekehrt), daß Kinder oft ihre eigenen Wege gehen und alle Brücken zur Ver-gangenheit abbrechen, trotz alledem bleibt die Macht dieses Mythos ungebrochen ...“.[15]

Eine Autorin schildert rückblickend ihre eigene Lebenssitua-tion zu der Zeit, als sie sich zum Kinderhaben entschied: „Ich habe mein Kind ... in einer Zeit bekommen, in der ich extrem verunsichert war. Das Studium lag fast hinter mir, die Arbeits-losigkeit vor mir. Das Klima in meiner politischen Heimat, der undogmatischen Linken, war Ende der siebziger Jahre düster bis hoffnungslos. Meine Wohngemeinschaft zerbröckelte, mein Freund interessierte sich lebhaft für eine Blondine, und in den Straßen und Kneipen Frankfurt-Bockenheims machte sich zu-nehmend die später in den achtziger Jahren zur Blüte gelangen-de ‚no-future‘-Stimmung breit. Der wachsende Verlust von Bin-dungen und Fixpunkten machte mich froh/leicht und schwinde-lig/angstvoll. Ich sah, daß die Freiheit nicht einfach nur schön erstrebenswert ist. Eher hat sie einen verwirrenden Doppelcha-rakter ... Ich habe mein Kind ... auch bekommen aus Angst vor der Leere, die sich ... vor mir auftat, Angst vor meiner ungewissen Zukunft ... Mit der Gründung meiner Familie wollte ich eine Gegenwelt aufbauen. Es war soweit. Ich war der gefürchteten Freiheit entkommen“.[16]

Warum nun auch hier der Wunsch nach dem Kind als Veran-kerung? Betrachten wir das Milieu, in dem die neuen Frauen und Männer leben. Es ist der gesellschaftliche Ort, wo gehäuft diejenigen Bedingungen zusammentreffen, die eine Freisetzung aus traditionellen Bindungen vorantreiben: von Bildungsexpan-sion, sozialer und geographischer Mobilität bis zum raschen Sprung zwischen den Generationen und der Entfremdung von der Herkunftsfamilie. Das gilt für Männer wie Frauen – nur für Frauen noch mehr. Denn sie sind noch zusätzlich betroffen von den rapiden Veränderungen der weiblichen Normalbiographie.

Ja, in gewissem Sinne kann man sagen, daß das, was sozial-
wissenschaftliche Theorien allgemein als Bild des modernen
Menschen und seiner inneren Heimatlosigkeit beschreiben, in
besonderem Maße für den weiblichen Menschen gilt. Denn die
Herauslösung aus der Familie hat den Frauen nicht nur neue
Lebenschancen eröffnet, sondern, wie oben beschrieben, in
schneller Folge auch neue Unsicherheiten gebracht. Früher ein-
mal war der Lebensweg der Frau klar vorgegeben – durch den
Mann. Wie Carl Waldomar Becker an seine Tochter Paula
Becker schrieb, kurz vor ihrer Heirat mit Otto Modersohn:
,,Deine Pflicht ist es, ganz in Deinem zukünftigen Manne auf-
zugehen, ganz nach seiner Eigenart und seinen Wünschen Dich
ihm zu widmen, sein Wohl immer vor Augen zu haben und
Dich durch selbstsüchtige Gedanken nicht leiten zu lassen".[17]
Ein solches Dasein war zweifellos in seinen Freiräumen be-
schränkt, und für manche Frauen auch bedrückend und bitter.
Aber immerhin *war* damals ein Weg, mit einer vorgezeichneten
Aufgabe und Richtung, und nicht zuletzt mit einem über die
eigene Person hinausweisenden Sinn. Und heute dagegen? Das
Leitbild der Anpassung an den Mann ist äußerst fraglich gewor-
den, durch die Zwänge des eigenen Lebens und auch durch den
Einfluß der Frauenbewegung. Und Anpassung an Beruf und
Karriere, eben das, was vielen Männern noch (mehr oder minder stabil) das Leben zusammenhält, auch das ist als alleiniges
Leitbild den meisten Frauen nicht akzeptabel, gerade denjenigen nicht, die den Inhalten und Ideen der Frauenbewegung
nahestehen.

Gerade hier also entsteht eine biographische Leerstelle und
Unsicherheit. Die neue Frau soll sich ,,entwickeln" – aber wozu? Gerade hier entsteht oft auch eine soziale Leerstelle und
Unsicherheit, weil die alten Bezugspunkte fehlen, die neuen
nicht dauerhaft sind. Lesen wir daraufhin noch einmal die zwei
zuletzt genannten Erfahrungsberichte. In schneller Häufung
sind das Stichworte aneinandergereiht wie: ,,Zerbrechlichkeit"
der Freundschaftsbeziehungen und ,,Unbeständigkeit" der Liebespartner, ,,Zerbröckeln" der Wohngemeinschaft, nahende
,,Arbeitslosigkeit" und ,,Verlust von Bindungen und Fixpunk-

ten". Und als innere Antwort darauf „Angst vor der Leere", „Angst vor der ungewissen Zukunft", bis hin zur „extremen Verunsicherung". Hier wird handgreiflich spürbar, daß gerade die neuen Frauen, die am meisten neue Lebensmöglichkeiten gewinnen, damit am meisten auch die Kehrseiten der Freiheit erfahren, ihren „verwirrenden Doppelcharakter".

Und die weitere Antwort? Es gibt viele Versuche. Und als einer bietet sich der vorgezeichnete weibliche Weg: Mutterschaft eben. Auch hier zeigt sich wieder, unter dem Einfluß der neuen Bedingungen gewinnen die Befriedigungen, die Mutterschaft bietet, einen neuen Akzent, ja: eine historisch neue Gestalt. Ein Kind mag die Antwort sein für das „existentielle Vakuum", wenn die weibliche Normalbiographie in ein Niemandsland gerät zwischen „Nicht mehr" und „Noch nicht". Denn im Kind liegt eine Verheißung von Dauer und Beständigkeit, das Versprechen eines Fixpunkts, der der eigenen Existenz Schwere und Tiefe verleiht. Im Kind kann man einen Ersatz suchen für den Glauben an Gott-Kaiser-Vaterland, für die verflogenen politischen Träume, für die Vergänglichkeit der „ewigen" Liebe. Im Kind kann man eine neue Familie aufbauen, wenn man sich von der alten durch viele Gräben entfernt hat; eine verläßliche Bindung suchen, wenn Liebesbeziehungen in Enttäuschungen enden; ja sich eingebunden fühlen in den unendlichen Kosmos, wenn keine Religion mehr die Hoffnung auf Ewigkeit spendet. In den folgenden Erfahrungsberichten kommt dies offen zum Ausdruck:

*„Die Situation zwischen [mir und meinem Freund] war ziemlich wirr. Wir steckten gerade, wie schon öfters, auch noch in anderen sexuellen Beziehungen; es war ein komplexes, problematisches Beziehungsgefüge. Rückblickend sehe ich, wie ich damals meine Gefühle verleugnet habe, an Dogmen geglaubt habe, wie ‚ich darf nicht eifersüchtig sein‘, ‚ich darf in meinen Beziehungen keinen Ausschließlichkeitsanspruch haben‘ etc. . . . Vielleicht wurde das Baby gewissermaßen zum Symbol für alle meine Bedürfnisse – ständige Nähe, Sicherheit und ein ‚besonderes‘ vertrautes Verhältnis zu einem anderen Menschen – die*

*zu vertreten ich mich schämte ... In diesem ganzen schmerzli-*
*chen Chaos hatte ich irgendwie das Gefühl, daß ich alles andere*
*verloren hatte und nur das Baby mir Sicherheit sein konnte".*
*(Therapeutin)*[18]

*„Ungefähr sieben Jahre hatte ich damit zugebracht, mich so*
*schnell und so weit wie möglich von meiner eigenen Kindheit zu*
*entfernen. Ich lehnte das soziale Milieu, die Religiosität, die*
*Familienstrukturen und die pfäffische Moral meiner Kindheit*
*absolut ab ... In dem Jahr, als ich zweiundzwanzig wurde,*
*machte ich eine radikale Kehrtwendung; ... [ich] wurde Chri-*
*stin, heiratete und empfing ein Baby. Die Ereignisse spielten sich*
*in dieser Reihenfolge ab, aber in Wirklichkeit gehörten sie un-*
*trennbar zusammen und fanden ihren Höhepunkt und ihren*
*Abschluß in der Schwangerschaft. Im Rückblick ist mir klar,*
*daß ich schon mehrere Jahre lang auf der Suche nach einer*
*Situation gewesen war, in der ich ein Kind in die Welt setzen*
*konnte. Der schmerzliche Kontrast zwischen der Ablehnung*
*meiner eigenen Familie und der Suche nach einer solchen [hatte*
*mich aufgewühlt]". (Schriftstellerin)*[19]

Viele der neuen Frauen leben in offenen, oft komplizierten
Verhältnissen. Gerade deshalb kann ein Kind hier auch Mittel
sein zur „Reduktion von Komplexität" im Luhmannschen Sinne. Dies gilt insbesondere für Übergangsphasen und Lebenskri-
sen, wo die Offenheit leicht zur Bodenlosigkeit wird. Wenn die
Wahlchancen zu viele und dadurch beliebig werden, wenn aus
der Überforderung Unsicherheit und Ratlosigkeit werden,
dann eben verheißt Mutterschaft – nach der hier angebotenen
Deutung – auch einen klar vorgezeichneten Weg. Wie es in
einem der Erfahrungsberichte heißt: Man ist dann „der gefürchteten Freiheit entkommen".

*„Heute denke ich immer nur daran, wenn ich mein Leben*
*nicht mehr meistern kann, wenn ich keine persönlichen und*
*politischen Perspektiven mehr zu sehen glaube. Dann kommt*
*der rettende Gedanke: Ich kann ja immer noch ein Kind krie-*
*gen. Dann werden andere Probleme in den Hintergrund treten,*
*dann werde ich beschäftigt sein, dann wird mein Leben irgend-*

*wie einen Sinn haben, dann werde ich gezwungen sein, mein
Geld regelmäßig zu verdienen*[20].

## 6. „Persönlichkeit Kind" und die Anforderungen
an die Erziehung

Bisher wurde beschrieben, wie aus den Bedingungen des „eigenen Lebens" neue Motivationen für oder gegen Kinder entstehen. Dabei wurde an mehreren Punkten schon sichtbar, wie gleichzeitig auch durch die Erziehungsdevise „Persönlichkeit Kind" neue Motivationen aufkommen, ja wie es charakteristischerweise oft die Verknüpfung der beiden Motivationsstränge ist, die den Entscheidungsprozeß beeinflußt. Dieser Zusammenhang freilich wird in Wissenschaft wie Öffentlichkeit bislang noch wenig gesehen. Während viel von den Frauen die Rede ist, in Stichworten wie Rollenwandel und Emanzipation, bleibt auf geradezu paradoxe Weise ausgeblendet, wie sich auch die Definition des *Kindes* entscheidend verändert, seiner Entwicklung und seiner Erziehung – und wie genau darin auch Rückwirkungen angelegt sind für Kinderwunsch und Geburtenrückgang. Im folgenden geht es darum, diese bislang vergessene Seite des Themas wenigstens annäherungsweise ins Blickfeld zu rücken. Und der Grundgedanke lautet dazu: *Durch die Erziehungsdevise „Persönlichkeit Kind" wird mit Elternschaft eine immer größere Verantwortung verbunden, die neue Belastungen, aber auch neue Motivationen schafft.*

Beginnen wir mit der Negativseite: die wachsende Verantwortung als Belastung und Barriere im Entscheidungsprozeß. Was dies heißt, macht ein Blick auf die Geschichte deutlich. In der vorindustriellen Gesellschaft waren die Anforderungen an die Eltern weitaus geringer als heute, weil ihre Handlungsmöglichkeiten viel enger eingeschränkt waren: Nach dem damaligen Weltbild lag die Entwicklung des Kindes vor allem in Gottes Hand. Dies begann anders zu werden, als im 18. und 19. Jahrhundert die Experten das Kind als Thema entdeckten. Doch noch im ausgehenden 19. Jahrhundert besaßen auch Religion und Tradition eine stark prägende Kraft, und dadurch verlief die Erziehung in breiten Bevölkerungsgruppen noch einigermaßen „selbstverständlich", nämlich nach den von Generation zu Generation überlieferten Gewohnheiten und Regeln. Dann aber wurde in den letzten Jahrzehnten der Einfluß von Religion und Tradition immer weiter zurückgedrängt, Klasse und Stand verloren ihre Bedeutung als Ort gemeinsam erfahrbarer Lebenslage. Der moderne Mensch soll sein Schicksal selbst in die Hand nehmen – und auch das seines Nachwuchses. Unzählige Experten verkünden in unendlichen Variationen die Botschaft, daß die Entwicklung des Kindes nicht vorbestimmt, sondern offen, bedingungsabhängig und damit auch „machbar" ist. Wie es bezeichnend in einem Erziehungsberater heißt: „Es steht in Ihrer Macht, aus ihm einen frohen, glücklichen Menschen zu machen oder es in seinen Entwicklungsmöglichkeiten zu hemmen. Durch Ihr Verhalten in den ersten Lebensjahren legen Sie den Grundstein zu seinem Charakter".[1] Aber die Macht, nach der der Mensch greift, schlägt im Alltag – und nicht zuletzt im Alltag des Kinderzimmers – in neue Lasten und Pflichten um. Wo das Weltbild des Gottvertrauens abgelöst wird vom Wissenschaftsglauben, gewinnt der Mensch nicht nur neue Handlungsmöglichkeiten, sondern gerät auch unter einen neuen Handlungs*druck*. Auch die Verantwortung für das Gedeihen des Kindes wird jetzt aus den Händen Gottes genommen und in die der Eltern gelegt. Und was sind die Folgen?

Mit dem Gebot der „optimalen Förderung" werden zunächst einmal die materiellen Voraussetzungen höher gesteckt. Dies zeigt sich heute quer durch die Schichten, nicht mehr wie früher nur im aufstiegsorientierten Bürgertum: „Der Aufwand für die Kinder und ihre Erziehung bekommt gerade auch in unteren Schichten eine Perspektive auf Bildungsweg und Lebenserfolg".[2] Die Liste der Notwendigkeiten ist lang, von Taschengeld und eigenem Kinderzimmer bis zu Urlaub, Spielzeug und Sport, und nicht zuletzt die für die Eltern anfallenden Folgekosten einer sich immer weiter verlängernden Ausbildungszeit. Solche Anforderungen dringen, über die Massenmedien vermittelt, ins Bewußtsein breiter Schichten der Öffentlichkeit – und auch ins Bewußtsein derer, die heute im elternfähigen Alter sind. Der Satz „Wir können uns kein Kind leisten" sagt deshalb keineswegs nur etwas über die Ansprüche der jungen Paare, was ihren eigenen Lebensstandard betrifft. Er sagt mindestens ebensoviel über den Lebenstandard, den sie ihrem Kind bieten wollen – ja fast schon bieten *müssen*, wenn sie den Expertenanweisungen folgen. Die neue Regel heißt ja, wie oben gesagt: „ . . . moderne Menschen kriegen nur so viele Kinder, wie sie sich finanziell leisten können. Sie sind sich ihrer Verantwortung bewußt".[3] Dazu zwei Interview-Ausschnitte:

„ . . . *ich hab zwei (Kinder), denen kann ich was bieten, denen kann ich was mitgeben fürs Leben, und von fünf (Kindern) hab ich nichts, wenn dann keiner was hat, nicht wahr, man möcht' ihnen ja doch einen guten Grundstart geben"*.[4]

„*Nein, keines mehr . . . für eine Arbeiterfamilie reichen zwei Kinder vollauf. Weil man kann ja nicht, sicher, Kinder sind lieb, aber man muß ihnen ja was bieten auch. Heut ist es nicht mehr so, daß ich ein Kind gestopft in die Schule schicken kann oder, oder die Kinder stellen ja heute schon Anforderungen . . . wenn sie einmal radlfahren können, wollen sie ein Radl, dann zur Schule brauchen sie das zweite Radl"*.[5]

Dabei kann man vermuten, daß die materiellen Voraussetzungen nur der eine, ja der wohl geringere Teil sind. Denn die Anweisungen der Experten umfassen viel mehr – und sie gewinnen rasche Verbreitung, zunächst unter den Frauen der bildungsbewußten Mittelschicht, dann durch Fernsehen und Zeitschriften auch weiter. Ein Kind braucht demnach auch eine „kindergerechte" Umgebung, von entsprechender Wohnung und Lage bis zu einem stabilen Milieu, das Nestwärme bietet. Und vor allem ist ja die Erziehung selbst, wie nachdrücklich betont wird, „eine große und verantwortungsvolle Aufgabe" – so auch in dem schon mehrfach zitierten Frauenhandbuch zu lesen.[6] Die Folgen sind naheliegend, bei so viel Verantwortung. Wie Beobachter protokollieren, erstreben die potentiellen Mütter und Väter oft „ein Höchstmaß an Sicherheit . . ., und zwar im Interesse der Kinder".[7] Sie tragen im Kopf eine Liste von

Voraussetzungen, und diese wächst auf ein historisch einmaliges Maß – von sicheren Arbeitsplätzen und guten Wohnungen bis zu fortschrittlichen Schulen und Kindergärten.

Bei den neuen, aufgeklärten, ihrer Verantwortung bewußten Frauen wird deshalb nicht selten auch die Partnerbeziehung einer eingehenden Prüfung unterzogen: Ist sie gefestigt genug, um einem Kind Stabilität zu gewähren? Und erst recht gerät auch die eigene Person ins Kreuzverhör. Denn wenn die „Persönlichkeit Kind" besondere Qualitäten der Zuwendung braucht, um sich entfalten zu können – dann ist die innere, die emotionale Entwicklung der Mutter nun auch daraufhin zu untersuchen, ob sie als „persönliche Vorbereitung" fürs Kind weit genug ist. Die neue Gewissensfrage, unter den psychologisch und pädagogisch bewußten Frauen verbreitet, heißt deshalb auch: Bin ich reif genug, den persönlichen Anforderungen der Erziehung zu genügen? Habe ich die inneren Qualitäten, die das Kind zu seiner Entwicklung braucht? Und wenn die Antwort negativ ausfällt, dann muß – Kinderwunsch hin oder her – die verantwortungsbewußte Entscheidung lauten: kein Kind, oder zumindest: jetzt noch kein Kind. Dazu die Ergebnisse einer empirischen Untersuchung über nicht-eheliche Lebensgemeinschaften:

*„Viele haben das Gefühl, ein Kind sollte ,erst später' kommen: ... erst dann, wenn man Partnerschaftsprobleme überwunden hat; oder erst dann, wenn man sich selbst gefestigter fühlt ... Man möchte sich als Person hinlänglich entwickelt und reif fühlen, denn ,wenn ich mit mir selbst nicht zurechtkomme, wie soll ich dann mit einem Kind zurechtkommen?' ... Bei Frauen kommt nicht selten die Angst vor der Mutterrolle hinzu, die als eine äußerst verantwortungsvolle Aufgabe und spezifische Anforderung an die eigene Person empfunden wird".*[8]

In den Beratungsbüchern der neuen, von Frauen für Frauen verfaßten Art werden solche Überlegungen oft angesprochen. In einem Buch mit dem einschlägigen Titel „Mutter werden über 30" wird z. B. die Aussage einer späten Mutter zitiert: „Ich war [früher] nicht reif genug, um eine Schwangerschaft riskieren zu können. Ich brauchte meine Arbeit, um meine Egozentrik überwinden und die Probleme anderer Menschen wahrnehmen zu können".[9] Dies ist, wie die Autorin es nennt, ein „sehr persönlicher Grund"[10] – und gleichzeitig noch weitaus mehr. Denn solche persönlichen Gründe werden ja erst dann für die Entscheidung bedeutsam, wenn ein Maßstab existiert, der die innere Reife zur Voraussetzung von Mutterschaft macht. Hinter den Gründen der Frau steht also die soziokulturelle Definition dessen, was das *Kind* zu seiner Entwicklung braucht. Die Formulierung, die dazu im Frauenhandbuch sich findet, trifft deshalb genauer den Kern: Manche Frauen wollen warten, „bis sie das Gefühl haben, sich selbst besser zu kennen, um dann einer so großen Aufgabe besser gerecht werden zu können".[11] Mit anderen Worten: Unter dem Druck ständig steigender Normen reicht die Liebe zum Kind nicht mehr aus, sie muß erst nach den Voraussetzungen fragen. Dazu ein einschlägiger Erfahrungsbericht:

„*Oft hatten wir den Kinderwunsch, der vor allem bei meinem Mann sehr ausgeprägt war, zu diskutieren begonnen. Doch bei all den Schwierigkeiten, die wir in unserer Selbstfindung und in unserem Selbstverständnis als Lebenspartner hatten, wehrte ich immer den Kinderwunsch meines Mannes ab, da ich einem Kind – das auch mein ganz großer Lebenswunsch war – absolut optimale Bedingungen geben wollte. Dazu zählte für mich, daß ich vor allem ein innerlich freier und zufriedener Mensch sein wollte, daß ich imstande und fähig sein wollte, bedingungslos Liebe zu geben und Liebe anzunehmen, daß der Umgang mit Gefühlen unkompliziert und echt sein sollte ...*".[12]

Doch die neue Definition des Kindes und seiner Entwicklung erzeugt nicht nur Barrieren gegen den Kinderwunsch. Im Gegenteil, sie verleiht ihm auch neue Antriebskraft: nicht bloß die, die aus der unmittelbaren Freude am Kind entsteht, sondern die zusätzliche auch, die aus dem Gedanken an die große und wichtige Aufgabe folgt. Denn durch die Zielvorgabe „Das Kind als Persönlichkeit" ist die Erziehungsarbeit ja um eine weitere Stufe qualifizierter geworden. In der vorindustriellen Gesellschaft war Kinderhüten ähnlich wie Gänsehüten: eine Beschäftigung für diejenigen, die zu keiner besseren Arbeit taugten, weil sie zu jung oder zu alt oder zu schwach waren. Im Zuge eines ständig fortschreitenden Fortschritts sind nun nicht nur die frei herumlaufenden Gänseherden aus der Landschaft verschwunden, weil Geflügelfarmen und Legebatterien betriebswirtschaftlich rationeller sind; auch das bloße Kinderhüten ist inzwischen zu einer Art Anachronismus geworden, ersetzt durch die „Professionalisierung der Elternschaft" (Parsons), die populärwissenschaftlich angeleitete Förderung aller Fähigkeiten des Kindes. Damit erfährt die Arbeit fürs Kind eine Aufwertung, weil sie an Einflußmöglichkeiten und Handlungsspielräumen gewinnt. Dies wiederum kann neue Arbeitsanreize und Motivationen schaffen: Je mehr die Arbeit fürs Kind verlangt, desto mehr kann sie auch zu einem eigenen Leistungsbereich werden, wo die Mutter wichtig, ja unersetzlich ist und eben daraus inhaltliche Befriedigung, Selbstbewußtsein und Selbstbestätigung gewinnt. Für diese Möglichkeit spricht, daß es immerhin eine ähnliche Konstellation schon einmal gab. Das war, wie oben skizziert, im Bürgertum des 19. Jahrhunderts: Als damals die Erziehungsanforderungen stiegen, wurde daraus „Mutterschaft als Lebensinhalt", jedenfalls für viele Frauen in dieser Schicht. Kann es nicht sein, daß dies auch jetzt wieder geschieht?

Betrachten wir unter diesem Gesichtspunkt die Entwicklung der letzten beiden Jahrzehnte. „Chancengleichheit" und „Gleichberechtigung" wurden zu Schlüsselworten in Beruf, Öffentlichkeit, Politik – und sind oft bloße Worte geblieben. Und wo sie ein Stück weit verwirklicht wurden, da erwies sich, daß die eigenen Wege nicht nur befreiend sind, sondern auch unbequem und zermürbend, weil vom Diktat von Konkurrenz und Karriere bestimmt und auf die Vorgaben der männlichen Normalbiographie zugeschnitten. Hier liegt wohl eine wichtige Ursache dafür, warum es unter den neuen Frauen nun nicht wenige gibt, die die Besonderheiten des weiblichen Lebenszusammenhangs wiederentdecken, und darin besonders auch Mutterschaft. Die Vermutung ist naheliegend: Die von den Experten verkündete Botschaft, daß die Sorge fürs Kind so einflußreich ist, gewinnt ihren besonderen Reiz jetzt gerade auch im *Kontrast* – im Gegensatz zu den Sackgassen im Berufsalltag etwa, zu der dort erfahrenen Ohnmacht und Austauschbarkeit, in Reaktion auch auf eine eingefahrene Partnerbeziehung und die Routinen der Alltagsversorgung.

*„Wir haben vier Jahre zu zweit zusammen gelebt. Jeder ging zur Arbeit und kam abends wieder. Dann ging man irgendwo hin. Bei mir kam noch hinzu, daß ich eine Arbeit hatte, die völlig unnütz war – Graphikerin. Da gibste deine ganze Kraft und Energie dazu, daß jemand deine Arbeit verwerten kann und dadurch ein bißchen reicher wird. Und wenn man ein Kind hat, dann kann man erst einmal aufhören zu arbeiten, und dann hat man das erste Mal etwas, für das man wichtig ist. Für den Mann bist zu vielleicht abends zwei Stunden lang wichtig, aber nicht den ganzen Tag über. Es ist überhaupt nicht richtig wertvoll, was du tust, Essen, Kochen vielleicht? Wenn man als Frau eine Arbeit hat, die ganz toll ist, dann ist der Wunsch ein Kind zu wollen, wahrscheinlich weniger stark". (Graphikerin)*[13]

In den Büchern und Erfahrungsberichten aus der Frauenbewegung wird nun folgendes Muster sichtbar: Das Postulat von der „großen verantwortungsvollen" Aufgabe wird aufgenommen – aber nicht einfach als Wiederholung der alten Formen, sondern nun mit einer besonderen Wende versehen, die charakteristisch ist für das wachsende Bewußtsein und Selbstbewußtsein dieser Generation. Die neuen Frauen wollen nämlich die große und verantwortungsvolle Aufgabe umgestalten. Sie wollen sie neu erobern und „selbst bestimmen", nicht mehr von außen vorschreiben lassen, nicht von einer einseitig technisch ausgerichteten Medizin, von Ärzten und Krankenhauspersonal, von den traditionellen Erziehungsexperten. Sie finden sich zusammen in Mütter- und Stillgruppen, greifen nach den neuen, von Frauen verfaßten Ratgeberbüchern und diskutieren darüber, entwickeln ihre eigenen Normen, kurz: sie nehmen die wichtige Aufgabe wichtig, von der möglichst sanften Geburt bis zur ökologisch bewußten Ernährung. Wie Beobachter dieser Szene schreiben: „Die neuen Mütter, die sehr ernst in Schwangerschaftsgruppen die Methoden der Entspannung während der Geburt trainieren, die Fragen des Wo und Wie der Geburt monatelang bereden, haben den Spezialisten in den Kranken- häusern und der Säuglingsindustrie das Terrain streitig ge- macht".[14] Was sich hier vollzieht, kann man interpretieren als Wiederentdeckung des Kindes in neuer, „feministisch bewuß- ter" Form. So wird daraus ein Bereich weiblicher Identität und Macht, der auch den neuen Frauen verlockend erscheint. „Schwangerschaft, Geburt und Stillen sind ... für die neuen frauenbewegten Mütter nicht mehr nur Vorgänge, die im Hin- blick auf das Neugeborene und dessen Ernährung von Bedeu- tung sind; Schwangerschaft, Geburt und Stillen vermitteln viel- mehr die Erfahrung weiblicher Potenz, einer Potenz, die den Frauen von Natur aus innewohnt".[15]

In der Erziehungsdevise „Persönlichkeit Kind" ist also das Postulat einer Verantwortung angelegt, das den Kinderwunsch wesentlich beeinflußt, und zwar in doppelter Richtung: teils fördernd, teils hemmend. Ein besonders anschauliches Beispiel dafür, wie dieses Postulat in die Familie hineinwirkt, ist die Entscheidung für oder gegen ein zweites Kind. Denn wie Un- tersuchungen zeigen, gewinnen gerade hier Überlegungen ein großes Gewicht, die sich am Wohl der „Persönlichkeit Kind" orientieren – oder genauer gesagt an dem, was die Experten als Wohl definieren. Demnach ist in den meisten Eltern-Ratgebern und auch in den Köpfen der Mütter die Vorstellung weit ver- breitet: daß es nicht gut ist fürs Kind und seine Entwicklung, wenn es ohne Geschwister aufwachsen muß. Betrachtet man dagegen die persönlichen Motivationen der Frauen (und Män- ner), so deutet sich an: Für das, was sie für sich selbst vom Kinderhaben erhoffen, würde es vielfach genügen, nur ein Kind zu haben.[16] Hinter der Bereitschaft zum zweiten steht dann mehr das Motiv „Dem Kind ein Geschwisterchen schenken" – damit ja nichts Wichtiges fehlt. Das zeigt sich z. B. in der Unter- suchung von Müttern in Ein-Kind-Familien, wo nach weiteren Kinderwünschen gefragt wird. Aus den Antworten ergibt sich folgendes Bild: „Die negative Bewertung der Einzelkindsitua- tion ist der am häufigsten genannte Grund für ein weiteres

Kind".[17] Und ebenso in der Schweizer Befragung über Kinderwunsch und Familienplanung: „Der Grund für das zweite Kind ist heute oft das erste Kind".[18] Dazu typische Äußerungen der Frauen selbst:

„Ich finde die Situation von einem Einzelkind schlecht. Denn die Eltern sind in der Übermacht und das Familienleben ist nicht ganz ausgeglichen. Ich finde, das Kind sollte auch einen Partner haben. Außerdem deuten die Eltern viel mehr in das Kind hinein als drin ist. Man fixiert sich nur auf das Kind und nimmt immer alles so tragisch. Jetzt überlege ich mir seit Tagen, weshalb die Nina nachts so schreit. Ich mache mir soviele Gedanken, und andere Kinder schreien auch nachts. Außerdem ist die Nina so ein Leute-Typ, die das durchaus braucht und gerne mag, wenn noch jemand da ist". (Lehrerin)

„Ich glaube, das ist für Kinder irgendwie ein Nachteil für später. Es muß nicht unbedingt sein, aber daheim sind sie sowieso im Mittelpunkt, und später müssen sie sich z. B. im Kindergarten unterordnen, und das wird ihnen schwer fallen. Dann sehen sie, daß sie nicht alle Wünsche erfüllt bekommen und daß das für das spätere Leben wesentlich besser ist. Denn später kriegen sie dann doch nicht immer alles". (Hausfrau)[19]

Doch gerade auch dann, wenn man denkt, was das Beste fürs Kind ist, gibt es Gründe, die gegen eine Familienvergrößerung sprechen. Denn als Resultat der neuen Erziehungsanforderungen, die das Beste fürs Kind verlangen, setzt sich bei jungen Frauen zunehmend die Auffassung „Qualität vor Quantität" durch, wie eine Studie formuliert: „lieber weniger Kinder, dafür aber einen intensiveren Umgang mit ihnen".[20]

„Meine Mutter hat einen Haufen Kinder und einen Haufen Arbeit. Ich finde, für ein Kind muß man schon mehr da sein, als wie wir aufgewachsen sind".[21]

„Ich finde eine große Familie etwas Schönes. Der Nachteil ist aber, daß sich die Mutter den Kindern zu wenig widmen kann, weil sie einfach keine Zeit mehr hat für alle. Die Haus-

*arbeit ist dann zu umfangreich. Die Kinder sind dann auf sich selber gestellt ...".*[22]

*„Ich lebe im Grunde allein mit meiner Tochter... So sind meine Tochter und ich die eigentliche Familie, und für die hätte ein zweites Kind große, nämlich negative Auswirkungen. Ich halte es für wichtig, daß sich eine Mutter in den ersten drei Jahren dem Kind voll widmen kann, und das wäre dann nicht möglich gewesen. Ich hätte mir eine Hilfe nehmen müssen, weil ich auch noch durch Haus und Garten sehr belastet bin. Das wäre mir einfach zuviel geworden, denn T. [die Tochter] erfordert meine ganze Zuwendung, und ich muß eigentlich 24 Stunden allein für sie dasein".*[23]

In solchen Daten ist auch ein Hinweis auf die weitere Geburtenentwicklung enthalten. Denn wenn das Negativ-Bild vom Einzelkind, das im öffentlichen Bewußtsein immer noch vorherrscht, eines Tages sich umkehren sollte, z. B. unter dem Einfluß neuer Expertenaussagen; wenn es dann also nicht mehr nötig sein sollte, für das Kind, das man schon hat, noch ein zweites zu kriegen – dann könnte der Geburtenrückgang sich deutlich weiter verstärken. So auch die Schlußfolgerung aus der Schweizer Befragung über Kinderwunsch und Familienplanung:

*„In einem gewissen Sinne wird der Rückgang des Kinderwunsches vorläufig noch durch starke – wissenschaftlich kaum begründbare – Vorurteile gegenüber dem Einzelkind ‚aufgehalten'. Es ist denkbar, daß eine Abschwächung solcher sozialen Vorurteile zu einer weiteren Erosion des Kinderwunsches führen kann".*[24]

### 7. Die neuen Kinder sind „Kopfgeburten"

Zusammenfassend kann man sagen, bei der Entscheidung für oder gegen Kinder gibt es heute zahlreiche Blickwinkel, die auf ganz unterschiedlichen Ebenen liegen, von den Chancen und Zwängen des „eigenen Lebens" bis zu den Forderungen und

Verheißungen der „Persönlichkeit Kind". Und jeweils gibt es Überlegungen, die dafür – und andere, die dagegen sprechen. Die Folge ist, daß konkurrierende Hoffnungen und Ängste aufkommen: „Kinderwunsch – Reden und Gegenreden", wie der Titel eines einschlägigen Buches heißt (Roos/Hassauer). Und Untersuchungen stellen fest: „In den Pro- und Contra-Überlegungen zeigen sich charakteristische Unsicherheiten, Ambivalenzen und Widersprüche".[1]

*Aus den Tagebuchnotizen einer „neuen Frau": „Ja, warum nicht ein Kind kriegen? Ich spüre förmlich die Vorfreude auf ein Kind, auf unser Kind, und bin neugierig auf das Wunderbare, das sich im Werden eines Menschen offenbart. Will ich wirklich ein Kind? Ich bin mir nicht sicher, irgendwo in meinem Hinterkopf schwirren die Argumente gegen Kinder durcheinander. Ich bin verwirrt und brenne darauf, Claus [dem Partner] so schnell wie möglich von meinen Gefühlen zu erzählen". [Lehrerin][2]*

*Eine Frau beschreibt die Entscheidung für oder gegen ein zweites Kind: „Ein zweites, glaub ich, müssen wir noch bekommen – wünschen tu ich's mir nicht ... Wollen tut es ja eigentlich mein Mann, und ich möchte es eigentlich auch gerne, weil ich Kinder wahnsinnig gerne um mich habe. Mein Mann ... hat mich ziemlich überzeugt mit seinen Argumenten. Wenn man ein Kind allein hat, erzieht man es automatisch zu einer Prinzessin, das ist logisch. Mein Mann sagt immer, wie er sich das vorstellt, warum das zweite her muß. Und ich sage, daß ich das selber mit mir nicht so vereinbaren kann, daß ich Angst davor habe. Daß ich die Verantwortung für die zwei Kinder nicht schaffen kann, weil meine Kleine ja selber noch so klein ist. Und wenn ich dann ein Baby habe, das ich wieder so weit bringen muß!" (Hausfrau, früher Verkäuferin)[3]*

Und was die Entscheidungssituation weiter noch kompliziert: Die Erwägungen und Erwartungen sind nicht nur widersprüchlich je nach Blickwinkel, den man wählt. Sie sind darüber hinaus auch noch in *dauerndem Fluß*. Denn das „eigene Leben" bleibt ja nicht stehen, sondern verändert sich laufend, und zwar gerade in den für Mutterwerden einschlägigen Jahren – z. B.

erste Liebesbeziehungen, festere Bindungen, Ehe auf Probe, oder Durchlaufen der Ausbildung, Berufsanfang, manchmal Karriereaufbau, dies alles oft noch mit Umzug und Wohnungssuche verbunden. Und mit den immer wieder neuen Stationen des Lebens gerät auch der Kinderwunsch und seine Modalitäten in immer wieder neue Bewegung. Hier zwei Beispiele von vielen, beide Kurswechsel beschreibend – freilich mit gegensätzlicher Richtung.

„Ich erinnere mich an eine kurze Phase, wo ich auch mal diese Idee ‚Kind‘ hatte. Das war nach meinem Studium, als ich oft allein in der neuen, großen Wohnung war und noch nicht so genau wußte, was ich jetzt tun wollte. Ich habe mich damals sehr genau beobachtet und dann eindeutig, ich will mal sagen, diagnostiziert, daß ich meine Freiräume noch nicht ausfüllen konnte und so ein Kind als Vehikel haben wollte. Als ich zunehmend verstand, meinen Alltag mit Sachen zu füllen, die mich interessierten, blieb diese sogenannte ‚innere Stimme‘ schnell weg“. (Lehrerin)

„Ich wäre [früher] wahrscheinlich eine wahnsinnige Mutter geworden, unzumutbar für ein Kind! Mit meinen eigenen Ängsten und Vorstellungen von Sorgfalt hätte ich das Kind wahrscheinlich als Lebensaufgabe betrachtet. Diese Perfektion, die ich da von mir verlangt hätte! Ich kann von Glück sagen, daß ich in der Zeit kein Kind gekriegt hab ... Bis vor kurzem war es für mich ein unmöglicher Gedanke, selbst ein Kind zu kriegen. Das hätte mich beruflich derart eingeschränkt! Deshalb entschloß ich mich letztes Jahr schließlich zu einer Sterilisation ... Den Entschluß faßte ich, als ich wieder mal Angst hatte, schwanger zu sein. [Doch als ich dann merkte, daß ich's nicht war, kam gleich] ein gewisses Bedauern. Erstmal war der Druck weg und die Erleichterung da, aber sofort kam dieses Bedauern. Ich hab dann meinen Sterilisationstermin im Krankenhaus abgesagt. Mit einer solchen Umwälzung der Wünsche hatte ich mich selbst am meisten überrascht ... Dazu kam natürlich, daß mich Frauen in meiner wöchentlichen Frauengruppe ermutigt haben, das Ganze nicht so verbissen zu sehen und zu sagen,

*irgendwie schafft man das schon, beruflich und privat ... Diese
Zwänge und diese Verbissenheit sind erst jetzt von mir abgefal-
len ... Von meiner Einstellung her wäre ich jetzt dazu bereit".*
*(Journalistin)*[4]

So wird aus dem, was Entscheidungssituation genannt wird,
in Wirklichkeit oft ein langer Entscheidungsprozeß; und dies
insbesondere wieder bei den „neuen Frauen", die – mit vielen
Einsichten aus Psychologie, Pädagogik, Selbsterfahrung im
Kopf – nun alles sehr bewußt machen wollen. Denn auch das
gehört ja zu den Kennzeichen einer Gesellschaft, in der die
traditionellen Vorgaben von Klasse, Stand, Geschlechtszugehörigkeit nicht mehr in starr vorgezeichnete Bahnen einweisen: In
wachsendem Maß wird nun ein Herstellen und Selbstarrangie-
ren des Lebenslaufs nötig, ein Planen der kurzfristigen und
langfristigen Lebensstationen in vielen Bereichen, von Schultyp
bis Ausbildungsplatz, von Wohnort bis Partnerwahl. Wie die
einschlägige Frauenliteratur zeigt, greift dieser neue Planungs-
druck immer spürbarer auch in das Verhältnis von Frauenleben
und Mutterschaft ein. Die Devise für potentielle Mütter heißt
heute, im Frauenhandbuch programmatisch vorformuliert: erst
„alles sorgfältig durchdenken" und dann einen „wirklich sicheren Entschluß fassen".[5] Und schaut man die Untersuchungen
und Erfahrungsberichte an, so zeigt sich: Die Devise wird auch
befolgt. Eine empirische Untersuchung über nicht-eheliche Lebensgemeinschaften stellt fest: „Viele der befragten Frauen klagen über einen Verlust an Spontaneität. Sie haben den Eindruck, daß Kinder früher selbstverständlicher zur Welt gebracht wurden, während sie heute eine bewußte Entscheidung
treffen müssen".[6] In endlosen Versuchen der Seelenforschung,
in Tagebuchblättern, in Gesprächen mit Freundinnen und erst
recht mit dem Partner versuchen viele der neuen Frauen, ihrem
Kinderwunsch auf die Spur zu kommen, die Möglichkeiten und
die Barrieren zu prüfen. Sie fragen die, die schon Mütter sind,
um sich „aufklären" und „unterrichten" zu lassen, um „vorzu-
beugen", sich zu „rüsten" und gegebenenfalls auch zu „wehren", kurz weil sie es „genau wissen" wollen.[7] Und nicht zu-

letzt deshalb schreiben sie auch: Erfahrungsberichte, um aus den eigenen Ambivalenzen herauszufinden, oder Beratungsbücher, um anderen durch den langen Weg der Entscheidung zu helfen.

*„Es war eine Notwendigkeit für uns, dieses Buch zu machen. Es ist aus Überdruß entstanden. Drei, vier Jahre lang haben wir übers Kinderkriegen geredet. Wir zwei haben diskutiert, mit Freunden, Kollegen, Altersgenossen geredet ... Jetzt ist das Buch fertig. Mit ihm ist eine Etappe unserer Biografie beendet. Die Kinderfrage hat sich objektiviert". (Wissenschaftliche Assistentin)*[8]

*[Mein Freund] „hat immer gesagt, ich soll mir ja aufschreiben, was für Gründe ich habe, ein Kind zu wollen. Ich habe es auch drei Jahre lang versucht, aber mir ist nie ein wichtiger Hauptgrund dazu eingefallen. Es kamen viele Kleinigkeiten zusammen". (Graphikerin)*[9]

*„Falls ich mich umentscheiden sollte und auf einmal Kinder haben möchte, würde ich erstmal sehr lange darüber nachdenken, ob das wirklich mein eigener Wunsch ist oder ob das von außen an mich herangetragen wird". (Studentin)*[10]

Dabei lesen sich manche Erfahrungsberichte ähnlich wie Rechenschaftsberichte: eine Inquisition, um die inneren Gründe und Abgründe zu prüfen. Und dies nicht von ungefähr, sondern aufgrund eben jener Verantwortung, die mit der Herauslösung aus selbstverständlichen Vorgaben entsteht, und die ja nun eine doppelte ist: einerseits gegenüber dem „eigenen Leben", andererseits gegenüber der „Persönlichkeit Kind". Der Kinderwunsch muß bei manchen der neuen Frauen eine Zensurbehörde durchlaufen, und die kritischen Fragen reichen von der Partnerbeziehung bis zur persönlichen Entwicklung und den verdrängten Gefühlen.

*„Jahrelange Abgrenzungen in der Beziehung ... waren immer wie Orkane gewesen und brachten unsere gerade gewonnene Stabilität in der Beziehung immer wieder völlig durcheinander. Bei mir kam ein schrecklicher Prozeß der Abgrenzungsar-*

*beit von Schwiegereltern, Eltern und zum Schluß und im beson-*
*deren von meiner Mutter hinzu. Oft hatten wir den Kinder-*
*wunsch ... zu diskutieren begonnen. Doch bei all den Schwie-*
*rigkeiten, die wir in unserer Selbstfindung und in unserem*
*Selbstverständnis als Lebenspartner hatten, wehrte ich immer*
*den Kinderwunsch meines Mannes ab ...".*[11]

*„Obgleich ich schon mit sechsundzwanzig begonnen hatte,*
*einige meiner Probleme anzugehen (insbesondere das meiner*
*lange unterdrückten Sexualität), war ich mir meiner Selbst und*
*unserer unausgegorenen Beziehung noch immer zu unsicher, um*
*durch ein Kind alles noch schwieriger zu machen".*[12]

*„Ich begann, mich zu fragen, ob ich selbst eigentlich wirklich*
*um jeden Preis ein Kind wollte, oder – ob ich es mir hatte einre-*
*den lassen. Was waren eigentlich meine Motive?".*[13]

Was einst die natürlichste Sache der Welt war, ist nun in
manchen Gruppen zu einer sehr komplizierten geworden.
Nichts geht mehr spontan, alles läuft über den Kopf: Die neue
Frau „hinterfragt" und „problematisiert". Es sollen (wenn
überhaupt) Wunschkinder sein. Aber da der Wunsch heute
nicht mehr spontan ist, sondern durch viele Fragen gebremst,
werden es immer mehr Planungskinder, oder um es mit Grass
zu sagen: „Kopfgeburten". Symptomatisch dafür sind allein
schon die Stichworte, die in Interviews und Erfahrungsberichten auftauchen. In Zusammenhang mit dem Kinderwunsch ist
da die Rede von „Argumenten",[14] von „Selbstbeobachtung und
Selbstdiagnose",[15] vom „Durchschauen der eigenen Verwirr-
strategie",[16] vom „Alles-Durchdenken bis zur Perfektion".[17]
Und werdenden Zwillingseltern fällt „natürlich sofort" ein,
„daß es bei Zwillingen eine erhöhte Schizophrenierate geben
soll".[18] Das letztere mag ein Extrembeispiel sein, aber vergessen
wir nicht: Auch im Ehedialog zwischen einem Facharbeiter und
einer Verkäuferin werden jetzt schon die „Argumente" eingesetzt, die gegen die Einzelkindsituation sprechen.[19] Und eine
andere Verkäuferin berichtet, in den ersten Monaten der
Schwangerschaft „hat sie fast alles gelesen", was sie über das
Thema Schwangerschaft auftreiben konnte, und hat sich dabei

„insbesondere... mit den verschiedenen Gebärmethoden beschäftigt".[20] Über den Kinderwunsch und seine Folgen wird immer mehr ein Netz von Thesen und Theorien geworfen.

*„Während der letzten zehn Jahre hab ich immer wieder in mich hineingehorcht, ab und zu jedenfalls, ob ich wirklich ein eigenes Kind will. Oder ob ich einfach nur Lust hab und angetörnt bin, wenn ich ein Kind um mich sehe... Ich hab alles unheimlich durchdacht, mit allen Facetten, mit allen Problemen und mit dieser Perfektion, die ich auch bei anderen Sachen an den Tag lege".[21]*

*„Ich habe Frauen getroffen, denen der eigene Kinderwunsch so sehr zum Problem geredet wurde von einer inquisitorischen sozialen Umwelt, daß der Fötus, wenn es dann soweit kam, nur in Gestalt eines Fragezeichens den Uterus bewohnt haben kann".[22]*

Und der Kopf allein reicht auch nicht mehr aus, um zur Entscheidung zu finden. Wo Mutterwerden herausgelöst wird aus den einst selbstverständlichen Vorgaben und Zwängen, da entsteht eine Lücke, ein Orientierungsbedürfnis. Auch die Erfahrung der unmittelbar vorangehenden Frauengeneration kann nur wenig mehr nützen, weil ihre Situation an entscheidenden Punkten anders war. Also müssen die jungen Frauen heute ihren Weg, ihre Entscheidung selber finden. Sie wollen es richtig machen, und wissen nicht wie, also greifen sie zunehmend zu dem, was in der modernen Gesellschaft Religion und Tradition in gewissem Sinne ersetzt: die Anweisungen der Experten. Das, was eine ganz persönliche Entscheidung ist, wird immer mehr beeinflußt von der modernen Psychologie und den diversen Spielarten der Ratgeber-Literatur, die inzwischen massenhafte Verbreitung finden. Es ist ein Produkt von Bücherwissen, einschlägigen Zeitschriftenartikeln und Ratgeber-Büchern. Denn auch das Nachdenken muß jetzt angeleitet werden, durch entsprechende Medienhilfe: „Kinderkriegen, ein Nachdenkbuch", wie ein einschlägiger Titel heißt (Kerner 1984). Überspitzt zusammengefaßt: Das einzige, was noch spontan einfällt, sind die Anweisungen in der wissenschaftlichen bis populärwissenschaftlichen Literatur, die den „richtigen" Kinderwunsch definieren.

Dabei sind die Experten, bei denen man Rat sucht, zweifellos unterschiedlich je nach Bildungsniveau, von Pädagogik und Psychologie bis zur Frauenbewegung, vom Selbsterfahrungsbuch bis zur Regenbogenpresse. Und doch haben sie einen gemeinsamen Rahmen, die Skala der Denkmodelle, die die hochentwickelte Industriegesellschaft bietet – ähnlich von Flensburg bis Rosenheim, von Toronto bis London. Deshalb zeigt das, was in Interviews und Erfahrungsberichten an „persönlichen" Motiven genannt wird, oft erstaunliche Ähnlichkeit. Es sind, wiederum überspitzt gesagt, die fast schon stereotypen Wiederholungen verwandter Vorgaben und Schablonen. Selbst die Formulierungen sind schon auffallend ähnlich, offensichtlich einem verbreiteten Repertoire entnommen, mit immer wiederkehrenden Schlüsselworten und Signalen. Und sie klingen oft seltsam unlebendig und hölzern: eine Aneinanderreihung von Sprachfertigteilen, die auf die dahinterstehenden Denkfertigteile verweisen. Die Herauslösung des Kinderwunsches aus gesellschaftlichen und biologischen Zwängen hat derart auch seine Standardisierung zur Folge, nämlich eine Einpassung in die Kategorien und Modelle, die die Experten als die neuen Weisen der Industriegesellschaft produzieren. Deshalb gerät die Subjektivität, die Wendung auf die eigene Innerlichkeit leicht zum Jargon. Deshalb kann die Erfahrung, Entwicklung, Entscheidung, die im Zeitalter des „eigenen Lebens" eine persönliche sein soll, oft eben dieses nicht sein. Sie wird dann zunehmend: eine private Version des Expertendiskurses.

# VI. Ausblick:
## Die Zukunft von Frau, Familie und Kind

*„Wir sind Individuen, wir sind kein Personal, das für die Fort-pflanzung zuständig ist". (Feministischer Roman, Ende 20. Jahrhundert)*[1]

*Der Konflikt*

Im ausgehenden 20. Jahrhundert ist das Verhältnis von Frau, Familie und Kind in Bewegung geraten – durch Veränderun-gen im Leben der Frau wie durch Veränderungen in der Erzie-hung. Das Ergebnis dieser Entwicklungen ist freilich nicht, daß der Kinderwunsch einfach verschwindet. Die neue Wirk-lichkeit ist weit komplizierter: Auf der einen Seite wird die soziale Definition der Frau über Familie und Kind zunehmend brüchig. Aber andererseits gewinnt die Beziehung zum Kind auch neue emotionale Bedeutung, als Verheißung von Nähe, Zärtlichkeit, Wärme. Während die traditionellen Motive zum Kinderhaben an Einfluß verlieren, kommen gleichzeitig neue auf, die es in der vormodernen Gesellschaft so noch nicht gab. Pointiert zusammengefaßt: Der Kinderwunsch wird zugleich anachronistisches Relikt – und ein spezifisches Produkt der Moderne.

Dabei wird freilich unübersehbar, daß im Zuge dieser Ver-änderungen ein zentraler Konflikt entsteht und immer weiter sich zuspitzt. Denn der Übergang vom Leben als mehr oder minder freie Einzelperson, oder als Partner in einer Beziehung von Erwachsenen, hin zur Familienexistenz mit Kindern – das ist unter den Lebensbedingungen der modernen Gesellschaft kein bloß gradueller Schritt, keine Etappe von vielen im Kreis-lauf des Lebens. Nein, Mutterwerden ist heute nicht mehr und nicht weniger als ein radikaler Bruch mit vielen der bisherigen

Gewohnheiten und Lebensformen, der durcheinanderwirbelt, was vertraut und selbstverständlich erschien, ja der fast eine Art „Biographiewechsel" verlangt, den Sprung in ein anderes Leben. Denn in der Art, wie heute Berufswelt und Familienbeziehungen, Freizeit und Urlaub, Wohnen und Straßenverkehr gestaltet sind, ganz zu schweigen etwa von dem Mangel an Bewegungsraum und Spielmöglichkeiten für Kinder, von den Konsequenzen eines auf frühzeitige Leistungsauslese ausgerichteten Schulsystems: Überall bricht unter den gegenwärtigen Bedingungen ein Gegensatz auf zwischen den Anforderungen, die mit Kinderhaben verbunden sind, zwischen den Bedürfnissen der kindlichen Entwicklung – und den Erwartungen und Absichten, Möglichkeiten und Zwängen, die die eigene Lebensgeschichte der Frau ausmachen. Wer Kinder in die Welt setzen und großziehen will – jedenfalls so, wie dies in unserer Gesellschaft definiert und organisiert ist –, der/die muß dafür immer wieder im eigenen Leben zurückstecken; und dies nicht nur in Nebensächlichkeiten, sondern an einem ganz zentralen Punkt. Kinderhaben heute bedeutet, vor allem für Frauen, Verzicht auf genau das, was das Leitbild der Moderne ausmacht: die aktive Lebensplanung, die die eigene Person in den Mittelpunkt stellt und deren Gebote Mobilität, Unabhängigkeit, Selbständigkeit heißen. Je mehr die moderne Gesellschaft die Zwänge, Ansprüche, Erwartungen in bezug auf ein „eigenes Leben" erzeugt und vorantreibt, auf vielen Ebenen von Bildungssystem bis Konsum, von Familienrecht bis zur Altersversorgung – desto unausweichlicher müssen diese kollidieren mit dem, was die Bindung und Verantwortung für Kinder beinhaltet.

## Die alten Rezepte

Nun kursieren in der politischen Diskussion ja zahlreiche Forderungen und Vorschläge, um die Probleme abzubauen, denen junge Familien heute begegnen. In den Kategorien der herkömmlichen Familienpolitik heißt das vor allem: mehr Geld, oder vornehmer ausgedrückt, ein verbesserter Familienlastenausgleich, sei's über Änderungen im Steuerrecht, sei's durch Ausbau von Kindergeld, BAFöG und ähnlichen Leistungen.

Aber so willkommen und wichtig finanzielle Maßnahmen für junge Familien auch sind, sie bleiben immanent doch an die klassischen Probleme der Industriegesellschaft gebunden, an die daraus entstandenen Verheißungen des Sozialstaats: Abbau von Armut, mehr Wohlstand für alle. Sie lassen die *neuen* Konflikte völlig unberührt, die junge Mütter heute erfahren. Denn Kindergeld und BAFöG allein ändern nichts an der kinderfeindlichen Umwelt, von Wohnungsbau bis Straßenverkehr, und nichts am Diktat der Zeitökonomie, das das Leben mit Kindern zum Störfall, ja zur ständigen Behinderung macht. Und sie lösen erst recht nicht die Frage, die heute unausweichlich sich stellt: wie ist Mutterschaft zu vereinbaren mit dem eigenen Leben der Frau? Auch da können bloß monetäre Maßnahmen nicht greifen, so gut gemeint sie auch sind, wie die Anerkennung von Kindererziehungszeiten im Rentensystem. Denn zum ,,eigenen Leben" der Frau gehört nicht nur die finanzielle Absicherung im Alter, sondern die Verfügung über eigenes Geld schon in den vielen Jahren zuvor (seit wann beginnt das Leben erst kurz vor dem Tod?); und ebenso ein Freiraum für eigene Bedürfnisse, Interessen und Pläne, jenseits der Abhängigkeit von der Familie und der Isolation des Privaten. So gesehen lautet das Fazit eindeutig: Die Instrumente der konventionellen Politik, die zuallererst in ökonomischen Bezugspunkten denkt – Subventionen für die Kohle, die Milchkuh, das Kind –, sie reichen nicht mehr. Ja, sie begreifen gar nicht die Dimension der neuen Probleme, die sich mit Muttersein heute verknüpfen.

Was also dann? Bekannt aus der politischen Diskussion sind weiterhin Vorschläge, die bei der Frau ansetzen wollen oder genauer bei den Veränderungen im Leben der Frau, die in den letzten Jahrzehnten sich durchgesetzt haben. Auf eine Formel gebracht: in der Emanzipation liegt das Übel. Man muß ihr Einhalt gebieten, dann werden Frauen ihre wahre Bestimmung wiedererkennen, und die Fragen und Zweifel, die den Kinderwunsch heute begleiten, lösen sich auf.

*So z. B. Hans Schäfer, Präsident der „Deutschen Liga für das Kind in Familie und Gesellschaft": „... wichtiger als alle Probleme der Berufstätigkeit und Selbstverwirklichung der Frau ist die Rettung der Familie als Institution ... Selbstverwirklichung in Ehren – aber wer soll den Kindern geben, was sie brauchen?"[2]*

*Ähnlich argumentiert der Sozialwissenschaftler Horst Helle bei einer Tagung dieser Liga: „In der Alltagswirklichkeit unserer schulischen und sonstigen Ausbildungsinstitutionen und der Familie gerät die Frau im Alter von 16 bis 18 Jahren in den Bannkreis ... verschiedener Einflüsse, die sie von einer möglicherweise vorhandenen Bereitschaft zu Monogamie und Mutterschaft immer weiter entfernen: [so] erwarten Eltern, Erwachsene und Gleichaltrige für die junge Frau eine ähnlich zeitraubende außerfamiliale Berufsausbildung, wie der junge Mann sie durchläuft ..."[3]*

Solche Situationsdiagnosen laufen darauf hinaus, daß man die Ausbildung für Frauen beschneidet und ihre Berufstätigkeit einschränkt. Aber Rezepte dieser Art verkennen eines: Die Veränderungen im Leben der Frau sind nicht zufällig gekommen, sondern Endprodukt einer langen historischen Entwicklung, die mit dem Umbruch zur modernen Gesellschaft begann. Sie sind nicht isoliert und begrenzt, sondern reichen in viele Bereiche hinein, vom Bildungssystem bis zur Berufswelt (die ohne Frauen nicht mehr funktionsfähig ist), von der Rechtsprechung bis zum Verhältnis der Geschlechter (wieviel Männer der jüngeren Generation sind noch bereit, lebenslang alleiniger Familienernährer zu sein?). In der Summe dieser vielfältigen Veränderungen ist eine neue Wirklichkeit entstanden, die man nicht per Federstrich aus der Welt schaffen kann. Der Weg zurück zur Sonderrolle der Frau ist versperrt.

Darüber hinaus sind die Leitwerte von Freiheit und Gleichheit, die sich mit dieser historischen Entwicklung verbinden, keine Erfindung der Frauenbewegung, sondern haben ihre Wurzeln im Aufstieg der bürgerlichen Gesellschaft. Im 18. und 19. Jahrhundert freilich wurden diese Werte nur auf Männer bezogen. Doch inzwischen hat sich die Gesellschaft weiterbewegt, die Argumentationsfiguren von einst sind brüchig geworden, und so ist diese Form der „halbierten Moderne" an ihre eigenen Grenzen gekommen.[4] Der Anspruch auf Freiheit und Gleichheit hat im 20. Jahrhundert auch die Frauen erreicht – und er ist nicht mehr beliebig rückgängig zu machen.

## Auf der Suche nach neuen Lösungen

Autorinnen, die der Frauenbewegung nahestehen, wehren sich gegen alle Versuche, die Frau zurückzuschicken zu Küche und Kind. Aber sie fragen gleichzeitig auch: Wie sieht dann die Gleichstellung aus, die wir haben? Und immer kritischer stellen sie fest, die Veränderung ist sehr einseitig verlaufen. Was sich durchgesetzt hat, ist eine Angleichung an das Männerdasein und seine Imperative. Die Ausleseverfahren in Schule, Ausbildung, Berufswelt, denen nun auch Frauen unterstellt sind, verlangen von allen: Sei clever, zielbewußt, kühl, mit Leistungswillen und Selbstdisziplin! Kurz, als äußerstes Zugeständnis erfährt die Frau hier: Sie sei wie der Mann. Statt der erhofften Befreiung also ein neues Dilemma, die „Wahl zwischen zwei Übeln". Virginia Woolf hat es beschrieben:

*„Wir ... finden uns zwischen dem Teufel und dem tiefen Meer. Hinter uns liegt das System des Patriarchats; das private Heim mit seiner Nichtigkeit, seiner Unmoral, seiner Heuchelei, seiner Unterwürfigkeit. Vor uns liegt die öffentliche Welt, die Professionen mit ihren Besitzansprüchen, ihrem Neid, ihrer Streitsucht, ihrer Habgier. Das eine schließt uns ein wie Sklavinnen in einem Harem. Das andere zwingt uns dazu, den Maulbeerbaum zu umrunden, den heiligen Baum des Besitzes, wie Raupen von Kopf bis Schwanz, immer im Kreis".[2]*

In dieser Perspektive wird sichtbar, daß da, wo der Zwang zum „eigenen Leben" immer weiter sich ausbreitet, auch eine wichtige Ressource des sozialen Lebens verschwindet. Denn nicht zufällig waren die Geschlechtsrollen des 19. Jahrhunderts komplementär zueinander bestimmt, dort Härte und Durchsetzungsvermögen, hier Herz und Gemüt. Nicht zufällig wurde damals die „halbierte Moderne" erfunden, die Sonderrolle der Frau als eine Art Schonraum, eine Ambulanzstation für die Wechselfälle und Krisen des menschlichen Daseins. Wird nun diese „weibliche" Seite ersatzlos gestrichen, dann gewinnt die instrumentelle Vernunft alleinigen Vorrang. Dann wird bedroht, was der Frau zugewiesen war und „Familie" genannt wurde – die Sorge für die Kranken, die Alten, die Kinder.

*„In dem Maße, in dem die ‚instrumentelle Vernunft' immer mehr Bereiche des Alltags bestimmt, entsteht Familienfeindlichkeit – nicht aus Absicht, eher als unvorhergesehener oder zumindest tolerierter Nebeneffekt des gesellschaftlichen ‚Fortschritts'. [Eine] ‚Kolonialisierung des gesamten Alltags durch die instrumentelle Vernunft' [findet statt] ... Verbunden mit dieser Kolonialisierung ist der Triumph des Eindeutigen, des Linearen, des Formalen und Standardisierten. Abgedrängt wird – da nur noch als Störfall interpretierbar – das Ungebändigte, Unberechenbare, Uneindeutige, Bewegliche, Überraschende, Zufällige, das Vielfältige und Nicht-Planbare (Christel Schachtner). Unberechenbar, beweglich, überraschend – so sind kleine Kinder nun einmal. Je stärker sich die Gesellschaft in Richtung technische Perfektion, reibungsloses Funktionieren, ökonomische Effizienz bewegt, desto stärker müssen Kinder, aber auch Kranke und alte Menschen als ‚störend' wahrgenommen werden, weil sie immer weniger in diese Umwelt ‚passen'".* [6]

Bloße Angleichung der Frau an den Mann, einseitige Vorherrschaft der instrumentellen Vernunft: dagegen wächst der Widerstand in der Frauenbewegung. Viele Frauen sind nicht mehr zufriedenzustellen mit den Angeboten von „Chancengleichheit" und „Gleichberechtigung" in der bisherigen Form. Ihr Anspruch ist maßloser, ihre Vision radikaler: Sie beharren auf dem „Systemwidrigen der Emanzipation". [7] Sie fordern die Abkehr von einer Gesellschaft, deren Selbstverständnis und Handlungszentrum die instrumentelle Vernunft ist; eine Abkehr von jener geballten Zweckmäßigkeit also, die alles Lebendige, Sperrige in Randzonen abschiebt und als Störfälle behandelt. Sie wollen keine Sonderrolle der Frau, kein kleines Reservat für Gefühle, Geduld, Einfühlungsvermögen. Nein, ganz im Gegenteil: die sogenannt weiblichen Werte sollen zu allgemein gesellschaftlichen werden und entsprechenden Vorrang erhalten.

*„Wir weigern uns, an den Randzonen der Gesellschaft zu bleiben, und wir weigern uns, beim Einlaß in die Gesellschaft ihre Bedingungen zu übernehmen ... [Wir müssen] darauf beharren, daß jene menschlichen Werte, deren Bewahrung den Frauen zugewiesen wurde, über die Grenzen des Privatbereichs hinauswachsen und die Organisationsprinzipien der Gesellschaft werden. Das ist die Vision, die im Feminismus angelegt ist – eine Gesellschaft, die nach menschlichen Prinzipien organisiert ist; eine Gesellschaft, in der Kindererziehung nicht abgeschoben wird als individuelles Problem jeder Frau, sondern in der die Sorge für Kinder und ihr Wohlergehen eine allgemeine öffentliche Priorität ist".*[8]

Eine Utopie? Wir wissen es nicht. Aber wir wissen: Nur wenn solche Veränderungen durchgesetzt werden, wird der Konflikt abgebaut werden, der so viele Frauen heute bewegt. Nur dann können sie sich frei – und das heißt ohne unzumutbare Einbußen im eigenen Leben – für ein Leben mit Kindern entscheiden. Und grundsätzlicher noch: An solchen Veränderungen wird sich erweisen, ob die Moderne, die als Befreiung begann, nicht in ihr Gegenteil umschlägt. Hier wird sich zeigen, ob ein sozialer Raum bleibt für das, was „abweichend" ist, nicht pflegeleicht und stromlinienförmig. In diesem Sinn ist die Frage „Kinder ja oder nein" auch eine Frage an die Zukunft unserer Gesellschaft.

# Anmerkungen

## Einleitung

1 De Beauvoir, zit. nach Schenk 1980, S. 160
2 Movius 1976
3 Friedan 1982, S. 79
4 Ebd., S. 14; Hervorhebung original
5 Zit. nach ebd., S. 40
6 Erfahrungsbericht in Dowrick/Grundberg 1982, S. 35; Chesler 1980, passim
7 Müttermanifest, vorgelegt beim Bundeskongreß der Grünen, Mai 1986
8 Gronau 1983, S. 10

## I. Die Chancen und Zwänge des „eigenen Lebens"

1 Berger u. a. 1975, S. 168
2 Ebd.
3 Vgl. Riesman 1956
4 Berger u. a. 1975, S. 159
5 Wysocki 1980
6 Lasch 1977
7 Berger u. a. 1975, S. 42
8 Kohli 1986, S. 185
9 Aries 1978; De Mause 1980a; Packard 1983; Postman 1983

## II. Stationen in der Geschichte der Mutterschaft

### 1. Die Familie in vorindustrieller Zeit

1 Imhof 1984, S. 20; Hervorhebung original
2 Rosenbaum 1982, S. 76f
3 Shorter 1977; Badinter 1981
4 Zit. nach Schütze 1983, S. 58
5 Bernard 1979, S. 122

### 2. Die Entstehung der bürgerlichen Familie

1 Wiederabgedruckt in Behrens 1982, S. 69f
2 Hausen 1976

3 Zit. nach Blinn 1984, S. 69
4 Zit. nach Richmond-Abbott 1983, S. 1
5 Wiederabgedruckt in Behrens 1982, S. 69
6 Skolnick 1979, S. 306f
7 Zit. nach Bäumer 1902, S. 69
8 Zit. nach Simmel 1980, S. 55
9 Zit. nach Badinter 1981, S. 193
10 Ostner/Krutwa-Schott 1981, S. 20
11 Zit. nach ebd., S. 25
12 Zit. nach Kössler 1979, S. 37
13 Zit. nach ebd., S. 38
14 Bäumer 1902; Tornieporth 1979
15 Appelius, zit. nach Bäumer 1902, S. 94
16 De Lagarde, zit. nach Bäumer 1901, S. 71
17 Langer-El Sayed 1980, S. 56–58
18 Gerhard-Teuscher 1983, S. 244
19 Hausen 1976, S. 372
20 Beck 1986, Kapitel IV
21 Schlumbohm 1983, S. 14
22 Aries 1978, S. 209
23 Z. B. Bolte 1980, S. 68f; Flitner 1982
24 Castell 1981
25 Wiederabgedruckt in Schlumbohm 1983, S. 53f
26 Flitner 1982, S. 21
27 Flitner 1982; Rutschky 1977
28 Zit. nach Rutschky 1977, S. 37f
29 Kleist 1800, wiederabgedruckt in Behrens 1982, S. 259
30 Ehrenreich/English 1979; Margolis 1984; Ryan 1982; Schütze 1986
31 Wiederabgedruckt in Blinn 1984, S. 140
32 Wiederabgedruckt in ebd., S. 157f
33 Wilbrandt 1902, S. 389
34 Balzac 1981, S. 185, S. 201f, S. 205, S. 240, S. 283
35 Ein amerikanischer Arzt Ende des 19. Jahrhunderts, zit. nach Heintz/
   Honegger 1981, S. 34
36 Zit. nach Ehrenreich/English 1979, S. 109
37 Siehe Ehrenreich/English 1979
38 Wiederabgedruckt in Blinn 1984, S. 187f
39 Wiederabgedruckt in Behrens 1982, S. 150
40 Zit. nach Badinter 1981, S. 198
41 Badinter 1981; Rosenbaum 1982
42 Badinter 1981
43 Balzac 1981, S. 73, S. 210, S. 247, S. 250
44 Donzelot 1979, S. 34
45 Zit. nach ebd.
46 Schütze 1986, S. 27f

*III. Frauen und Mütter im ausgehenden 19. Jahrhundert*

*1. Veränderungen im Leben der Frau*

 1 Ibsen 1973, S. 826
 2 Willms 1983 a, 1983 b
 3 Wilbrandt 1902, S. 208
 4 Louise Otto-Peters, wiederabgedruckt in Brinker-Gabler 1979, S. 115
 5 Wilbrandt 1902, S. 28
 6 Ebd., S. 132
 7 Joksch, zit. nach Müller 1981, S. 51
 8 Tilly/Scott 1978, S. 116
 9 Zit. nach Baruch u. a. 1983, S. 120
10 Schulte 1983, S. 115
11 Müller 1981, S. 69

*2. Mutterschaft kann materielle Sicherung bieten*

 1 Zit. nach Margolis 1984, S. 38
 2 Ehrenreich/English 1979
 3 Ebd., S. 173
 4 Badinter 1981, S. 172
 5 Ehrenreich/English 1979, S. 173
 6 Zit. nach ebd., S. 183
 7 Zit. nach ebd., S. 171
 8 Heintz/Honegger 1981, S. 38
 9 Gordon 1977, S. 112 f
10 Zit. nach ebd., S. 113
11 Z. B. Janssen-Jurreit 1979; Schenk 1980
12 Bäumer 1901, S. 104, eine Schrift Langes aus dem Jahr 1897 zitierend.
13 Stoehr 1983
14 Wilbrandt 1902, S. 2 und S. 389
15 Gordon 1977, S. 110
16 Zit. nach Ehrenreich/English 1979, S. 3

*3. Mutterschaft wird auch zur Belastung*

 1 Wiederabgedruckt in Brinker-Gabler 1979, S. 246
 2 Shorter 1973, S. 621
 3 Shorter 1973
 4 Ebd., S. 615
 5 Ebd., S. 612
 6 Ebd., S. 631
 7 Zetkin 1889, wiederabgedruckt in Brinker-Gabler 1979, S. 144
 8 Salomon 1906, wiederabgedruckt in Brinker-Gabler 1979, S. 197
 9 Degler 1980
10 Ebd., S. 192 f

11 Smith 1981, S. 319
12 Degler 1980, S. 63-65
13 Ebd., S. 189
14 Ebd.
15 Newston 1881, S. 123
16 Ehrenreich/English 1979, Kapitel 4
17 Tolstaja 1982, S. 393
18 Ebd., S. 345
19 Ebd., S. 390
20 Ebd., S. 321; Hervorhebung original
21 Ebd., S. 379; Hervorhebung original
22 Ebd., S. 325-328; Hervorhebung original
23 Chopin 1980, S. 16f und S. 177f
24 Praesent 1983, S. 9f
25 Smith 1981, S. 314
26 Degler 1980, S. 206 und S. 201f
27 Zit. nach ebd., S. 202
28 Degler 1980; Luker 1984; Margolis 1984
29 Degler 1980, S. 247
30 Ebd., S. 246
31 Luker 1984, S. 40ff
32 Degler 1980, S. 246
33 Ebd., S. 206f
34 Smith 1981, S. 312

*4. Der Einfluß der neuen Erziehungsnormen*

1 Aries 1980, S. 647
2 Stone 1979, S. 263
3 Zit. nach Degler 1980, S. 201
4 Key 1905, S. 62
5 Castell 1981; Frevert 1985
6 Frevert 1985, S. 421
7 Ebd., S. 443
8 Castell 1981, S. 394

*IV. Auf dem Weg in die Gegenwart: Entwicklungen nach 1945*

*1. Veränderungen im Leben der Frau*

1 Gravenhorst 1983, S. 17
2 Rosenmayr 1985, S. 283f; Hervorhebung original
3 Z.B. Funk 1985
4 Lempp 1986, S. 87
5 Fuchs 1983, S. 348; Hervorhebung original

6 Mitterauer 1986, S. 104–107

7 Imhof 1981, S. 180 f

8 Kerner 1984, S. 133

9 Eckart u. a. 1979, S. 121

10 Vgl. Schumacher 1981

11 Eckart u. a. 1979, S. 205

12 Pelz 1986, S. 343

13 Seidenspinner/Burger 1982, Bericht S. 60 f

14 Friedan 1977, S. 16, S. 23, S. 27

15 Ebd., S. 332

16 Ebd., S. 331

17 Bundestagsdrucksache 8/3120, 20. 08. 79, S. 6

18 CDU-Dokumentation 12, 1. 4. 1985, S. 2

19 Seidenspinner/Burger 1982; Allerbeck/Hoag 1985

20 Kerner 1984, S. 135

21 Willms 1983 b, S. 123

22 Rerrich 1983, S. 441

23 Rerrich 1987 a

24 ,,Der Anteil der erwerbstätigen Frauen . . . ist kontinuierlich gestiegen. Am stärksten ist die Veränderung bei den verheirateten Frauen. 1982 waren von den 25- bis 30jährigen verheirateten Frauen 56,8% (1961: 40,4%), von den 30- bis 40jährigen 53,8% (1961: 36,6%) und von den 40- bis 45jährigen 52,8% (1961: 37,7%) erwerbstätig". (Frauen in der Bundesrepublik Deutschland, 1984, S. 21)

25 ,,Die Erwerbstätigenquote verheirateter Frauen mit Kindern unter 18 Jahren stieg von 33,2% im Jahr 1961 bis auf 44% 1982". (Ebd.)

26 Willms 1983 b, S. 111

27 Bolte u. a. 1970, S. 236

28 Schelsky, zit. nach ebd.

29 Biermann u. a. 1985, S. 65

30 Einstellungen zu Ehe und Familie, 1985, S. 105

31 Becker-Schmidt/Knapp 1985, S. 118

32 Interview-Ausschnitt aus ebd.

33 Interview-Ausschnitte aus Biermann u. a. 1985, S. 66 f

34 Interview-Ausschnitt aus Becker-Schmidt 1982, S. 24

35 Interview-Ausschnitte aus Becker-Schmidt/Knapp 1985, S. 118 f; Hervorhebung original

36 Fuchs 1981, S. 197

37 Interview-Ausschnitte aus Biermann u. a. 1985, S. 64

38 Beck-Gernsheim 1980

39 Biermann u. a. 1985

40 Hennig/Jardim 1978

41 Weltz u. a. 1978

42 Becker-Schmidt u. a. 1981, 1982; Becker-Schmidt/Knapp 1985

43 Becker-Schmidt u. a. 1982

44 Suzanne Gordon, Interview mit Jean Baker Miller, in Ms., Juli 1985, S. 42

45 Sechster Jugendbericht, S. 19

46 Zusammenfassend z. B. Däubler-Gmelin 1977; Reichert/Wenzel 1984

47 Bellmann 1986

48 Dritter Familienbericht, S. 31

49 „Die sanfte Macht der Familie", Sozialausschüsse der Christlich-Demokratischen Arbeitnehmerschaft, 19. Bundestagung, Oktober 1981

50 33. Bundestagung der CDU, März 1985

51 Siehe Weltz u. a. 1978

52 Seidenspinner/Burger 1982, Bericht S. 11

53 Bilden/Diezinger 1984, S. 199f

## 2. Der Wandel in der Kindererziehung

1 Mitscherlich 1963

2 Pross 1978, S. 135

3 Z. B. Bowlby 1969; Spitz 1965

4 Zusammenfassend Dunde 1986; Süssmuth 1986

5 Z. B. Einstellungen zur Ehe und Familie, 1985

6 Z. B. Fthenakis 1985; Süssmuth 1986

7 Metz-Göckel/Müller 1985; siehe auch Rerrich 1987 a

8 Findl/Laburda/Münz 1985, S. 149–151

9 Das Baby o. J., S. 51

10 Korczak 1970

11 Das Baby o. J., S. 3 und S. 7

12 Lempp 1986, S. 189

13 Ebd., S. 189–191

14 Gstettner 1981

15 Sichrovsky 1984, S. 38f

16 Harman/Brim 1980

17 Clauser 1969

18 Brinley 1983, S. 196

19 Siehe Burkhardt/Unterseher 1978

20 Das Baby o. J., S. 3

21 Ebd., S. 26

22 De Mause 1980b, S. 85

23 Lois Davitz in Mc Call's, Juli 1984, S. 126

24 Papanek 1979

25 Steinbeck 1966

26 Aries 1978, S. 560

27 Kaufmann u. a. 1982, S. 530

28 Von Hentig 1978, S. 34

29 Das Baby o. J., S. 51

30 Sichtermann 1982, S. 119

31 Braunmühl u. a. 1976

32 De Mause 1980b, S. 85
33 Ziller 1857, zit. nach Rutschky 1977, S. 139
34 Affemann 1981, S. 35
35 Helle 1982, S. 92
36 Kaufmann u. a. 1982, S. 531
37 Balint, zit. bei Frühmann 1983, S. 50
38 Das Baby o. J., S. 50
39 Ebd., S. 26
40 Ebd.; Hervorhebung EBG
41 Urdze/Rerrich 1981, S. 56 und S. 95; Hervorhebung original
42 Reinke in Roos/Hassauer 1982, S. 244
43 Sichtermann 1981, S. 98
44 Wilberg 1981, S. 169
45 Vgl. Häussler 1976, S. 35

## V. Die neue Entscheidungssituation

### 1. Ein Blick auf die Geschichte des Kinderwunsches

1 Ravera 1986, S. 28 und S. 33
2 Sichtermann 1980, S. 37
3 Daniels/Weingarten 1982, S. 17
4 Erfahrungsbericht in Roos/Hassauer 1982, S. 283
5 Z. B. Daniels/Weingarten 1982; Ley 1985
6 Interview-Aussage in Ley 1984, S. 244
7 Ebd.
8 Schmidt-Relenberg 1965, S. 170
9 Z. B. Allerbeck/Hoag 1985; Hoffmann-Nowotny u. a. 1984; Münz 1985; Seidenspinner/Burger 1982
10 Kerner 1984, S. 133–135
11 Sichtermann 1982, S. 9; Hervorhebung original
12 Z. B. Bolte 1980, S. 76f
13 Jonas 1985, S. 44
14 Daele 1985, S. 15 und S. 205
15 Häussler 1983a, S. 65
16 Dowrick/Grundberg 1982

### 2. Geld spielt auch eine Rolle

1 Hatzold 1981, S. 2f
2 Z. B. Tilly 1978a
3 Tilly 1978b, S. 54
4 Ebd., S. 51
5 Bolte 1980, S. 66
6 Z. B. Hoffmann-Nowotny u. a. 1984; Einstellung zu Ehe und Familie, 1985

7 Marschalck 1984, S. 55
8 Fuchs 1983, S. 348
9 Eckart u. a. 1979, S. 235 ff
10 Ebd., S. 235 f
11 Z. B. Höpflinger 1984; Münz 1985; Urdze/Rerrich 1981
12 Interview-Ausschnitte aus Urdze/Rerrich 1981, S. 83
13 Gisser u. a. 1985, S. 80 f
14 Wingen 1982, S. 46

*3. Ein Stück Selbständigkeit wahren*

1 Urdze/Rerrich 1981, S. 83
2 Erfahrungsbericht in Häsing/Brandes 1983, S. 184; Hervorhebung original
3 Höpflinger 1984, S. 148; Einstellungen zu Ehe und Familie, 1985, S. 164
4 Interview-Ausschnitte aus Ayck/Stolten 1978, S. 40 und S. 39 f
5 Urdze/Rerrich 1981, S. 85
6 Ebd., S. 90
7 Diezinger u. a. 1982, S. 104
8 Biermann u. a. 1985, S. 75 f
9 Interview-Ausschnitte aus ebd., S. 74
10 Urdze/Rerrich 1981, S. 21
11 Interview-Ausschnitte aus ebd., S. 20
12 Anderson 1972
13 Erfahrungsbericht in Kerner 1984, S. 152
14 Erfahrungsbericht in Roos/Hassauer 1982, S. 23
15 Sommerkorn 1982
16 Urdze/Rerrich 1981
17 Erfahrungsbericht in Reim 1984, S. 102
18 Stössinger 1980, S. 37 und S. 42
19 Oeter/Nohke 1982, S. 109

*4. Die persönliche Entwicklung als Maßstab*

1 Beck 1983, S. 58 f
2 The Boston Women's Health Book Collective, 1980, Band 2, S. 643
3 Zit. nach Kerner 1984, S. 171
4 Chesler 1980, S. 36
5 Aries 1980, S. 649 f
6 Daniels/Weingarten 1982, S. 4
7 The Boston Women's Health Book Collective, 1980, Band 2, S. 632 und S. 645
8 Höpflinger 1984, S. 146
9 The Boston Women's Health Book Collective, 1980, Band 2, S. 641
10 Kühne 1984, S. 278
11 Erfahrungsbericht in Kerner 1984, S. 178

12 Erfahrungsbericht in Häsing/Brandes 1983, S. 181
13 Erfahrungsbericht in Reim 1984, S. 74
14 Erfahrungsbericht in The Boston Women's Health Collective, 1980, Band 2, S. 645
15 Erfahrungsbericht in ebd.
16 Höpflinger 1984, S. 104
17 Erfahrungsbericht in Häsing/Brandes 1983, S. 208
18 Erfahrungsbericht in ebd., S. 191
19 Erfahrungsbericht in Courage, Sonderheft 9: Rabenmütter, 1983, S. 12 f
20 Erfahrungsbericht in Roos/Hassauer 1982, S. 220 ff
21 Bopp 1984, S. 66 und S. 70
22 Braun/Wohlfart 1984, S. 24
23 Erfahrungsbericht in Häsing/Brandes 1983, S. 85
24 Demos 1979, S. 56
25 Ebd., S. 57 f; Hervorhebung original
26 Sichtermann 1984, S. 138 f; Hervorhebung original
27 Höpflinger 1984, S. 146 und S. 103
28 Vgl. Dische 1983
29 Vgl. Häsing/Brandes 1983, S. 164
30 The Boston Women's Health Book Collective, 1980, Band 2, S. 629
31 Vgl. Roos/Hassauer 1982, S. 29
32 Vgl. Dische 1983
33 Erfahrungsbericht in The Boston Women's Health Book Collective, 1980, Band 2, S. 645
34 Aly/Grüttner 1983, S. 33
35 Gronau 1983, S. 8
36 Erfahrungsbericht in Dowrick/Grundberg 1982, S. 28 f
37 Erfahrungsbericht in ebd., S. 67
38 Natalie zu Wilhelm in „Wilhelm Meisters Lehrjahre" von J. W. von Goethe
39 Braun/Wohlfart 1984, S. 19
40 Erfahrungsbericht in Roos/Hassauer 1982, S. 221
41 Chesler 1980, hintere Umschlagseite

*5. Die Suche nach Lebensinhalt und Sinn*

1 Z. B. Berger u. a. 1975; Imhof 1984
2 Zusammenfassend McKenry u. a. 1979
3 Erfahrungsbericht in Kerner 1984, S. 65
4 Erfahrungsbericht in ebd., S. 71
5 McKenry u. a. 1979
6 Interview-Ausschnitt aus Daniels/Weingarten 1982, S. 55
7 Höpflinger 1984, S. 146 f
8 Wahl u. a. 1980, S. 34–38
9 Ebd., S. 38
10 Ebd., S. 35; Hervorhebung original

11 Erfahrungsbericht in Dowrick/Grundberg 1982, S. 75
12 Dische 1983, S. 32
13 Helga Maria Heinze in Roos/Hassauer 1982, S. 40
14 Siehe Roos/Hassauer 1982, S. 70
15 Erfahrungsbericht in Dowrick/Grundberg 1982, S. 14–17
16 Erfahrungsbericht in Häsing/Brandes 1983, S. 180f
17 Zit. nach Wagnerova 1982, S. 97
18 Erfahrungsbericht in Dowrick/Grundberg 1982, S. 29
19 Erfahrungsbericht in ebd., S. 75f
20 Erfahrungsbericht in The Boston Women's Health Book Collective, 1980, Band 2, S. 643

6. „Persönlichkeit Kind" die Anforderungen an die Erziehung

1 Häussler 1976, S. 98
2 Fuchs 1983, S. 348
3 Häussler 1983b, S. 189
4 Findl 1985, S. 98
5 Findl/Laburda 1985, S. 173
6 The Boston Women's Health Book Collective, 1980, Band 2, S. 644
7 Erfahrungsbericht in Roos/Hassauer 1982, S. 189
8 Nichteheliche Lebensgemeinschaften, 1985, S. 77; siehe auch Einstellungen zu Ehe und Familie, 1985, S. 177
9 Kitzinger 1984, S. 10
10 Ebd.
11 The Boston Women's Health Book Collective, 1980, Band 2, S. 641
12 Erfahrungsbericht in Reim 1984, S. 9
13 Interview-Ausschnitte aus Vogt-Hagebäumer 1977, S. 24f
14 Aly/Grüttner 1983, S. 48
15 Wetterer/Walterspiel 1983, S. 16
16 Schwarz 1983, S. 407
17 Urdze/Rerrich 1981, S. 92
18 Höpflinger 1984, S. 89
19 Interview-Ausschnitt aus Urdze/Rerrich 1981, S. 87
20 Ebd., S. 21; Becker-Schmidt/Knapp 1985, S. 18f
21 Interview-Ausschnitt aus Urdze/Rerrich 1981, S. 21
22 Interview-Ausschnitt aus Höpflinger 1984, S. 137
23 Interview-Ausschnitt aus Oeter/Nohke 1982, S. 72
24 Höpflinger 1984, S. 92

7. Die neuen Kinder sind „Kopfgeburten"

1 Urdze/Rerrich 1981, S. 94; siehe auch Rosenstiel u. a. 1984 und Nichteheliche Lebensgemeinschaften, 1985, S. 76ff
2 Braun/Wohlfart 1984, S. 19
3 Interview-Ausschnitt aus Urdze/Rerrich 1981, S. 84

4 Erfahrungsberichte in Kerner 1984, S. 153 und S. 175 f
5 The Boston Women's Health Book Collective, 1980, Band 2, S. 640
6 Nichteheliche Lebensgemeinschaften, 1985, S. 78
7 Vgl. Sichtermann 1982, S. 7–11
8 Hassauer/Roos in Roos/Hassauer 1982, S. 11
9 Erfahrungsbericht in Vogt-Hagebäumer 1977, S. 25
10 Erfahrungsbericht in Kerner 1984, S. 170
11 Erfahrungsbericht in Reim 1984, S. 9
12 Erfahrungsbericht in Dowrick/Grundberg 1982, S. 101 f
13 Alice Schwarzer in Kerner 1984, S. 185
14 Braun/Wohlfart 1984, S. 19
15 Erfahrungsbericht in Kerner 1984, S. 153
16 Erfahrungsbericht in Dowrick/Grundberg 1982, S. 94
17 Erfahrungsbericht in Kerner 1984, S. 175
18 Erfahrungsbericht in Häsing/Brandes 1983, S. 152
19 Interview-Ausschnitt aus Urdze/Rerrich 1981, S. 84
20 Erfahrungsbericht in Reim 1984, S. 172
21 Erfahrungsbericht in Kerner 1984, S. 174 f
22 Sichtermann 1980, S. 45

### VI. Ausblick: Die Zukunft von Frau, Familie und Kind

1 Ravera 1986, S. 38
2 Schäfer 1984, S. 25
3 Helle 1984, S. 52
4 Beck 1986, Kap. IV
5 Woolf 1977, S. 86
6 Rerrich 1987 b, S. 236
7 Sichtermann 1986, S. 147
8 Ehrenreich/English 1979, S. 292

# Literaturverzeichnis

Affemann, Rudolf: Einleitung in den Gesprächskreis „Familie – Die Mutter ist unersetzlich". In: Die sanfte Macht der Familie, 19. Bundestagung, Sozialausschüsse der Christlich-Demokratischen Arbeitnehmerschaft, Mannheim 1981, herausgegeben von der CDA-Verlagsgesellschaft, S. 35–39

Allerbeck, Klaus/Hoag, Wendy: Jugend ohne Zukunft? Einstellungen, Umwelt, Lebensperspektiven. München 1985

Aly, Monika/Grüttner, Annegret: Unordnung und frühes Leid. Kindererziehen 1972 und 1982. In: Kursbuch Nr. 72, Juni 1983: Die neuen Kinder, S. 33–49

Anderson, Margaret (Hg.): Mother Was not a Person. Montreal 1972

Aries, Philippe: Geschichte der Kindheit. München 1978

– ders.: Two Successive Motivations for the Declining Birth Rate in the West. In: Population and Development Review, Dezember 1980, S. 645–650

Ayck, Thomas/Stolten, Inge: Kinderlos aus Verantwortung. Reinbek 1978

Badinter, Elisabeth: Die Mutterliebe. Geschichte eines Gefühls vom 17. Jahrhundert bis heute. München 1981

Bäumer, Gertrud: Die Geschichte der Frauenbewegung in Deutschland. In: Helene Lange/Gertrud Bäumer (Hg.): Handbuch der Frauenbewegung, Band I: Die Geschichte der Frauenbewegung in den Kulturländern. Berlin 1901, S. 1–166

– dies.: Geschichte und Stand der Frauenbildung in Deutschland. In: Helene Lange/Gertrud Bäumer (Hg.): Handbuch der Frauenbewegung, Band III: Der Stand der Frauenbildung in den Kulturländern. Berlin 1902, S. 1–128

Balzac, Honore de: Zwei Frauen. Zürich 1981

Baruch, Grace/Barnett, Rosalind/Rivers, Carly: Lifeprints. New patterns of love and work for today's women. New York 1983

Beck, Ulrich: Jensseits von Klasse und Stand? Soziale Ungleichheit, gesellschaftliche Individualisierungsprozesse und die Entstehung neuer sozialer Formationen und Identitäten. In: Reinhard Kreckel (Hg.): Soziale Ungleichheiten, Soziale Welt, Sonderband 2, Göttingen 1983, S. 35–74

– ders.: Risikogesellschaft. Auf dem Weg in eine andere Moderne. Frankfurt 1986

Becker-Schmidt, Regina: Entfremdete Aneignung, gestörte Anerkennung, Lernprozesse: Über die Bedeutung von Erwerbsarbeit für Frauen. In: Sektion Frauenforschung in den Sozialwissenschaften (Hg.): Beiträge zur

Frauenforschung am 21. Deutschen Soziologentag in Bamberg, München 1982, S. 11–30

– dies./Brandes-Erlhoff, Uta/Karrer, Marva/Knapp, Gudrun-Axeli/Schmidt, Beate: Nicht wir haben die Minuten, die Minuten haben uns. Zeitprobleme und Zeiterfahrungen von Arbeitermüttern in Fabrik und Familie. Bonn 1982

– dies./Knapp, Gudrun-Axeli/Rumpf, Mechtild: Frauenarbeit in der Fabrik – Betriebliche Sozialisation als Lernprozeß? Über die subjektive Bedeutung der Fabrikarbeit im Kontrast zur Hausarbeit. In: Gesellschaft, Beiträge zur Marxschen Theorie 14, Frankfurt 1981, S. 52–74

– dies./Knapp, Gudrun-Axeli: Arbeiterkinder gestern – Arbeiterkinder heute. Bonn 1985

Beck-Gernsheim, Elisabeth: Das halbierte Leben. Männerwelt Beruf, Frauenwelt Familie. Frankfurt 1980

– dies.: Vom Geburtenrückgang zur Neuen Mütterlichkeit? Über private und politische Interessen am Kind. Frankfurt 1984

Behrens, Katja (Hg.): Das Insel-Buch vom Lob der Frau. Frankfurt 1982

Bellmann, Lutz: Einkommensungleichheit in den achziger Jahren. In: Hans-Werner Franz/Wilfried Kruse/Hans-Günter Rolff (Hg.): Neue alte Ungleichheiten. Berichte zur sozialen Lage der Bundesrepublik. Opladen 1986, S. 23–35

Berger, Peter/Berger, Brigitte/Kellner, Hansfried: Das Unbehagen in der Modernität. Frankfurt 1975

Bernard, Jessie: The Mother Role. In: Jo Freeman (Hg.): Women: A Feminist Perspective. Mayfield Publishing Company: Palo Alto, 1979, S. 122–133

Biermann, Ingrid/Schmerl, Christiane/Ziebell, Lindy: Leben mit kurzfristigem Denken. Eine Untersuchung zur Situation arbeitsloser Akademikerinnen. Weinheim und Basel 1985

Bilden, Helga/Diezinger, Angelika: Individualisierte Jugendbiographie? Zur Diskrepanz von Anforderungen, Ansprüchen und Möglichkeiten. In: Zeitschrift für Pädagogik, Heft 2/1984, S. 191–207

Blinn, Hansjürgen: Emanzipation und Literatur. Texte zur Diskusion. Frankfurt 1984

Bolte, Karl Martin: Bestimmungsgründe der Geburtenentwicklung und Überlegungen zu einer möglichen Beeinflußbarkeit. In: Bevölkerungsentwicklung und nachwachsende Generation. Schriftenreihe des Bundesministers für Jugend, Familie und Gesundheit, Band 93, Stuttgart – Berlin – Köln – Mainz 1980, S. 64–91

– ders./Aschenbrenner, Katrin/Kreckel, Reinhard/Schultz-Wild, Rainer: Beruf und Gesellschaft in Deutschland. Berufsstruktur und Berufsprobleme. Opladen 1970

Bopp, Jörg: Die Mamis und die Mappis. Zur Abschaffung der Vaterrolle. In: Kursbuch Nr. 76, Juni 1984: Die Mütter, S. 53–74

Bowlby, John: Attachment and Loss. Band 1: Attachment. New York 1969

Braun, Daniela/Wohlfart, Claus: Ich und du und unser Kind. Tagebücher aus dem Leben zu dritt. Reinbek 1984

Braunmühl, Ekkehard von/Kupffer, Heinrich/Ostermeyer, Helmut: Die Gleichberechtigung des Kindes. Frankfurt 1976

Brinker-Gabler, Gisela (Hg.): Frauenarbeit und Beruf, Frankfurt 1979

Brinley, Maryann: Raising a Superkid. In: McCall's, November 1983, S. 101 ff

Burkhardt, Wolfgang/Unterseher, Lutz: Der Elternführerschein. Bericht über die sozialwissenschaftliche Begleitung eines Medienverbund-Projektes. Schriftenreihe des Bundesministers für Jugend, Familie und Gesundheit, Band 59, Stuttgart – Berlin – Köln – Mainz 1979

Castell, Adelheid von: Unterschichten im „Demographischen Übergang". Historische Bedingungen des Wandels der ehelichen Fruchtbarkeit und der Säuglingssterblichkeit. In: Hans Mommsen/Winfried Schulze (Hg.): Vom Elend der Handarbeit. Probleme historischer Unterschichtenforschung. Stuttgart 1981, S. 373–394

Chesler, Phyllis: Mutter werden. Die Geschichte einer Verwandlung. Reinbek 1980

Chopin, Kate: Das Erwachen. Reinbek 1980

Clauser, Günther: Die moderne Elternschule. Freiburg 1969

Daele, Wolfgang van den: Mensch nach Maß? Ethische Probleme der Genmanipulation und Gentherapie. München 1985

Das Baby. Ein Leitfaden für junge Eltern. Herausgegeben von der Bundeszentrale für gesundheitliche Aufklärung, Köln o. J. (circa 1980)

Däubler-Gmelin, Herta: Frauenarbeitslosigkeit oder: Reserve zurück an den Herd. Reinbek 1977

Daniels, Pamela/Weingarten, Kathy: Sooner or Later. The Timing of Parenthood in Adult Lives, New York – London 1982

Degler, Carl N.: At Odds. Women and the Family in America from the Revolution to the Present. New York 1980

Demos, John: Images of the American Family, Then and Now. In: Virginia Tufte/Barbara Myerhoff (Hg.): Changing Images of the Family, New Haven and London 1979, S. 43–60

Diezinger, Angelika/Marquardt, Regine/Bilden, Helga/Dahlke, Kerstin: Zukunft mit beschränkten Möglichkeiten. Entwicklungsprozesse arbeitsloser Mädchen. Schlußbericht an die Deutsche Forschungsgemeinschaft, hektographiertes Manuskript, München 1982

Dische, Irene: Das schönste Erlebnis. In: Kursbuch Nr. 72/Juni 1983: Die neuen Kinder, S. 28–32

Donzelot, Jacques: Die Ordnung der Familie. Frankfurt 1980

Dowrick, Stefanie/Grundberg, Sibyl (Hg.): Will ich wirklich ein Kind? Frauen erzählen. Reinbek 1982

Dritter Familienbericht, Bundestagsdrucksache 8/3121, 20. 8. 1979

Dunde, Rudolf (Hg.): Neue Väterlichkeit. Von Möglichkeiten und Unmöglichkeiten des Mannes. Gütersloh 1986

Eckart, Christel/Jaerisch, Ursula G./Kramer, Helgard: Frauenarbeit in Familie und Beruf. Eine Untersuchung von Bedingungen und Barrieren der Interessenwahrnehmung von Industriearbeiterinnen. Frankfurt 1979

Ehrenreich, Barbara/English, Deidre: For Her Own Good. 150 Years of the Experts' Advice for Women. London 1979

Einstellungen zu Ehe und Familie im Wandel der Zeit. Eine Repräsentativuntersuchung. Herausgegeben vom Ministerium für Arbeit, Gesundheit, Familie und Sozialordnung Baden-Württemberg, Stuttgart 1985

Elias, Norbert: Vorwort. In: Michael Schröter: ,,Wo zwei zusammenkommen in rechter Ehe . . .'' Sozio- und psychogenetische Studien über Eheschließungsvorgänge vom 12. bis 15. Jahrhundert. Frankfurt 1985, S. VII–XI

Findl, Inga/Laburda, Angelika: Familiäre Beziehungsmuster. In: Münz 1985, S. 159–182

Findl, Inga/Laburda, Angelika/Münz, Rainer: Frauenalltag und familiäre Arbeitsteilung. In: Münz 1985, S. 129–158

Findl, Peter: Erwerbsarbeit. In: Münz 1985, S. 95–128

Flitner, Andreas: Konrad, sprach die Frau Mama . . . Über Erziehung und Nicht-Erziehung. Berlin 1982

Frauen in der Bundesrepublik Deutschland. Herausgegeben vom Bundesministerium für Jugend, Familie und Gesundheit. Bonn 1984

Frevert, Ute: ,,Fürsorgliche Belagerung'': Hygienebewegung und Arbeiterfrauen im 19. und frühen 20. Jahrhundert. In: Geschichte und Gesellschaft, 11. Jahrgang 1985/Heft 4, S. 420–446

Friedan, Betty: The Feminine Mystique. New York 1977 (EA 1963)

– dies.: Der zweite Schritt. Reinbek 1982

Frühmann, Renate: Subtile Gewalt in der Kindererziehung. In: Günter Pernhaupt (Hg.): Gewalt am Kind. Wien 1983, S. 50–57

Fthenakis, Wassilos E.: Väter. Zur Psychologie der Vater-Kind-Beziehung. Band 1 und 2, München 1985

Fuchs, Werner: Jugendbiographie. In: Jugendwerk der Deutschen Shell (Hg.): Jugend '81. Lebensentwürfe, Alltagskulturen, Zukunftsbilder. Hamburg 1981. Band 1, S. 124–344

– ders.: Jugendliche Statuspassage oder individualisierte Jugendbiographie? In: Soziale Welt, Heft 3/1983, S. 341–371

Funk, Heidi: Mädchenalltag – Freiraum nach geleisteter Pflicht. In: Deutsches Jugendinstitut (Hg.): Immer diese Jugend! Ein zeitgeschichtliches Mosaik. 1945 bis heute. München 1985, S. 37–46

Gerhard-Teuscher, Ute: Artikel ,,Recht''. In: Johanna Beyer/Franziska Lamott/Birgit Meyer (Hg.): Frauenhandlexikon. Stichworte zur Selbstbestimmung. München 1983, S. 242–248

Gisser, Richard/Lutz, Wolfgang/Münz, Rainer: Kinderwunsch und Kinderzahl. In: Münz 1985, S. 33–94

Gordon, Linda: Woman's Body, Woman's Right. A Social History of Birth Control in America, 1977

Gravenhorst, Lerke: Artikel „Alleinstehende Frauen". In: Johanna Beyer/
Franziska Lamott/Birgit Meyer: Frauenhandlexikon. Stichworte zur
Selbstbestimmung. München 1983, S. 16 f

Gronau, Franziska: Kinderwunsch im sauren Regen. Erfahrungen einer
Therapeutin. In: Kursbuch Nr. 72, Juni 1983: Die neuen Kinder, S. 7–13

Gstettner, P.: Die Eroberung des Kindes durch die Wissenschaft. Aus der
Geschichte der Disziplinierung. Reinbek 1981

Häsing, Helga/Brandes, Volkard (Hg.): Kinder, Kinder! Lust und Last der
linken Eltern. Frankfurt 1983

Häussler, Monika: Von der Enthaltsamkeit zur verantwortungsbewußten
Fortpflanzung. Über den unaufhaltsamen Aufstieg der Empfängnisverhütung und seine Folgen. In: Häussler u. a. 1983, S. 58–73 (1983 a)

– dies.: Die Begrenztheit der Wünsche oder: Im Palast des Minotaurus: In:
Häussler u. a. 1983, S. 135–140 (1983 b)

– dies.: Helferich, Cornelia/Walterspiel, Gabriela/Wetterer, Angelika:
Bauchlandungen. Abtreibung–Sexualität–Kinderwunsch. München 1983

Häussler, S.: Ärztlicher Ratgeber für werdende junge Mütter. München
1976

Harman, David/Brim, Orville G.: Learning to be Parents. Principles, Pro-
grams, and Methods. Beverly Hills 1980

Hatzold, Otfried: Deutsches Familienforum. Die Partei der Familien. Ent-
wurf eines Parteiprogramms. Hektographiertes Manuskript, München
Dezember 1981

Hausen, Karin: Die Polarisierung der „Geschlechtscharaktere" – Eine Spie-
gelung der Dissoziation von Erwerbs- und Familienleben. In: Werner
Conze (Hg.): Sozialgeschichte der Familie in der Neuzeit Europas. Stuttgart 1976, S. 363–401

– dies. (Hg.): Frauen suchen ihre Geschichte. Historische Studien zum 19.
und 20. Jahrhundert. München 1983

Heintz, Bettina/Honegger, Claudia: Zum Strukturwandel weiblicher Widerstandsformen im 19. Jahrhundert. In: Honegger/Heintz 1981, S. 7–68

Helle, Horst J.: Soziokulturelle Bedingtheit der Eheformen – ihre Bedeutung für die Familientypen. In: Volker Eid/Laszlo Vaskovics (Hg.):
Wandel der Familie – Zukunft der Familie. Mainz 1982, S. 75–93

– ders.: Verlust des Wertkonsenses: Vielfalt der Familienformen. In:
Deutsche Liga für das Kind in Familie und Gesellschaft (Hg.): Fami-
lienpolitische Defizite unseres sozialen Systems. Weißenthurm 1984,
S. 46–57

Höpflinger, François: Kinderwunsch und Einstellung zu Kindern; Ehe,
Kinder und Beruf. In: Hoffmann-Nowotny u. a. 1983, S. 77–181 und
S. 185–201

Hoffmann-Nowotny, Hans-Joachim/Höpflinger, Francois/Kühne, Franz/
Ryffel-Gericke, Christiane/Erni-Schneuwly, Denise: Planspiel Familie.
Familie, Kinderwunsch und Familienplanung in der Schweiz. Diessenho-
fen 1984

Honegger, Claudia/Heintz, Bettina (Hg.): Listen der Ohnmacht. Zur Sozialgeschichte weiblicher Widerstandsformen. Frankfurt 1981

Ibsen, Henrik: Nora oder ein Puppenheim. In: Dramen, Erster Band, München 1973, S. 757–830

Imhof, Athur E.: Die gewonnenen Jahre. München 1981

– ders.: Die verlorenen Welten. München 1984

Immer diese Jugend! Ein zeitgeschichtliches Mosaik. 1945 bis heute. Herausgegeben vom Deutschen Jugendinstitut. München 1985

Janssen-Jurreit, Marielouise: Sexualreform und Geburtenrückgang – Über die Zusammenhänge von Bevölkerungspolitik und Frauenbewegung um die Jahrhundertwende. In: Annette Kuhn/Gerhard Schneider (Hg.): Frauen in der Geschichte. Düsseldorf 1979, S. 56–81

Jonas, Hans: Technik, Medizin und Ethik. Zur Praxis des Prinzips Verantwortung. Frankfurt 1985

Kaufmann, Franz X./Herlth, Alois/Quitmann, Joachim/Simm, Regina/Strohmeier, Peter: Familienentwicklung – generatives Verhalten im familialen Kontext. In: Zeitschrift für Bevölkerungswissenschaft, Heft 4/1982, S. 523–545

Kerner, Charlotte: Kinderkriegen. Ein Nachdenkbuch. Weinheim und Basel 1984

Key, Ellen: Missbrauchte Frauenkraft. Berlin 1905

Kitzinger, Sheila: Mutterwerden über 30. München 1984

Kössler, Gottfried: Mädchenkindheiten im 19. Jahrhundert. Gießen 1979

Kohli, Martin: Gesellschaftszeit und Lebenszeit. Der Lebenslauf im Strukturwandel der Moderne. In: Johannes Berger (Hg.): Die Moderne – Kontinuitäten und Zäsuren. Soziale Welt, Sonderband 4, Göttingen 1986, S. 183–208

Korczak, Janusz: Das Recht des Kindes auf Achtung. Göttingen 1970

Kühne, Franz: Familienplanung. In: Hoffmann-Nowotny u.a. 1984, S. 269–337

Langer-El Sayed, Ingrid: Familienpolitik. Tendenzen, Chancen, Notwendigkeiten. Frankfurt 1980

Lasch, Christopher: Haven in a Heartless World: The Family Besieged. New York 1977

Lempp, Reinhart: Familie im Umbruch. München 1986

Ley, Katharina: Von der Normal- zur Wahlbiographie? In: Martin Kohli/Günther Robert (Hg.): Biographie und soziale Wirklichkeit. Neue Beiträge und Forschungsperspektiven. Stuttgart 1984, S. 239–260

Luker, Kristin: Abortion and the politics of motherhood. Berkeley 1984

Margolis, Maxine L.: Mothers and Such. Views of American Women And Why They Changed. Berkeley 1984

Marschalck, Peter: Bevölkerungsgeschichte Deutschlands im 19. und 20. Jahrhundert. Frankfurt 1984

Mause, LLoyd de (Hg.): Hört ihr die Kinder weinen. Eine psychogenetische Geschichte der Kindheit. Frankfurt 1980 (1980a)

189

– ders.: Evolution der Kindheit. In: Mause 1980a, S. 12–111 (1980b)

McKenry, P./Walters, L./Johnson, C.: Adolescence Pregnancy: A Review of the Literature. In: The Family Coordinator, vol. 28, no. 1, Januar 1979, S. 17–28

Metz-Göckel, Sigrid/Müller, Ursula: Der Mann. Eine repräsentative Untersuchung über die Lebenssituation und das Frauenbild 20- bis 50jähriger Männer im Auftrag der Zeitschrift Brigitte. Hamburg 1985

Mitscherlich, Alexander: Auf dem Weg zur vaterlosen Gesellschaft. München 1963

Mitterauer, Michael: Sozialgeschichte der Jugend. Frankfurt 1986

Movius, Margaret: Voluntary Childlessness – The Ultimate Liberation. In: The Family Coordinator, vol. 25, no. 1, Januar 1976, S. 57–64

Müller, Heidi: Dienstbare Geister. Leben und Arbeitswelt städtischer Dienstboten. Schriften des Museums für Deutsche Volkskunde Berlin. Berlin 1981

Münz, Rainer (Hg.): Leben mit Kindern. Wunsch und Wirklichkeit. Wien 1985

Newston, R. Heber: Womanhood. 1881

Nichteheliche Lebensgemeinschaften in der Bundesrepublik Deutschland. Schriftenreihe des Bundesministers für Jugend, Familie und Gesundheit, Band 170. Stuttgart – Berlin – Köln – Mainz 1985

Oeter, Karl/Nohke, Anke: Der Schwangerschaftsabbruch. Gründe, Legitimationen, Alternativen. Schriftenreihe des Bundesministers für Jugend, Familie und Gesundheit, Band 123. Stuttgart u. a. 1982

Ostner, Ilona/Krutwa-Schott, Almut: Krankenpflege – ein Frauenberuf? Frankfurt 1981

Packard, Vance: Our Endangered Children. Growing Up in a Changing World. Boston – Toronto 1983

Papanek, Hanna: Family Status Production: The ,,Work" and ,,Non-Work" of Women. In: Signs, vol. 4/no. 4, Sommer 1979, S. 775–781

Pelz, Monika: Die Sicht der Betroffenen. In: Rainer Münz/Gerda Neyer/ Monika Pelz: Frauenarbeit, Karenzurlaub und berufliche Wiedereingliederung. Veröffentlichung des Österreichischen Instituts für Arbeitsmarktpolitik, Heft XXX, Linz 1986, S. 299–344

Postmann, Neil: Das Verschwinden der Kindheit. Frankfurt 1983

Praesent, Angelika: Vorwort. In: Das Rowohlt Lesebuch der neuen Frau. Reinbek 1983, S. 9–14

Pross, Helge: Die Männer. Reinbek 1978

Ravera, Lidia: Mein liebes Kind. München 1986

Reichert, Petra/Wenzel, Anne: Alternativrolle Hausfrau? In: WSI-Mitteilungen, Heft 1/1984, S. 6–14

Reim, Doris (Hg.): Frauen berichten vom Kinderkriegen. München 1984

Rerrich, Maria S.: Veränderte Elternschaft. Entwicklungen in der familialen Arbeit mit Kindern. In: Soziale Welt, Heft 4/1983, S. 420–449

– dies.: Familienbild und Familienalltag. Über aktuelle Folgen struktureller

Widersprüche der traditionellen Familie. Dissertation, Bamberg 1987 (1987a)

– dies.: Dasselbe ist anders. Vom Wandel der familialen Alltagsarbeit. In: Gewerkschaftliche Monatshefte, Heft 4/1987, S. 230–239 (1987b)

Richmond-Abbott, Marie: Masculine and Feminine. Sex Roles over the Life Cycle. Reading 1983

Riesman, David: Die einsame Masse. Neuwied 1956

Roos, Peter/Hassauer, Friederike (Hg.): Kinderwunsch. Reden und Gegenreden. Weinheim und Basel 1982

Rosenbaum, Heidi: Formen der Familie. Untersuchungen zum Zusammenhang von Familienverhältnissen, Sozialstruktur und sozialem Wandel in der deutschen Gesellschaft des 19. Jahrhunderts. Frankfurt 1982

Rosenmayr, Leopold: Wege zum Ich vor bedrohter Zukunft. Jugend im Spiegel multidisziplinärer Forschung und Theorie. In: Soziale Welt, Heft 3/1985, S. 274–298

Rosenstiel, Lutz von/Spiess, Erika/Stengel, Martin/Nerding, Friedemann W.: Lust auf Kinder? Höchstens Eins. In: Psychologie heute, Mai 1984, S. 20–31

Rutschky, Katharina (Hg.): Schwarze Pädagogik. Quellen zur Naturgeschichte der bürgerlichen Erziehung. Frankfurt 1977

Ryan, Mary P.: The Empire of the Mother. American Writing about Domesticity 1830–1860. Women & History, Numbers 2/3, New York 1982

Schäfer, Hans: Familienpolitische Defizite unseres sozialen Systems. In: Deutsche Liga für das Kind in Familie und Gesellschaft (Hg.): Familienpolitische Defizite unseres sozialen Systems. Weißenthurm 1984, S. 17–28

Schenk, Herrad: Die feministische Herausforderung. 150 Jahre Frauenbewegung in Deutschland. München 1980

Schlumbohm, Jürgen (Hg.): Kinderstuben. Wie Kinder zu Bauern, Bürgern, Aristokraten wurden, 1700–1850. München 1983

Schmidt-Relenberg, Norbert: Die Berufstätigkeit der Frau und die Familie in den Leitbildern von Abiturientinnen. In: Soziale Welt, Heft 2/1965, S. 133–150

Schulte, Regina: Bauernmägde in Bayern am Ende des 19. Jahrhunderts. In: Hausen 1983, S. 110–127

Schumacher, Jürgen: Partnerwahl und Partnerbeziehung. In: Zeitschrift für Bevölkerungswissenschaft, Nr. 4/1981, S. 499–518

Schütze, Yvonne: Die Geschwisterbeziehung im Sozialisationsprozeß. Ein historischer Überblick. In: Martin Baethge/Wolfgang Eßbach (Hg.): Soziologie. Entdeckungen im Alltäglichen. Festschrift zum 65. Geburtstag von Hans Paul Bahrdt. Frankfurt 1983, S. 44–64

– dies.: Die gute Mutter. Zur Geschichte des normativen Musters „Mutterliebe". Bielefeld 1986

Schwarz, Karl: Zur Problematik der unerfüllten Kinderwünsche. In: Zeitschrift für Bevölkerungswissenschaft, Heft 3/1983, S. 401–411

Sechster Jugenbericht: Verbesserung der Chancengleichheit von Mädchen in der Bundesrepublik Deutschland. Dazu Stellungnahme der Bundesregierung zum Sechsten Jugendbericht. Bundestagsdrucksache 10/1007, 15. 02. 84.

Seidenspinner, Gerlinde/Burger, Angelika: Mädchen '82. Eine Untersuchung im Auftrag der Zeitschrift „Brigitte", Bericht und Tabellen. Hamburg 1982

Shorter, Edward: Female Emancipation, Birth Control and Fertility in European History. In: American Historical Review, vol. 78/1973, S. 605–640

– ders.: Die Geburt der modernen Familie. Reinbek 1977

Sichtermann, Barbara: Ein Stück neuer Weltlichkeit: der Kinderwunsch. In: Freibeuter Nr. 5, Oktober 1980, S. 37–46

– dies.: Leben mit einem Neugeborenen. Ein Buch über das erste halbe Jahr. Frankfurt 1981

– dies.: Vorsicht, Kind. Eine Arbeitsplatzbeschreibung für Mütter, Väter und andere. Berlin 1982

– dies.: Zum neuen deutschen Mütter-Ekel. In: Freibeuter, Heft 21, 1984, S. 137–139

– dies.: Der Feminismus der CDU. In: Helmut Dubiel (Hg.): Populismus und Aufklärung. Frankfurt 1986, S. 133–139

Sichrovky, Peter: Mutterglückspillen. In: Kursbuch Nr. 76, Juni 1984: Die Mütter, S. 34–42

Simmel, Monika: Erziehung zum Weibe. Mädchenbildung im 19. Jahrhundert. Frankfurt 1980

Skolnick, Arlene: Public Images, Private Realities: The American Family in Popular Culture and Social Science. In: Virginia Tufte/Barbara Myerhoff (Hg.): Changing Images of the Family. New Haven und London 1979, S. 297–315

Smith, Daniel Scott: Geburtenbeschränkung, Sexualkontrolle und häuslicher Feminismus im viktorianischen Amerika. In: Honegger/Heintz 1981, S. 301–325

Sommerkorn, Ingrid: Biographische Notizen einer späten Karrieremutter. In: Alma Mater. Mütter in wissenschaftl. Institutionen. München 1982

Spitz, Rene A.: The First Year of Live. New York 1965

Steinbeck, John: Amerika und die Amerikaner. Luzern 1966

Stoehr, Irene: „Organisierte Mütterlichkeit". Zur Politik der deutschen Frauenbewegung um 1900. In: Hausen 1983, S. 221–249

Stössinger, Verena: Nina. Bilder einer Veränderung. In: Dies./Beatrice Leuthold/Franziska Mattmann: Muttertage. Leben mit Mann, Kindern und Beruf. Bern 1980, S. 9–70

Stone, Lawrence: The Family, Sex and Marriage in England, 1500–1800. Abridged Edition. New York 1979

Süssmuth, Rita: Der Vater als Bezugsperson des Kindes. In: Heiner Geißler (Hg.): Abschied von der Männergesellschaft. Frankfurt – Berlin 1986, S. 33–46

The Boston Women's Health Book Collective: Unser Körper, unser Leben. Band 1 und 2. Reinbek 1980

Tilly, Charles (Hg.): Historical Studies of Changing Fertility. Princeton 1978 (1978a)

– ders.: The Historical Study of Vital Processes. In: Ders. (Hg.): Historical Studies of Changing Fertility. Princeton 1978, S. 3–55 (1978b)

Tilly, Louise A./Scott, Joan W.: Women, Work, and Family. New York 1978

Tolstaja, Sofia Andrejewna: Tagebücher 1862–1897. Königstein 1982

Tornieporth, Gerda: Studien zur Frauenbildung. Ein Beitrag zur historischen Analyse lebensweltorientierter Bildungskonzeptionen. Weinheim und Basel 1979

Urdze, Andrejs/Rerrich, Maria S.: Frauenalltag und Kinderwunsch. Entscheidungsgründe für oder gegen weitere Kinder bei Müttern mit einem Kind. Frankfurt 1981

Vogt-Hagebäumer, Barbara: Schwangerschaft ist eine Erfahrung, die die Frau, den Mann und die Gesellschaft angeht. Reinbek 1977

Wagnerova, Alena: Scheiden aus der Ehe. Anspruch und Scheitern einer Lebensform. Reinbek 1982

Wahl, Klaus/Tüllmann, Greta/Honig, Michael-Sebastian/Gravenhorst, Lerke: Familien sind anders! Reinbek 1980

Weltz, Friedrich/Diezinger, Angelika/Lullies, Veronika/Marquardt, Regine: Aufbruch und Desillusionierung. Junge Frauen zwischen Beruf und Familie. Forschungsberichte des Soziologischen Forschungsinstituts Göttingen. Göttingen 1978

Wetterer, Angelika/Walterspiel, Gabriela: Der weite Weg von den Rabenmüttern zu den Wunschkindern. Zur Logik der Bevölkerungsentwicklung seit dem Mittelalter. In: Häussler u. a. 1983, S. 15–57

Wilberg, G.: Zeit für uns. Ein Buch über Schwangerschaft, Geburt und Kind. Frankfurt 1981

Wilbrandt, Robert: Die deutsche Frau im Beruf. Handbuch der Frauenbewegung, Band IV, herausgegeben von Helene Lange/Gertrud Bäumer. Berlin 1902

Willms, Angelika: Grundzüge der Entwicklung der Frauenarbeit von 1880 bis 1980. In: Walter Müller/Angelika Willms/Johann Handl: Strukturwandel der Frauenarbeit 1880–1980. Frankfurt 1983, S. 25–54 (1983a)

– dies.: Segregation auf Dauer? Zur Entwicklung des Verhältnisses von Frauenarbeit und Männerarbeit in Deutschland 1882–1980. In: Walter Müller/Angelika Willms/Johann Handl: Strukturwandel der Frauenarbeit 1880–1980. Frankfurt 1983, S. 107–182 (1983b)

Wingen, Max: Kinder in der Industriegesellschaft – wozu? Analysen, Perspektiven – Kurskorrekturen. Zürich 1982

Woolf, Virginia: Three Guineas. London 1977

Wysocki, Gisela von: Die Fröste der Freiheit. Aufbruchsphantasien. Frankfurt 1980

# Frauenleben

*Ingeborg Weber-Kellermann*
## Frauenleben im 19. Jahrhundert
Empire und Romantik, Biedermeier, Gründerzeit.
2., durchgesehene Auflage.
1988. 245 Seiten, 265 Abbildungen, davon 16 in Farbe.
Broschierte Sonderausgabe

*Andrea van Dülmen (Hrsg.)*
## Frauen
Ein historisches Lesebuch
2. Auflage 1989. 397 Seiten mit 7 Abb. Paperback.
Beck'sche Reihe Band 370

*Barbara Bronnen (Hrsg.)*
## Mamma mia
Geschichten über Mütter
2., unv. Auflage. 1989. 294 Seiten. Paperback
Beck'sche Reihe Band 379

*Sibylle Meyer/Eva Schulze*
## Wie wir das alles geschafft haben
Alleinstehende Frauen berichten über ihr Leben nach 1945
3., durchgesehene Auflage. 1985
239 Seiten mit 51 Abbildungen, 5 Schaubildern und
11 Tabellen. Leinen

*Herrad Schenk*
## Freie Liebe – wilde Ehe
Über die allmähliche Auflösung der Ehe durch die Liebe
2. Aufl. 1988. 274 Seiten. Broschiert

*Julia Onken*
## Feuerzeichenfrau
Ein Bericht über die Wechseljahre
37.–45. Tausend. 1989. 207 Seiten. Paperback
Beck'sche Reihe Band 352

## Verlag C. H. Beck München

# Familie in neuer Sicht

*Sibylle Meyer/Eva Schulze*
Balancen des Glücks
Neue Lebensformen: Paare ohne Trauschein
Singles und Alleinerziehende
1989. Etwa 240 Seiten. Paperback
Beck'sche Reihe Band 381

*Juliane Beck/Vivian Weigert (Hrsg.)*
Erlebnis Geburt
Erfahrungsberichte von Müttern, Vätern und Freunden
1982. 278 Seiten mit 17 Abbildungen. Broschiert
Biederstein Verlag

*Walter Toman*
Familienkonstellationen
Ihr Einfluß auf den Menschen.
4., neubearbeitete Auflage.
1987. 272 Seiten. Paperback.
Beck'sche Reihe Band 112

*Sandra Scarr*
Wenn Mütter arbeiten
Wie Kinder und Beruf sich verbinden lassen
2. Aufl. 1988. 294 Seiten. Paperback
Beck'sche Reihe Band 334

*Susanne von Paczensky*
Gemischte Gefühle von Frauen,
die ungewollt schwanger sind
2., durchges. Aufl. 1988. 91 Seiten. Paperback
Beck'sche Reihe Band 343

*Heinz Bonorden*
Mann wird Vater
Anmerkungen, Berichte, Nachfragen
1989. 169 Seiten. Paperback
Beck'sche Reihe Band 387

Verlage C. H. Beck und Biederstein